AS TRAMAS DO TEXTO

Consulte nosso catálogo completo e últimos lançamentos em **www.editoracontexto.com.br**.

AS TRAMAS DO TEXTO

INGEDORE VILLAÇA KOCH

editora contexto

Montagem de capa e diagramação
Gustavo S. Vilas Boas

Revisão
Lilian Aquino

Dados Internacionais de Catalogação na Publicação (CIP)
(Câmara Brasileira do Livro, SP, Brasil)

Koch, Ingedore Villaça
As tramas do texto / Ingedore Villaça Koch. – 2. ed. –
São Paulo : Contexto, 2025.

Bibliografia.
ISBN 978-85-7244-848-2

1. Escrita 2. Leitura 3. Linguística 4. Textos I. Título

14-02972 CDD-415

Índices para catálogo sistemático:
1. Linguística textual 415

2025

Editora Contexto
Diretor editorial: *Jaime Pinsky*

Rua Dr. José Elias, 520 – Alto da Lapa
05083-030 – São Paulo – SP
PABX: (11) 3832 5838
contato@editoracontexto.com.br
www.editoracontexto.com.br

SUMÁRIO

APRESENTAÇÃO

Não é rara, na Linguística brasileira, a identificação de uma pessoa com uma área disciplinar, mas dificilmente será encontrada uma relação de identificação mais feliz do que a que se criou, ao longo dos anos, entre a professora Ingedore Villaça Koch e a área disciplinar da Linguística do Texto. De fato, essa tem sido a área de eleição da professora Ingedore (a "Inge", como a chamam carinhosamente seus alunos e colegas), num trabalho que a envolveu intensamente enquanto pesquisadora, docente e autora de livros que marcaram toda uma geração.

A professora Inge passou a interessar-se pela Linguística do Texto na PUC de São Paulo, numa época em que aquela instituição funcionou como uma importante janela para as profundas renovações pelas quais passava a Linguística nos grandes centros de vanguarda do mundo. Começaram então a ser construídas uma Linguística Gerativa de inspiração americana e uma linguística aplicada de inspiração inglesa; mas para o leitor deste livro, releva lembrar que, naquele mesmo contexto, alguns linguistas brasileiros, entre os quais a professora Inge, começaram a procurar respostas para uma pergunta que estava no ar: o que seria uma "gramática do texto" e quais seriam seus fundamentos? Começou, assim, para a autora deste livro uma aventura intelectual que continuaria com a mesma intensidade durante seus anos de magistério na Universidade Estadual de Campinas, onde se aposentou como professora titular de Linguística do Texto. Nesse momento, a professora Inge podia gabar-se de ter criado e consolidado uma das áreas mais dinâmicas do estudo da linguagem.

Esse trabalho fundador não teria sido possível se não viesse acompanhado de uma participação assídua nas inovações que foram enriquecendo a disciplina em nível internacional; e, de fato, a professora Inge tem sido uma interlocutora constante para as escolas (ativas, sobretudo em universidades alemãs e franco-suíças) onde a Linguística Textual é mais intensa e dinâmica; mas também não teria sido possível se nossa autora não tivesse desenvolvido, ao mesmo tempo, um amplo trabalho de base voltado a um público de estudantes em formação. Trabalho esse ao qual se dedicou mediante um número prodigioso de publicações, de cursos de iniciação e de intervenções em vários tipos de debates acadêmicos, realizadas sempre com brilhantismo e acompanhadas com grande interesse e entusiasmo pelo público.

Os 15 capítulos deste volume nasceram dessa prática, pois derivam, em sua maioria, de intervenções feitas em reuniões científicas. Mas não há nada neles que lembre o pedantismo e a prolixidade com que fala muitas vezes a nossa academia: revelam o contrário, um profundo senso didático e uma preocupação constante com o leitor. Não são apenas textos ricos em conceitos e ideias; são também textos em que as noções apresentadas e as posições defendidas são aplicadas a exemplos, textos em que uma exposição sempre clara, sucinta e elegante se apoia constantemente numa prática rigorosa de análise e vice-versa. Onde outros diriam "Caro leitor, o jeito certo de fazer a análise é assim e assim", a professora Inge exemplifica magistralmente e sem fazer uso de subterfúgios para a prática que recomenda.

Cada um dos 15 textos tem um foco preciso, quer se trate de expor conceitos-chave como o de referenciação (capítulos 2 e 3), ou de distinguir os vários tipos de progressão relevantes no texto (como no capítulo 6), quer se trate de confrontar várias tentativas de explicação teórica de um conceito intuitivo (como o de inferência, objeto do capítulo 9) ou ainda de colocar num contexto mais propício velhos problemas da gramática descritiva (como a concordância *ad sensum*, tema do capítulo 5). Por terem sido assim concebidos, todos os 15 capítulos podem ser lidos como textos independentes, e o leitor interessado não terá problemas para aprofundar-se nos respectivos temas recorrendo à bibliografia, sempre rica e pertinente.

Mas é possível (e recomendável) também um outro tipo de leitura, orientado pela preocupação de entender como a Linguística do Texto se construiu enquanto disciplina, justificando-se em face de uma Linguística "mais antiga" que, deliberadamente e por várias décadas, ignorou a dimensão textual da linguagem. Para entender esse trajeto, pode-se partir do primeiro capítulo, densa síntese histórica escrita com a autoridade de quem participou dos fatos, mas interessa também acompanhar a reflexão que se estimula em outros textos do livro sobre os motivos que a levaram a contrapor conceitos novos aos que já se encontravam solidamente estabelecidos em disciplinas linguísticas (ou lógicas) mais tradicionais. Valha como exemplo a distinção entre referência e referenciação, que, além dos capítulos a ela dedicados, é evocada direta e indiretamente no livro todo, juntamente com a convicção desconcertante, mas fecunda, de que o texto dá novos sentidos às palavras e à realidade à medida que se constrói.

Nas últimas décadas, a Linguística Textual, além de responder ao desafio de explicar os tipos de texto com que convivem tradicionalmente nossas sociedades mediante instrumentos de análise mais poderosos e adequados, foi também posta à prova pelo aparecimento das novas formas de textualidade nascidas da comunicação por meio dos computadores pessoais. O grande desafio consistia, evidentemente em entender o que caracteriza o funcionamento do hipertexto, esse tipo de comunicação linguística que, à primeira vista, não tem medida comum com nada do que a humanidade já conheceu. Um capítulo inteiro deste livro dedicado ao hipertexto encara e cumpre a missão de mapear esse caos.

Em suma, a maioria dos escritos deste livro demonstram que a Linguística Textual colocou à disposição de quem trabalha com e sobre a linguagem os instrumentos necessários para entender o fenômeno da textualidade em suas variadas manifestações. Comprovam que os mecanismos que regem o funcionamento dos textos, embora diferentes dos que se servem de instrumento em outras áreas da linguagem, são ainda assim passíveis de uma descrição cuidadosa. Mas isso não é tudo. Um último traço deste livro consiste em ter mostrado como a Linguística Textual pode estabelecer referenciais para vários níveis de ensino da língua materna renovando "por dentro" práticas que muitas vezes se degeneram em rituais vazios, como a leitura e a redação escolar. Mostrar possíveis aplicações da Linguística Textual ao ensino é o objetivo dos capítulos 11, 12 e 13 deste livro, e é mais um argumento a favor da importância do trabalho desenvolvido pela autora.

Resultado e reflexo de uma experiência intelectual intensa e coerente, *As tramas do texto* é um livro que fala a vários tipos de leitores, desde o aluno em formação até o intelectual que reflete teoricamente sobre escrita e leitura. Melhor dizendo, é um livro que responde a uma expectativa que está presente em todo leitor que leva a sério sua própria condição: a crença de que os textos criam sentidos à medida que se desenvolvem. O livro faz com que nos interessemos pelos mecanismos de construção textual, redescobrindo neles nossa própria capacidade de interpretar. E a interpretação, esse trabalho em que estamos constantemente empenhados mesmo quando não nos damos conta disso, afeta sem retorno a nossa vida e o nosso modo de ser.

É uma razão e tanto para prometer – e desejar – à pessoa que tem este livro entre as mãos uma leitura gratificante e proveitosa.

Rodolfo Ilari

1. PRINCÍPIOS TEÓRICO-ANALÍTICOS DA LINGUÍSTICA TEXTUAL

Se pensarmos em termos da oposição formalismo x funcionalismo, não há como duvidar de que a postura da Linguística Textual (L.T.) só poderia ser funcionalista (em sentido amplo), já que seu objetivo é o estudo do texto-em-funções (Schmidt, 1973).

Isso não significa, contudo, que a L.T., como por vezes se supõe, tenha como suporte teórico-analítico uma Gramática Funcional, do tipo formulado por Simon Dik e autores holandeses mais recentes. Em primeiro lugar, porque essa gramática, no estágio em que hoje se encontra, isto é, passando a incluir o estudo do "nível" textual (Dik, 1997), é bem mais recente que os trabalhos fundadores desenvolvidos no campo da L.T., surgidos já na década de 1960, na Europa Central, especialmente na Alemanha, por parte de numerosos pesquisadores como Hartman, Harweg, Weinrich, Isenberg, Vater, Lang, Schmidt, Wunderlich, para citar apenas alguns. Já nessa época, postulavam esses autores que uma abordagem do texto teria de ser necessariamente pragmática – basta consultar a obra de Schmidt (1973), *Pragmática e Teoria do Texto*, bem como trabalhos de outros autores como Slakta, Wunderlich e de estudiosos de outras linhas que influenciaram, em parte, a L.T., como Ducrot, que, já em 1972, postulava uma pragmática integrada à descrição linguística, a qual seria determinante das próprias escolhas sintáticas e semânticas.

Um segundo ponto a mencionar é que a L.T., ao contrário da grande maioria dos modelos em Gramática Funcional, não adota uma postura modular, como a "teoria da cebola", em que os diversos níveis ou camadas em que se faz a descrição linguística são vistos como superpostos ou acrescentados uns aos outros sucessivamente. Adota-se, isto sim, a posição de que o processamento textual acontece *on-line*, simultaneamente em todos os níveis, ou seja, a postura da L.T. é processual e holística. Além disso, a L.T. não se propõe ser ou ter por base uma "gramática do texto", preocupação que se, na verdade, orientou alguns dos primeiros linguistas textuais, está há muito abandonada. Seu objeto central é *o texto enquanto processo, enquanto atividade sociocognitivo-interacional de construção de sentidos*, como detalharei adiante.

Aliás, nunca é demais lembrar que, após uma primeira fase em que predominou uma orientação teórica sintático-semântica e em que se cogitou da elaboração das gramáticas textuais, os linguistas de texto sentiram a necessidade de ir além, visto ser o texto a unidade básica de comunicação/interação humana. Foi então que a adoção de uma perspectiva pragmática conquistou proeminência nas pesquisas sobre o texto: surgiram as teorias de base comunicativa, nas quais ora apenas se procurava integrar sistematicamente fatores contextuais na descrição dos textos (Isenberg, 1968; Dressler, 1972; Petöfi, 1973), ora a pragmática era tomada como ponto de partida e de chegada para tal descrição (Motsch, 1975; Gülich & Raible, 1977; Schmidt, 1973). Deste modo, Heinemann & Viehweger (1991), ao fazerem uma retrospectiva da Linguística Textual, distinguem entre modelos contextuais e modelos sociocomunicativos, mencionando, entre estes últimos, aqueles baseados na Teoria dos Atos de Fala, bem como os que tomam por pressuposto a Teoria da Atividade Verbal. Comum a esses modelos é a busca de conexões determinadas por regras, entre textos e seu contexto comunicativo-situacional, *mas tendo sempre o texto como ponto de partida dessa representação*. Assim, os textos deixam de ser vistos como produtos acabados, que devem ser submetidos a análises de tipo sintático ou semântico, e passam a ser considerados elementos constitutivos de uma atividade complexa, como instrumentos de realização de intenções comunicativas e sociais dos falantes (Heinemann, 1982: 219).

Já na metade da década de 1970, passa a ser desenvolvido um modelo de base que compreende a língua como uma forma específica de comunicação social, da atividade verbal humana, interconectada com outras atividades (não linguísticas) do ser humano. Os impulsos decisivos para essa nova orientação vieram da Psicologia da Linguagem – especialmente da Psicologia da Atividade de origem soviética, e da Filosofia da Linguagem, em particular da Filosofia da Linguagem Ordinária da Escola de Oxford, que desenvolveu a Teoria dos Atos de Fala. Caberia, então, à Linguística Textual a tarefa de provar que os pressupostos e o instrumental metodológico dessas teorias eram transferíveis ao estudo dos textos e de sua produção/recepção, ou seja, que se poderia atribuir também aos textos a qualidade de formas de ação verbal. Tal problemática foi tematizada por numerosos autores, entre os quais Wunderlich (1976), Schmidt (1973), Motsch (1983), Motsch & Pasch (1987), van Dijk (1980).

Wunderlich, autor que, conforme mencionado, pertence à primeira geração de linguistas alemães preocupados com estudos textuais, foi um dos principais responsáveis pela incorporação da pragmática às pesquisas sobre o texto, tendo tratado, em suas obras, de uma série de questões de ordem enunciativa, entre elas a dêixis, particularmente a dêixis espacial, os atos de fala e a interação face a face de modo geral (cf., por exemplo, Wunderlich, 1970, 1976, 1985). Foi um dos autores mais referendados na área, em especial na década de 1970. Como adepto da Teoria da Atividade Verbal, Wunderlich (1976: 30) escreve:

> O objetivo da teoria da atividade é extrair os traços comuns das ações, planos de ação e estágios das ações, e pô-los em relação com traços comuns dos sistemas de normas, conhecimentos e valores. A análise do conceito de atividade (o que é atividade/ação) está estreitamente ligada à análise do conhecimento social sobre as ações ou atividades (o que se considera uma ação). A teoria da atividade é, portanto, em parte uma disciplina de orientação das ciências sociais, em parte, também, filosófica e de metodologia da Ciência. A relação com a linguística está em que o fundamento pragmático da teoria da linguagem deve enlaçar-se com a teoria da atividade e que, por sua vez, a análise linguística pode contribuir de alguma forma para o desenvolvimento da atividade.

Também no interior dessa perspectiva, Isenberg (1976) apresenta um método que permite descrever a geração, interpretação e análise de textos, desde a estrutura pré-linguística da intenção comunicativa até a sua manifestação superficial. Ressalta a importância do aspecto pragmático como determinante do sintático e do semântico: o plano geral do texto determina as funções comunicativas que nele irão aparecer e estas, por sua vez, determinam as estruturas linguísticas superficiais. A relação existente entre os elementos do texto deve-se à intenção do falante, ao plano textual previamente estabelecido, que se manifesta por meio de instruções ao interlocutor para que realize operações cognitivas destinadas a compreender o texto em sua integridade, isto é, o seu conteúdo e o seu plano global; ou seja, o ouvinte não se limita a "entender" o texto, no sentido de simplesmente "captar" o seu conteúdo referencial, mas necessita, isto sim, reconstruir os propósitos e o contexto comunicativos, isto é, descobrir o "para quê" do texto.

Schmidt (1973), que propõe uma teoria sociologicamente ampliada da comunicação linguística, define o texto como todo componente verbalmente enunciado de um ato de comunicação pertinente a um "jogo de atuação comunicativa", caracterizado por uma orientação temática e cumprindo uma função comunicativa identificável, isto é, realizando um potencial ilocutório determinado. É somente na medida em que o locutor realiza intencionalmente uma função ilocutória (sociocomunicativa) identificável por parte dos parceiros envolvidos na comunicação que o conjunto de enunciados linguísticos vem a constituir um processo textual coerente, de funcionamento sociocomunicativo eficaz e conforme às regras constitutivas (uma manifestação da textualidade). Para ele, a textualidade é o modo de toda e qualquer comunicação transmitida por sinais, inclusive os linguísticos.

O autor defende a posição de que, na medida em que cabe a uma teoria de texto abordar a produção e recepção de textos que funcionam comunicativamente, ela terá de ser forçosamente pragmática, pois, de outra forma, não teria condições de existir. A essa teoria cabe, especificamente, a investigação dos meios e das regras implicadas na produção e recepção de *textos-em-função*; e o encaminhamento de um projeto para a construção de um modelo de comunicação linguística, que se apresentaria como sistema coordenado de hipóteses relativas ao "jogo de atuação comunicativa" e suas potencialidades estruturais (Schmidt, 1973: 9).

Também Motsch & Pasch (1987) concebem o texto como uma sequência hierarquicamente organizada de atividades realizadas pelos interlocutores. Segundo eles, os componentes da atividade linguística podem ser reunidos na fórmula:

Al + (e, int., cond., cons.)

em que **e** representa a enunciação, **int.**, a intenção do enunciador de atingir determinado objetivo, **cond.**, as condições para que este seja alcançado, e **cons.**, as consequências resultantes da realização do objetivo. Ou seja, a enunciação é sempre movida por uma intenção de atingir determinado objetivo ilocucional. Para que este seja alcançado, faz-se necessário assegurar ao enunciatário as condições necessárias para que reconheça a intenção e realize o objetivo visado. Para tanto, o enunciador realiza atividades linguístico-cognitivas com o intuito de garantir a compreensão e estimular, facilitar ou causar a aceitação. Da parte do enunciatário, é preciso que ele compreenda o objetivo fundamental do enunciador, o que depende da formulação adequada da enunciação, para que se decida a aceitar (ou não) colaborar na realização de seu objetivo e mostrar a reação desejada.

Heinemann & Viehweger (1991), em sua *Introdução à Linguística Textual*, asseveram que os pressupostos gerais que regem esta perspectiva podem ser assim resumidos:

1) Usar uma língua significa realizar ações. A ação verbal constitui uma atividade social, efetuada por indivíduos sociais, com o fim de realizar tarefas comunicativas, ligadas com a troca de representações, metas e interesses. Ela é parte de processos mais amplos de ação, pelos quais é determinada.
2) A ação verbal é sempre orientada para os parceiros da comunicação, portanto é também ação social, determinada por regras sociais.
3) A ação verbal realiza-se na forma de produção e recepção de textos. Os textos são, portanto, resultantes de ações verbais/complexos de ações verbais/estruturas ilocucionais, que estão intimamente ligadas com a estrutura proposicional dos enunciados.

4) Uma ação verbal consciente e finalisticamente orientada origina-se de um plano/estratégia de ação. Para realizar seu objetivo, o falante utiliza-se da possibilidade de operar escolhas entre os diversos meios verbais disponíveis. A partir da meta final a ser atingida, o falante estabelece objetivos parciais, bem como suas respectivas ações parciais. Determina-se, assim, uma hierarquia entre os atos de fala de um texto, dos mais gerais aos mais particulares. Ao interlocutor cabe, no momento da compreensão, reconstruir essa hierarquia.
5) Os textos deixam de ser examinados como estruturas acabadas (produtos), passando a ser considerados no *processo* de sua constituição, verbalização e tratamento pelos parceiros da comunicação.

Van Dijk, um dos fundadores da L.T., é um dos grandes responsáveis pela "virada pragmática", já no final da década de 1970. É também um dos pioneiros da introdução de questões de ordem cognitiva no estudo da produção, compreensão e funcionamento dos textos. Ele postula, ao lado da macroestrutura semântica do texto, responsável pela coerência semântica, uma macroestrutura pragmática, responsável pela coerência pragmática. Esta constitui-se de um *macroato de fala*, ao qual se subordinariam, hierarquicamente, todos os atos de fala realizados por subpartes ou enunciados do texto, sendo um construto fundamental para o seu processamento. Para ele, a compreensão de um texto obedece a regras de interpretação pragmática, de modo que a coerência não se estabelece sem levar-se em conta a interação, bem como as crenças, os desejos, as preferências, as normas e os valores dos interlocutores.

Charolles (1983) é outro autor que opera uma guinada importante no conceito de coerência textual que adotava até então, passando a considerá-la um "princípio de interpretabilidade do discurso", o que o leva a postular que não existem sequências de enunciados incoerentes em si, visto que, numa interação, é sempre possível construir um contexto em que uma sequência aparentemente incoerente passe a fazer sentido.

Assim, na década de 1980, delineia-se nova orientação nos estudos do texto, a partir da tomada de consciência de que todo fazer (ação) é necessariamente acompanhado de processos de ordem cognitiva, de que quem age precisa dispor de modelos mentais de operações e tipos de operações: o texto passa a ser considerado o resultado da ativação de processos mentais. É a abordagem procedural, segundo a qual os parceiros da comunicação possuem saberes acumulados quanto aos diversos tipos de atividades da vida social, têm conhecimentos representados na memória que necessitam ser ativados para que sua atividade seja coroada de sucesso. Assim, eles já trazem para a situação comunicativa determinadas expectativas e ativam dados conhecimentos e experiências quando da motivação e estabelecimento de metas, em todas as fases preparatórias da construção textual, na tentativa de traduzir seu projeto em signos verbais (comparando entre si diversas possibilidades de concretização dos objetivos e selecionando aquelas que, na sua opinião, são as mais adequadas).

Desse ponto de vista, conforme Beaugrande & Dressler (1981) – cuja obra constitui um dos marcos iniciais desse período –, o texto é originado por uma multiplicidade de operações cognitivas interligadas, "um documento de procedimentos de decisão, seleção e combinação" (p. 37), de modo que caberia à Linguística Textual desenvolver modelos procedurais de descrição textual, capazes de dar conta dos processos cognitivos que permitem a integração dos diversos sistemas de conhecimento dos parceiros da comunicação, na descrição e na descoberta de procedimentos para sua atualização e tratamento no quadro das motivações e estratégias da produção e compreensão de textos.

Heinemann & Viehweger (1991) postulam que, para o processamento textual, concorrem quatro grandes sistemas de conhecimento: o linguístico, o enciclopédico, o interacional e o referente a modelos textuais globais. Adota-se, então, a noção de modelos cognitivos, originários ora da Inteligência Artificial, ora da Psicologia da Cognição, que recebem, na literatura, denominações diversas, como *frames* (Minsky, 1975), *scripts* (Schank & Abelson, 1977), *cenários* (Sanford & Garrod, 1985), *esquemas* (Rumelhart, 1980), *modelos mentais* (Johnson-Laird, 1983), *modelos episódicos ou de situação*, (van Dijk, 1989, etc.), caracterizados como estruturas complexas de conhecimentos, que representam as experiências que vivenciamos em sociedade e que servem de base aos processos conceituais.

Heinemann & Viehweger (1991) salientam que, a cada um desses sistemas de conhecimento, corresponde um conhecimento específico sobre como colocá-lo em prática, ou seja, um conhecimento dos procedimentos ou rotinas por meio dos quais esses sistemas de conhecimento são ativados quando do processamento textual. Esse conhecimento funcionaria, segundo van Dijk, como uma espécie de *sistema de controle* dos demais sistemas, no sentido de adaptá-los ou adequá-los às necessidades dos interlocutores no momento da interação.

Tal conhecimento, que engloba também o saber sobre as práticas peculiares ao meio sociocultural em que vivem os interactantes, bem como o domínio das estratégias de interação, como preservação das faces, representação positiva do *self*, polidez, negociação, atribuição de causas a mal-entendidos ou fracassos na comunicação, entre outras, concretiza-se por meio de estratégias de processamento textual.

Isto é, o processamento textual é estratégico. As estratégias de processamento textual implicam a mobilização *on-line* de diversos sistemas de conhecimento. O processamento estratégico depende não só de características textuais, como também de características dos usuários da língua, tais como seus objetivos, convicções e conhecimento de mundo, quer se trate de conhecimento de tipo episódico, quer do conhecimento mais geral e abstrato, representado na memória semântica ou enciclopédica. As estratégias cognitivas são *estratégias de uso* do conhecimento. É o que Dascal (1982) denomina Psicopragmática. E esse uso, em cada situação, depende dos objetivos do usuário, da quantidade de conhecimento disponível a partir do texto e do contexto, bem como de suas crenças, opiniões e atitudes, o que possibilita, no momento da compreensão, reconstruir não somente o sentido intencionado pelo produtor do texto, mas também outros sentidos, não previstos ou mesmo por ele não desejados.

Com a virada cognitiva, a Linguística Textual entra em uma nova fase, que irá levar a uma nova concepção de texto, o que veio possibilitar importantes desenvolvimentos posteriores.

Contudo, depois de algum tempo, a separação entre exterioridade e interioridade presente nas ciências cognitivas clássicas começou a ser questionada, sobretudo pela separação que se opera entre fenômenos mentais e sociais. As ciências cognitivas clássicas admitiam uma diferença bem nítida e estanque entre os processos cognitivos que acontecem dentro da mente dos indivíduos e os processos que acontecem fora dela. Interessava-lhes explicar como os conhecimentos de cada indivíduo estão estruturados em sua mente e como eles são acionados para resolver problemas postos pelo ambiente. O ambiente seria, então, apenas uma fonte de informações para a mente individual. Dessa maneira, a cultura e a vida social seriam simplesmente parte desse ambiente, de modo que seria necessária a representação, na memória, de conhecimentos especificamente culturais.

Essa concepção de mente desvinculada do corpo, característica do cognitivismo clássico, que predominou por muito tempo nas ciências cognitivas e, por decorrência, na linguística, começa a cair como um todo quando várias áreas das ciências, como a Neurobiologia, a antropologia e também a própria Linguística passam a investigar com mais vigor esta relação e constatam que muitos dos nossos processos cognitivos têm por base mesma a percepção e a capacidade de atuação física no mundo. Uma visão que incorpore aspectos sociais, culturais e interacionais à compreensão do processamento cognitivo baseia-se no fato de que existem muitos processos cognitivos que acontecem na sociedade e não exclusivamente nos indivíduos.

Mente e corpo não são duas entidades estanques. Muitos autores vêm defendendo a posição de que a mente é um fenômeno essencialmente corporificado (*embodied*). Para autores como Varela, Thompson & Rosch (1992), nossa cognição é o resultado das nossas ações e das nossas capacidades sensório-motoras. Esses autores enfatizam a *enação*, ou seja, a emergência e o desenvolvimento dos conceitos no interior das atividades nas quais os organismos se engajam, como a forma pela qual eles fazem sentido do mundo que os rodeia.

Portanto, tais operações não se dão apenas na mente dos indivíduos, mas são o resultado da interação de várias ações conjuntas por eles praticadas. As rotinas computacionais que acontecem socialmente são muito comuns e envolvem várias tarefas diárias (basta pensar, por exemplo, na necessidade de computar conjuntamente quando se trata de tarefas como preparar com alguém uma receita culinária, ou realizar um recital de piano a quatro mãos). Essas tarefas constituem rotinas desenvolvidas culturalmente e organizam as atividades mentais internas dos indivíduos, que adotam estratégias para dar conta das tarefas de acordo com as demandas socialmente impostas (cf. Koch & Lima, 2004).

Isso quer dizer que a cognição é um fenômeno *situado*. Ou seja, não é simples traçar o ponto exato em que a cognição está dentro ou fora das mentes, pois o que existe aí é uma inter-relação complexa. Voltar-se exclusivamente para dentro da mente à procura da explicação para os comportamentos inteligentes e para as estratégias de construção do conhecimento pode levar a sérios equívocos.

Dessa forma, na base da atividade linguística está a interação e o compartilhar de conhecimentos e de atenção: os eventos linguísticos não são a reunião de vários atos individuais e independentes. São, ao contrário, uma atividade que se faz *com* os outros, conjuntamente. No dizer de Clark (1992), a língua é um tipo de ação conjunta. Uma ação conjunta se diferencia de ações individuais não meramente pelo número de pessoas envolvidas, mas pela qualidade da ação, pois nela a presença de vários indivíduos e a coordenação entre eles é essencial para que a ação se desenvolva[1].

Dentro dessa perspectiva, as ações verbais passam a ser vistas como ações conjuntas, já que usar a linguagem é sempre engajar-se em alguma ação em que ela é o próprio lugar onde a ação acontece, necessariamente em coordenação com outros. Essas ações não são simples realizações autônomas de sujeitos livres e iguais. São ações que se desenrolam em contextos sociais, com finalidades sociais e com papéis distribuídos socialmente. Os rituais, os gêneros e as formas verbais disponíveis não são em nada neutros quanto a este contexto social e histórico (cf. Koch & Lima, 2004).

Assim, as abordagens sociointeracionistas consideram a linguagem uma ação compartilhada que percorre um duplo percurso na relação sujeito/realidade e exerce dupla função frente ao desenvolvimento cognitivo: intercognitivo (sujeito/mundo) e intracognitivo (linguagem e outros processos cognitivos).

Pode-se facilmente verificar que, dentro desta concepção, amplia-se, mais uma vez, a noção de contexto, tão cara à Linguística

---

[1] Alguns trechos podem estar repetidos em um ou mais capítulos desta obra por se tratar de trabalhos publicados em épocas e meios diferentes e que aqui foram reunidos.

Textual. Se, inicialmente, quando das análises transfrásticas, o contexto era visto apenas como cotexto (segmentos textuais precedentes e subsequentes ao fenômeno em estudo), tendo, quando da introdução da pragmática, passado a abranger primeiramente a situação comunicativa imediata e, posteriormente, o entorno sócio-histórico-cultural, representado na memória por meio de modelos cognitivos, ele passa a constituir agora a própria interação e seus sujeitos: o contexto constrói-se, em grande parte, na própria interação.

Isto é, na concepção interacional (dialógica) da língua, na qual os sujeitos são vistos como atores/construtores sociais, o texto passa a ser considerado o próprio *lugar* da interação e os interlocutores, sujeitos ativos que – dialogicamente – nele se constroem e por ele são construídos. A produção de linguagem constitui *atividade interativa* altamente complexa de produção de sentidos, que se realiza, evidentemente, com base nos elementos linguísticos presentes na superfície textual e na sua forma de organização, mas que requer não apenas a mobilização de um vasto conjunto de saberes, mas também a sua reconstrução – bem como a dos próprios sujeitos – no momento da interação verbal.

É nesse contexto, e com base nesses pressupostos teóricos, que têm surgido (ou ressurgido) uma série de questões pertinentes para a "agenda de estudos da L.T.", entre as quais se destacam a referenciação, as diversas formas de progressão textual (progressão referencial, articulação textual, progressão temática, progressão tópica), a dêixis textual, o processamento sociocognitivo do texto, os gêneros, inclusive os da mídia eletrônica, questões ligadas ao hipertexto, à intertextualidade, entre várias outras, para cujo estudo uma gramática, funcional ou não, seria insuficiente, visto que se exige um embasamento teórico-analítico consonante com a perspectiva teórica adotada. Tal fundamentação encontra-se, em grande parte, em autores alemães, entre os quais os mencionados anteriormente e os franco-suíços, como Denis Apothéloz, Marie-José Reichler-Béguelin, Alain Berrendonner, Catherine Chanet, Michel Charolles, Lorenza Mondada, Danielle Dubois, além de muitos outros, entre os quais se poderiam mencionar Marcelo Dascal, Mira Ariel, Rachel Giora, Elisabeth Conte, Gil Francis, ao lado de outros estudiosos da cognição da linha anteriormente mencionada.

No Brasil, essas questões têm sido objeto de pesquisa de textualistas da primeira hora, como Luiz Antônio Marcuschi, Ingedore Koch, Leonor Fávero, cujos trabalhos, que vêm acompanhando a trajetória aqui descrita, têm servido de fundamento à maior parte das pesquisas em L.T. realizadas no país, bem como de um número significativo de estudiosos que se vêm destacando nas pesquisas da área, entre os quais se poderiam mencionar, apenas a título de exemplificação, Clélia Jubran, Luiz Carlos Travaglia, Maria Lúcia V. Andrade, Mônica Magalhães Cavalcante, Irandé Antunes, Angela Paiva Dionisio, Anna Christina Bentes, Graziela Zamponi, Maria Elias Soares.

Por tudo o que foi aqui exposto, é fácil verificar que a Linguística Textual constitui um domínio de pesquisa com fundamentos teóricos e procedimentos analíticos próprios, que justificam plenamente a reivindicação do estatuto de ciência independente, ainda que irmanada a outras por pressupostos gerais semelhantes.

BIBLIOGRAFIA

APOTHÉLOZ, Denis. "Nominalisations, réferents clandestins et anaphores atypiques". In: BERRENDONNER, A. & REICHLER-BÉGUELIN, M-J. (eds.). *Du sintagme nominal aux objets-de-discours.* Neuchâtel: Université de Neuchâtel, 1995, p. 143-173.

______ & REICHLER-BÉGUELIN, Marie-José. "Construction de la référence et stratégies de désignation". In: BERRENDONNER, A. & REICHLER- BÉGUELIN, M-J. (eds.). *Du sintagme nominal aux objets-de-discours.* Neuchâtel: Université de Neuchâtel, 1995, p. 227-271.

______ & CHANET, Catherine. "Défini et démonstratif dans les nominalizations". In: DE MULDER, Walter & VETTERS, Carl (eds.). *Relations anaphoriques et (in)cohérence.* Amsterdam: Rodopi, 1997, p. 159-186.

ARIEL, M. *Accessing Noun Phrase Referents.* London: Routledge, 1990.

BEAUGRANDE, Robert de & DRESSLER, W.U. *Einführung in die Textlinguistik.* Tübingen: Niemeyer, 1981.

BERRENDONNER, A. & REICHLER-BÉGUELIN, M-J. (eds.). *Du sintagme nominal aux objets-de-discours.* Neuchâtel: Université de Neuchâtel, 1995, p. 143-173.

CAVALCANTE, Mônica M. *Expressões indiciais em contextos de uso: por uma caracterização dos dêiticos discursivos.* Recife, 205 p. Tese de doutorado, Universidade Federal de Pernambuco (UFPE), 2000.

CHAROLLES, Michel. "Anaphore associative, stéréotype et discours". In: SCNEDECKER; CHAROLLES; KLEIBER & DAVID. *L'Anaphore associative.* Paris: Klincksieck, 1994, p. 67-92.

______. *Coherence as a Principle of Interpretability of Discourse.* Text 3 (1), 1983, p. 71-98.

CLARK, Herbert. *Arenas of Language Use.* Chicago: Chicago University Press, 1992.

CONTE, Elisabeth. "Anaphoric encapsulation". *Belgian Journal of Linguistics: Coherence and Anaphora*, v. 10, 1996, p. 1-10.
______. *La linguistica testuale*. Milão: Feltrinelli Economica, 1977.
______; PETÖFI, J. & SÖZER, E. (eds.). *Text and Discourse Connectedness*. Hamburgo: A.Survey, 1989.
DASCAL, Marcelo. "Fundamentos da Linguística Contemporânea", v. IV: Pragmática. Campinas: Ed. do Autor, 1982.
______ & KATRIEL, T. "Digressions: a Study in Conversational Coherence". In: PETÖFI, J. (ed.). *Text vs Sentence*, v. 26, 1979, p. 76-95.
DIK, Simon. *The Theory of Functional Grammar*. Pt. II – Complex and derived constructions. New York: Mouton, 1997.
DRESSLER, Wolfgang U. *Einführung in die Textlinguistik*. Tübingen: Niemeyer, 1972.
DUCROT, Oswald. *Dizer e não dizer. Princípios de semântica linguística*. Trad. bras. São Paulo: Cultrix, 1972.
FÁVERO, Leonor L. *Coesão e coerência textuais*. São Paulo: Ática, 1991.
______ & KOCH, Ingedore G. Villaça. *Linguística Textual: Introdução*. São Paulo: Cortez, 1983.
FRANCIS, Gill. "Labelling discourse: an aspect of nominal-group lexical cohesion". In: COULTHARD, Malcolm (ed.). *Advances in Written Text Analysis*. Londres: Routledge, 1994.

GARNHAM, A. & OAKHILL, J. "Discourse processing and text comprehension from a mental models perspective". In: *Language and Cognitive Processes* 7, 1990, p. 193-204.
GIORA, R. "Notes towards a theory of text coherence". In: *Poetics Today* 6(4), 1985, p. 699-715.
GÜLICH, Elisabeth & KOTSCHI, J. *Makrosyntax der Gliederungssignale im gesprochenen Französisch*. München: Fink, 1970.
______ & RAIBLE, W. *Linguistische Textmodelle*. München: Fink, 1977.
HARTMANN, P. "Text als linguistisches Objekt". In: STEMPEL, W. (ed.). *Beiträge zur Textlinguistik*. München: Fink, 1971, p. 2-29.
HARWEG, Roland. *Pronomina und Textkonstitution*. München: Fink, 1968.
HEINEMANN, Wolfgang. *Textlinguistik heute. Entwicklung, Probleme, Aufgaben*. Wissenschaftliche Zeitschrift der Karl-Marx Universität, Leipzig, 1982.
______& VIEHWEGER, D. *Textlinguistik: eine Einführung*. Tübingen, Niemeyer, 1991.
______. "Überlegungen zur Texttheorie". In: IHWE, J. (ed.). *Literaturwissenschaft und Linguistik I*, Frankfurt: Athenäum, 1971, p. 155-172.
ISENBERG, Horst. *Der Begriff 'Text' in der Sprachtheorie*. ASG-Bericht nº 8, Berlin, 1968.
______. "Einige Grundbegriffe für eine linguistische Textheorie". In: DANES, F. & VIEHWEGER, D. (eds.). *Probleme der Textgrammatik*. Berlin: Akademie Verlag, 1976, p. 47-146.
JOHNSON-LAIRD, P.N. *Mental Models*. Cambridge: Cambridge University Press, 1983.
______. *Mental Models in Cognitive Sciences*. Cognitive Sciences 4, 1980, p. 72-115.
KALLMEYER, Werner & MEYER-HERMANN, R. "Textlinguistik". In: ALTHAUS, H.P.; HENNE, H. & WIEGAND, H.E. (eds.). *Lexicon der Germanistischen Linguistik*. Tübingen: Niemeyer, 1980, p. 242-258.
KOCH, Ingedore G. Villaça. *A coesão textual*. São Paulo: Contexto, 1989.
______. *A inter-ação pela linguagem*. São Paulo: Contexto, 1992.
______. *O texto e a construção dos sentidos*. São Paulo: Contexto, 1997.
______. "A referenciação textual como estratégia cognitivo-interacional". In: BARROS, K.S.M. (org.). *Produção textual: interação, processamento, variação*. Natal: EDUFURN, 1999, p. 69-80.
______. "Expressões referenciais definidas e sua função textual". In: DUARTE, L.P. (org.). *Para sempre em mim: homenagem a Ângela Vaz Leão*. Belo Horizonte: CESPUC, 1999, p. 138-150.

______. *Referenciação: Construção discursiva*. Ensaio apresentado por ocasião do concurso para Titular em Análise do Discurso do IEL/UNICAMP, dez. 1999.
______. *Desvendando os segredos do texto*. São Paulo: Cortez, 2002.
______. *Cognição e processamento textual*. In: Revista da *ANPOLL*, v. 2, 1996, p. 35-44.
______ & MARCUSCHI, L.A. *Processos de referenciação na produção discursiva*. In: *D.E.L.T.A.*, 14 (número especial), 1998, p. 169-190.
______ & TRAVAGLIA, Luiz C. *A coerência textual*. São Paulo: Contexto, 1990.
______ & TRAVAGLIA, Luiz C. *Texto e coerência*. São Paulo: Cortez, 1989.
______ & LIMA, Maria Luiza C. "Sociocognitivismo". In: BENTES, A.C. & MUSSALIN, F. Introdução à Linguística, v. 3, São Paulo: Cortez, 2004.
LANG, Edward. "Über einige Schwierigkeiten beim postulieren einer Text- grammmatik". In: CONTE, E. *La linguistica testuale*. Milano: Feltrinelli Economica, 1971.
MARCUSCHI, Luiz A. *Linguística de texto: o que é e como se faz*. Recife: Universidade Federal de Pernambuco, Série Debates 1, 1983.
______. *Referência e cognição: o caso da anáfora sem antecedente*. Trabalho apresentado no Encontro de Linguística, dezembro de 1998, UFJF, Juiz de Fora, MG, 1998.
______. "Linearização, cognição e referência: o desafio do hipertexto". In: MARCUSCHI, L.A. *Cognição, linguagem e práticas interacionais*. Rio de Janeiro: Lucerna, 2007, p. 146-170.

______. *Aspectos linguísticos, sociais e cognitivos na produção de sentido*. Texto apresentado por ocasião do GELNE, 2-4 de setembro de 1998 (mimeo).
______. *O barco textual e suas âncoras*, 2000 (mimeo).
______ & KOCH, Ingedore G. Villaça. "Estratégias de referenciação e progressão referencial na língua falada". In: ABAURRE, M.B. (org.). *Gramática do Português Falado*, v. VIII, Campinas: Ed. da Unicamp/FAPESP, 1998.
MINSKY, M. "A framework for representing knowledge". In: WINSTON, P. (ed.). *The Psychology of Computer Vision*. Chicago: McGraw-Hill, 1975.
MONDADA, Lorenza. *Verbalisation de l'espace et fabrication du savoir approche linguistique de la construction des objets du discours*. Lausanne: Université de Lausanne, 1994.
______ & DUBOIS, D. "Construction des objets du discours et catégorisation: une approche des processus de réferenciation". In: BERRENDONNER & REICHLER-BÉGUELIN, 1995, *op. cit.*, p. 273-305.
MOTSCH, Wolfgang. "Sprache als Handlungsinstrument". In: *Neue Aspekte der Grammatikforschung*, Parte 2, Berlin, 1975, p. 1-64.
______. *Sprachlich-kommunicative Handlungen*. Deutsche Sprache, 1983, p. 489-512.
______ & PASCH, R. "Illokutive Handlungen". In: MOTSCH, W. (org.). *Satz, Text, Sprachliche Handlung*. Berlin: Akademie Verlag, 1987.
PETÖFI, Janos. *Zu einer Grammatischen Theorie spachlischer Texte*. In: *LiLi*, ano 2, fasc. 5, 1973, p. 31-58.
RIESER, E. *Probleme der Textlinguistik*. Folia Linguistica, v. VI, 1973, p. 28-46.
RUMELHART, D.E. "Schemata: The building blocks of cognition". In: SPIRO, R.J. *et al.* (orgs.). *Theoretical Issues in Reading Comprehension*. New Jersey: Erlbaum, 1980.
SANFORD, A.J. & GARROD, S.C. "The role of background knowledge in psychological accounts of text comprehension". In: ALWOOD & HJELMQUIST (eds.). *Foregrounding Background*. Lund: Doxa, 1985.
SCHANK, R.C. & ABELSON, R.P. *Scripts, Plans, Goals, and Understanding*: An inquiry into human knowledge structures. Hillsdale, New Jersey: Erlbaum, 1977.
SCHMIDT, Siegfried J. *Texttheorie, Probleme einer Linguistik der sprachlichen Kommunication*. München: Fink, 1973.
SCHWARZ, Monika. *Einführung in die kognitive Linguistik*. Tübingen: Gunther Narr, 1992.
____. *Indirekte Anaphern in Texten*. Tübingen: Niemeyer, 2000.

STEMPEL, Wolf Dieter (ed.). *Beiträge zur Textlinguistik*. München: Fink, 1971.
VAN DIJK, T.A. *Text and Context*. London: Longman, 1977.
______. *Tekstweteschap*. Een interdisciplinaire inleidig. Utrecht, 1978.
______. *Macrostructures*. Hillsdale, N.J.: Lawrence Erlbaum, 1980.
______. *Studies in the Pragmatics of Discourse*. Berlin: Mouton, 1981.
VATER, Heinz. *Determinanten*. Trier: Lant, 1979.
______. "Modelos na memória – o papel das representações da situação no processamento do discurso". In: *Cognição, discurso e interação*. São Paulo: Contexto, 1989/1992.
______. "Cognitive context models and discourse". In: VAN OOSTEDORP, H. & GOLDMAN, S. (eds.). *The Construction of Mental Models During Reading*. Hillsdale, N.J.: Erlbaum, 1998.
______ & KINTSCH, W. *Strategies of Discourse Comprehension*. New York: Academic Press, 1983.
VARELLA, F.; THOMPSON, E. & ROSCH, E. *The Embodied Mind: Cognitive Science and Human Experience*. Cambridge: MIT Press, 1992.
WEINRICH, Harald. *Tempus: besprochene und erzählte Welt*. Stuttgart: Klett, 1964.
______. *Sprache in Texten*. Stuttgart: Klett, 1976.
WUNDERLICH, Dieter. "Die Rolle der Pragmatick in der Linguistic". In: *Der Deutschunterricht*, 22, 1970, p. 15-41.
______. *Studien zur Sprchakttheorie*. Frankfurt: Suhrkamp, 1976.
______. "Raum, Zeit und Lexikon". In: *Sprache und Raum*. Frankfurt: Suhrkamp, 1985, p. 66-89.
ZAMPONI, Graziela. *Processos de referenciação: Anáforas indiretas e nominalizações*. Tese de Doutorado, IEL/UNICAMP, 2003.

(1ª versão: "Princípios teórico-analíticos da Linguística Textual". Texto apresentado em mesa-redonda, no Seminário do GEL – Grupo de Estudos Linguísticos, em 2004. Trabalho não publicado.)

2.
AS FORMAS NOMINAIS ANAFÓRICAS NA PROGRESSÃO TEXTUAL

1. INTRODUÇÃO

A partir da década de 1980, a pesquisa em Linguística Textual, acompanhando mudanças de paradigma que se processavam em outros ramos do saber, sofreu uma significativa alteração de rota, causada pela tomada de consciência de que todo fazer (ação) é necessariamente acompanhado de processos de ordem cognitiva, de que quem age precisa dispor de modelos mentais de operações e tipos de operações. Assim, a tônica das pesquisas na área passou a recair nas operações cognitivas de processamento textual, considerando-se o texto como resultado de processos mentais: é a abordagem procedural. Nessa abordagem, postulava-se que os parceiros da comunicação possuem saberes acumulados quanto aos diversos tipos de atividades e episódios da vida social em que se acham envolvidos, isto é, têm conhecimentos representados na memória enciclopédica que necessitam ser ativados para que cada uma de suas atividades seja coroada de sucesso; e que, dessa forma, os interlocutores já trazem para a situação comunicativa determinadas expectativas e ativam certos conhecimentos e experiências no momento da motivação e estabelecimento de metas, em todas as fases preparatórias da construção textual, não apenas na tentativa de traduzir seu projeto em signos verbais (comparando entre si diversas possibilidades de concretização dos objetivos e selecionando aquelas que julgam as mais adequadas), como também no momento da compreensão de textos.

Desse ponto de vista, conforme Beaugrande & Dressler (1981) – cuja obra constitui um dos marcos iniciais desse período –, o texto é originado por uma multiplicidade de operações cognitivas interligadas, "um documento de procedimentos de decisão, seleção e combinação" (p. 37), de modo que caberia à Linguística Textual desenvolver modelos procedurais de descrição textual, capazes de dar conta dos processos cognitivos que permitissem a integração dos diversos sistemas de conhecimento dos parceiros da comunicação, tendo em vista a descrição e a descoberta de procedimentos para sua atualização e tratamento, no quadro das motivações e estratégias da produção e compreensão de textos.

Nessa perspectiva, a Linguística Textual incluiu entre seus pressupostos a existência de modelos cognitivos, inicialmente pesquisados em Inteligência Artificial e Psicologia da Cognição, os quais têm recebido, na literatura, denominações diversas (*frames*, Minsky, 1975; *scripts*, Schank & Abelson, 1977; *cenários*, Sanford & Garrod, 1985; *esquemas*, Rumelhart, 1980; *modelos mentais*, Johnson-Laird, 1983; *modelos episódicos* ou de *situação*, van Dijk, 1989, entre outras). Tais modelos caracterizam-se como estruturas complexas de conhecimentos, que representam as experiências que vivenciamos em sociedade e que servem de base aos processos conceituais. Frequentemente, são representados em forma de redes, nas quais as unidades conceituais são concebidas como variáveis ou *slots*, que denotam características estereotípicas e que, durante os processos de compreensão, são preenchidas com valores concretos (*fillers*). Constituem, pois, conjuntos de conhecimentos socioculturalmente determinados e vivencialmente adquiridos, que contêm tanto conhecimentos sobre cenas, situações e eventos, como conhecimentos sobre como agir em situações particulares e realizar atividades específicas.

Segundo van Dijk & Kintsch (1983), por ocasião do processamento da informação na atividade de compreensão, selecionam-se os modelos com a ajuda dos quais o atual estado de coisas pode ser interpretado. As unidades não explícitas no texto devem ser inferidas do respectivo modelo. Nesse caso, na falta de informação explícita em contrário, utiliza-se sempre como preenchedor (*filler*) a informação estereotípica.

Os vários tipos de saberes são mobilizados *on-line* por ocasião do processamento textual e se atualizam nos textos por meio de diversos tipos de estratégias processuais. O processamento textual é, portanto, estratégico.

O processamento estratégico depende não só de características textuais, como também de características dos usuários da língua, tais como seus objetivos, convicções e conhecimento de mundo. Isto é, as estratégias cognitivas são *estratégias de uso* do conhecimento. E esse uso, em cada situação, depende dos objetivos do usuário, da quantidade de conhecimento disponível a partir do texto e do contexto, bem como de suas crenças, opiniões e atitudes. Isso explica por que, no momento da compreensão, há a possibilidade de o leitor reconstruir não somente o sentido intencionado pelo produtor do texto, mas também outros sentidos, não previstos ou, por vezes, nem mesmo desejados pelo produtor.

Por ser a informação dos diversos níveis apenas em parte explicitada no texto, ficando a maior parte implícita, as inferências constituem estratégias cognitivas por meio das quais o ouvinte ou leitor, partindo da informação veiculada pelo texto e levando em conta o contexto (em sentido amplo), constrói novas representações mentais e/ou estabelece uma ponte entre segmentos textuais, ou entre informação explícita e informação não explicitada no texto. Conforme Beaugrande & Dressler (1981), a inferenciação ocorre a cada vez que se mobiliza conhecimento próprio para construir um mundo textual.

Todo processo de compreensão pressupõe, portanto, atividades do ouvinte/leitor, de modo que se caracteriza como um processo ativo e contínuo de construção – e não apenas de reconstrução –, no qual as unidades de sentido ativadas a partir do texto se conectam a elementos suplementares de conhecimento extraídos de um modelo global também ativado em sua memória. Por ocasião da produção, o locutor já prevê essas inferências, na medida em que deixa implícitas certas partes do texto, pressupondo que tais lacunas venham a ser preenchidas sem dificuldades pelo interlocutor, com base em seus conhecimentos prévios e nos elementos da própria situação enunciativa. Esta é também a razão por que, na dependência desses conhecimentos e do contexto, diferentes interlocutores poderão construir interpretações diferentes do mesmo texto.

2. A PERSPECTIVA SOCIOCOGNITIVO-INTERACIONISTA

Não tardou, porém, que a separação entre exterioridade e interioridade presente nas ciências cognitivas clássicas viesse a ser questionada, principalmente pela separação que opera entre fenômenos mentais e sociais.

As ciências cognitivas clássicas têm tendido a trabalhar com uma diferença bem nítida e estanque entre os processos cognitivos que acontecem dentro da mente dos indivíduos e os processos que ocorrem fora dela. Para o cognitivismo interessa explicar como os conhecimentos que um indivíduo possui estão estruturados em sua mente e como eles são acionados para resolver problemas postos pelo ambiente. O ambiente seria, assim, apenas um meio a ser analisado e, só depois disso, representado internamente, ou seja, uma fonte de informações para a mente individual.

De acordo com essa visão, a cultura e a vida social seriam parte desse ambiente e exigiriam a representação, na memória, de conhecimentos especificamente culturais. Entender a relação entre cognição e cultura seria, portanto, entender que conhecimentos os indivíduos devem ter para agir adequadamente dentro da cultura em que se inserem. Ou seja, desse ponto de vista, a cultura é um conjunto de dados a ser apreendido, um conjunto de noções e de procedimentos a serem armazenados individualmente. A cultura é vista como um fenômeno em geral passivo, sobre o qual as mentes atuam.

Contudo, a concepção de mente desvinculada do corpo, característica do cognitivismo clássico que predominou por muito tempo nas ciências cognitivas e, por decorrência, na Linguística, começa a cair como um todo quando várias áreas das ciências, como a Neurobiologia, a Antropologia e também a própria Linguística se dedicam a investigar com mais vigor esta relação e constatam que muitos dos nossos processos cognitivos têm por base mesma a percepção e a capacidade de atuação física no mundo. Uma visão que incorpore aspectos sociais, culturais e interacionais à compreensão do processamento cognitivo baseia-se no fato de que grande parte dos processos cognitivos acontece na sociedade e não exclusivamente nos indivíduos. Essa visão, efetivamente, tem se revelado necessária para explicar tanto fenômenos cognitivos quanto culturais.

Ao admitir-se que mente e corpo não são entidades estanques, passa-se a postular que a mente é um fenômeno essencialmente corporificado (*embodied*), que os aspectos motores e perceptuais e as formas de raciocínio abstrato são todos de natureza semelhante e profundamente inter-relacionados. Para autores como Varela, Thompson e Rosch (1992), nossa cognição é o resultado de nossas ações e de nossas capacidades sensório-motoras. Esses autores enfatizam a *enação*, ou seja, a emergência e desenvolvimento dos conceitos no interior das próprias atividades nas quais os organismos se engajam como a forma pela qual eles fazem sentido do mundo que os rodeia.

Dessa forma, tais operações não se dão apenas na mente dos indivíduos, mas dependem da interação de várias ações conjuntas por eles praticadas. As rotinas computacionais que acontecem socialmente são muito comuns e envolvem diversas tarefas diárias. Trata-se de rotinas desenvolvidas culturalmente, que organizam as atividades mentais internas dos indivíduos, os quais adotam estratégias para dar conta das tarefas de acordo com as demandas socialmente impostas (cf. Koch & Lima, 2004).

Isso quer dizer que a cognição é um fenômeno *situado*. Voltar-se exclusivamente para dentro da mente à procura da explicação para os comportamentos inteligentes e para as estratégias de construção do conhecimento pode levar a sérios equívocos. Na base da atividade linguística está a interação e o compartilhar de conhecimentos e de atenção: os eventos linguísticos não são a reunião de vários atos individuais e independentes, mas, ao contrário, uma atividade que se faz com os outros, conjuntamente. No dizer de Clark (1992), a língua é um tipo de ação conjunta.

Uma ação conjunta diferencia-se de ações individuais não meramente pelo número de pessoas envolvidas, mas pela qualidade da ação, pois nela a presença de vários indivíduos e a coordenação entre eles é essencial para que a ação se desenvolva.

As ações verbais são ações conjuntas, já que usar a linguagem é sempre engajar-se em alguma ação em que ela é o próprio lugar onde a ação acontece, necessariamente em coordenação com outros. São ações que se desenrolam em contextos sociais, com finalidades sociais e com papéis distribuídos socialmente. Os rituais, os gêneros e as forma verbais disponíveis não são em nada neutros quanto a este contexto social e histórico (cf. Koch & Lima, 2004).

Dentro desse quadro, os processos cognitivos não são tomados como comportamentos previsíveis ou aprioristicamente concebidos, à margem das rotinas significativas da vida em sociedade. O tipo de relação que se estabelece entre linguagem e cognição é estreito, interno, de mútua constitutividade: a linguagem é tida como o principal mediador da interação entre as referências do mundo biológico e as referências do mundo sociocultural.

Essa concepção demanda uma reinterpretação da noção de contexto: ele é o lugar onde se constroem e reconstroem indefinidamente as significações, o árbitro das tensões entre sistematicidades e indeterminações do dizer e do mostrar, do dito e do implicado. Ele se apresenta, por um lado, como estruturado, mas tem, por outro lado, função estruturante, já que cria e dá forma aos processos de significação (Morato & Koch, 2003).

Assim sendo, o texto passa ser visto como o próprio *lugar* da interação e os interlocutores como sujeitos ativos que – dialogicamente – nele se constroem e por ele são construídos. A produção de linguagem constitui *atividade interativa* altamente complexa de produção de sentidos, que se realiza, evidentemente, com base nos elementos linguísticos presentes na superfície textual e na sua forma de organização, mas que requer não apenas a mobilização de um vasto conjunto de saberes, mas, sobretudo, a sua reconstrução no momento da interação verbal.

Em consequência do grande interesse pela dimensão sociocognitiva da linguagem e processos afeitos a ela, surge (ou ressurge) todo um conjunto de questões pertinentes para a agenda de estudos da linguagem, entre as quais destacarei aqui a referenciação, em particular aquela realizada por meio de expressões nominais, bem como os articuladores ou marcadores metadiscursivos.

3. REFERENCIAÇÃO

Parto do pressuposto de que a referenciação é uma atividade discursiva (cf. Koch, 1999a e b; Marcuschi & Koch, 1998; Koch & Marcuschi, 1998; Marcuschi, 1998), posição que é defendida por Mondada & Dubois (1995: 278ss.), que as leva a postular uma instabilidade das relações entre as palavras e as coisas.

Entendem Mondada & Dubois que as categorias utilizadas para descrever o mundo alteram-se tanto sincrônica quanto diacronicamente: quer nos discursos ordinários, quer nos discursos científicos, elas são antes plurais e mutáveis, do que fixadas normativa ou historicamente. Citam Sacks (1972), que, no quadro etnometodológico, propõe estudar a categorização como um problema de decisão que se coloca aos atores sociais, de forma que a questão não seria avaliar a adequação de um rótulo "correto", mas de descrever os procedimentos linguísticos e cognitivos por meio dos quais os atores sociais referem-se uns aos outros. Salientam ainda que é necessário considerar a referência aos objetos do mundo físico e natural no seio de uma concepção geral dos processos de categorização discursiva e cognitiva tal como são considerados nas práticas situadas dos sujeitos. Diz Mondada (1994: 97):

> A análise etnometodológica das categorias permite mostrar que elas são sempre construídas num contexto interacional, de forma situada e com fins práticos. A questão da adequação referencial não pode ser posta sem a concepção de que a referência é construída local e interativamente, e não dada por critérios *a priori* em relação com uma realidade independente.

Pode-se, assim, afirmar que a língua não existe fora dos sujeitos sociais que a falam e fora dos eventos discursivos nos quais eles intervêm e nos quais mobilizam suas percepções, seus saberes quer de ordem linguística, quer de ordem sociocognitiva, ou seja, seus modelos de mundo. Estes, todavia, não são estáticos, (re)constroem-se tanto sincrônica como diacronicamente, dentro das diversas cenas enunciativas, de modo que, no momento em que se passa da língua ao discurso, torna-se necessário mobilizar conhecimentos – socialmente compartilhados e discursivamente (re)construídos –, bem como situar-se dentro das contingências históricas, para que se possa proceder aos encadeamentos discursivos.

Dessa forma, passa-se a defender que a referenciação, bem como a progressão referencial, consistem na construção e reconstrução de objetos de discurso, posição que se encontra assim explicitada em Apothéloz & Reichler-Béguelin (1995: 228):

> De maneira geral, argumentaremos (...) em favor de uma concepção construtivista da referência (...); assumiremos plenamente o postulado segundo o qual os chamados "objetos de discurso" não preexistem "naturalmente" à atividade cognitiva e interativa dos sujeitos falantes, mas devem ser concebidos como produtos – fundamentalmente culturais – desta atividade.

Nessa concepção, defendemos em Koch & Marcuschi (1998) que a discursivização ou textualização do mundo por meio da linguagem não consiste em um simples processo de elaboração de informações, mas num processo de (re)construção do próprio real. Sempre que usamos uma forma simbólica, manipulamos a própria percepção da realidade de maneira significativa. É dessa assunção que decorre a proposta de substituir a noção de referência pela noção de referenciação, tal como postula Mondada (2001: 9):

> Ela [a referenciação] não privilegia a relação entre as palavras e as coisas, mas a relação intersubjetiva e social no seio da qual as versões do mundo são publicamente elaboradas, avaliadas em termos de adequação às finalidades práticas e às ações em curso dos enunciadores.

A referenciação constitui, assim, uma atividade discursiva. O sujeito, por ocasião da interação verbal, opera sobre o material linguístico que tem à sua disposição, procedendo a escolhas significativas para representar estados de coisas, com vistas à concretização de sua proposta de sentido (Koch, 1999a e b, 2002). Isto é, as formas de referenciação são escolhas do sujeito em interação com outros sujeitos, em função de um querer-dizer. Os objetos de discurso não se confundem com a realidade extralinguística, mas (re)constroem-na no próprio processo de interação. Ou seja: a realidade é construída, mantida e alterada pela forma como, sociocognitivamente, interagimos com ela: interpretamos e construímos nossos mundos por meio da interação com o entorno físico, social e cultural.

Na constituição da memória discursiva, estão envolvidos, enquanto operações básicas, as seguintes estratégias de referenciação:

a) construção/ativação: pela qual um "objeto" textual até então não mencionado é introduzido, ativado na memória, passando a preencher um nódulo ("endereço" cognitivo, locação) na rede conceptual do modelo de mundo textual: a expressão linguística que o representa é posta em foco na memória de trabalho, de tal forma que esse "objeto" fica saliente no modelo.
b) reconstrução/reativação: um nódulo já presente na memória discursiva é reintroduzido na memória operacional, por meio de uma forma referencial, de modo que o objeto de discurso permanece saliente (o nódulo continua em foco).
c) desfocalização/desativação: quando um novo objeto de discurso é introduzido, passando a ocupar a posição focal. O objeto retirado de foco, contudo, permanece em estado de ativação parcial (*stand by*), podendo voltar à posição focal a qualquer momento; ou seja, ele continua disponível para utilização imediata na memória dos interlocutores.

Pela repetição constante de tais estratégias, estabiliza-se, por um lado, o modelo textual; por outro lado, porém, este modelo é continuamente reelaborado e modificado por meio de novas referenciações (Schwarz, 2000). Dessa maneira, "endereços" ou nódulos cognitivos já existentes podem ser, a todo momento, modificados ou expandidos, de modo que, durante o processo de compreensão, desdobra-se uma unidade de representação extremamente complexa, pelo acréscimo sucessivo e intermitente de novas categorizações e/ou avaliações acerca do referente.

Vejamos como se constrói sociocognitivamente a referência no texto abaixo:

(1) *A contínua e crescente resistência do povo iraquiano contra as forças de ocupação* está transformando o Iraque, de base para a reorganização imperialista do Oriente Médio, em fator de desorganização e desestabilização na região e internacionalmente. *A euforia de Bush e asseclas pela captura de Saddam Hussein* serviu para amortecer por pouco tempo *a desmoralização à qual chegara a ocupação militar*, mas não resolve nenhuma das *contradições* que enfrenta. Não se achou nenhuma evidência de que Saddam estivesse dirigindo a resistência popular. Diante dos *últimos golpes ressonantes da resistência iraquiana*, as respostas militares norte-americanas são

inócuas porque os EUA carecem de um perfil da crescente insurreição, ou seja, não sabem contra quem combatem. A ocupação norte-americana do Iraque é *um ponto de concentração das poderosas contradições que caracterizam o capital mundial*. Para financiar uma saída para a crise, o governo Bush recorreu a *um confisco mundial em grande escala* mediante a desvalorização do dólar e, portanto, de sua dívida externa: depois da "*guerra infinita*", o "*confisco infinito*". (...) (Osvaldo Coggiola. "Um panorama mundial de crescente instabilidade", *InformAndes*, nº 123, fev. 2004, p. 8.)

Evidencia-se, no caso, que se trata de uma construção e reconstrução de referentes, extremamente complexa, em que intervêm não somente o saber construído linguisticamente pelo próprio texto e os conteúdos inferenciais que podem ser calculados a partir de conteúdos linguísticos tomados por premissas, graças aos conhecimentos lexicais, aos pré-requisitos enciclopédicos e culturais e aos lugares comuns argumentativos de uma dada sociedade, como também os saberes, opiniões e juízos compartilhados no momento da interação entre o autor da matéria e o público com que dialoga e do qual espera concordância.

É claro que a reação do leitor poderá ser de consenso, se ele se enquadrar na imagem construída pelo produtor do texto; ou de dissenso, se esta imagem estiver equivocada. Não há dúvida, também de que, fossem outros o autor, o veículo, os interlocutores, totalmente diversa seria a construção dos objetos de discurso.

Veja-se, agora, o exemplo (2):

(2) O dia começa às cinco para a turma que serve o café da manhã – carregam os pães e grandes vasilhames com café em carrinhos de ferro. Pelo guichê das celas trancadas surgem canecas e bules amassados, à medida que o grupo passa. *Os inimigos da aurora* deixam a vasilha de café no guichê da porta e penduram um saco plástico para receber o pãozinho com manteiga e evitar o suplício de sair da cama.

A expressão nominal *inimigos da aurora* é um objeto de discurso que só faz sentido no interior do texto: refere-se aos detentos que não gostam de levantar cedo. Seria muito difícil detectar o referente da expressão fora do contexto sociocognitivo mobilizado no texto.

4. FORMAS DE INTRODUÇÃO (ATIVAÇÃO) DE REFERENTES NO MODELO TEXTUAL

São de dois tipos os processos de construção de referentes textuais, isto é, de sua introdução/ativação no modelo textual. Para designá-los, vou me valer, de forma bastante livre, dos termos cunhados por Prince (1981), para postular que tal ativação pode ser "ancorada" e "não ancorada".

A introdução será não ancorada quando um objeto de discurso totalmente novo é introduzido no texto, passando a ter um "endereço cognitivo" na memória do interlocutor. Quando representado por uma expressão nominal, esta opera uma categorização do referente.

Tem-se uma ativação "ancorada" sempre que um novo objeto de discurso é introduzido, sob o modo do dado, em virtude de algum tipo de associação com elementos presentes no cotexto ou no contexto sociocognitivo passível de ser estabelecida por associação e/ou inferenciação. Estão entre esses casos as chamadas anáforas associativas e as anáforas indiretas de modo geral. A anáfora associativa explora relações meronímicas, ou seja, todas aquelas em que entra a noção de ingrediência, tal como descrita por Lesniewski (1989). Incluem-se, pois, aqui não somente as associações metonímicas, mas também todas aquelas relações em que um dos elementos pode ser considerado "ingrediente" do outro, conforme se verifica em (3), em que vagões e bancos podem ser considerados "ingredientes" de trem.

> (3) Uma das mais animadas atrações de Pernambuco é o trem do forró. Com saídas em todos os fins de semana de junho, ele liga o Recife à cidade de Cabo de Santo Agostinho, um percurso de 40 quilômetros. Os vagões, adaptados, transformam-se em verdadeiros arraiais. Bandeirinhas coloridas, fitas e balões dão o tom típico à decoração. Os bancos, colocados nas laterais, deixam o centro livre para as quadrilhas.

Já no exemplo (4), o que se tem é uma anáfora indireta, cuja interpretação vai exigir do leitor/ouvinte operações mais sofisticadas de ordem conceitual:

(4) Abro uma antiga mala de velharias e lá encontro minha máscara de esgrima. Emocionante o momento em que púnhamos a máscara – tela tão fina – e nos enfrentávamos mascarados, sem feições. *A túnica branca com o coração em relevo no lado esquerdo do peito*, "olha esse alvo sem defesa, menina, defenda esse alvo!" – advertia o professor e eu me confundia e *o florete do adversário* tocava reto no meu coração exposto (Lygia Fagundes Telles. *A disciplina do amor*. Rio de Janeiro: Rocco, 1998).

"*A túnica branca com o coração em relevo*" é um referente novo, que remete às âncoras "máscara" e "esgrima" e as reativa, colocando-as novamente em foco, numa recuperação indireta. O mesmo processo se verifica com a anáfora indireta "*o florete do adversário*", que, ao ser ativado, remete também a esgrima, de algum modo refocalizando tal referente. O cenário de aula de esgrima só se configura, porém, ou se confirma realmente, quando da introdução da entidade "o professor", com o reforço do predicado "advertia" e de sua fala, em conotação autonímica assinalada pelas aspas (cf. Authier-Revuz, 1981).

Tenho proposto que se incluam, também, entre os casos de introdução ancorada de objetos de discurso as chamadas nominalizações, tal como definidas por Apothéloz (1995): uma operação discursiva que consiste em referir, por meio de um sintagma nominal, um processo ou estado significado por uma proposição que, anteriormente, não tinha o estatuto de entidade. Assim definida, a nominalização designa um fenômeno geral de transformação de proposições em entidades. Nesse caso, porém, o processo de inferenciação é distinto daquele mobilizado no caso das anáforas associativas e indiretas.

As nominalizações são consideradas por Francis (1994) como *rotulações*, resultantes de *encapsulamentos* (cf. também Conte, 1996) operados sobre predicações antecedentes ou subsequentes, ou seja, sobre processos e seus actantes, os quais passam a ser representados como objetos-acontecimento na memória discursiva dos interlocutores. Isto é, introduz-se um referente novo, encapsulando a informação difusa no cotexto precedente ou subsequente (*informação-suporte*, segundo Apothéloz & Chanet, 1997). Do ponto de vista da dinâmica discursiva, apresenta-se, *pressupondo* sua existência, um processo que foi (ou será) predicativamente significado, que acaba de ser (ou vai ser) *posto*. Os rótulos podem, portanto, ser prospectivos e retrospectivos, como se pode ver em (5) e (6), respectivamente:

> (5) Depois de longas horas de debate, os congressistas conseguiram chegar a *uma decisão*: adiar, por algum tempo, a reforma, até que se conseguisse algum consenso quanto aos aspectos mais relevantes.

> (6) O americano Narciso Rodriguez desembarcou mais uma vez no Brasil. Desta vez, o estilista não veio visitar amigos estrelados do naipe de Caetano Veloso. E, sim, lançar o primeiro perfume com sua assinatura (...). Fora do país, onde é vendido há nove meses, o produto foi premiado com o conceituado Fifi Awards, na categoria Nicho, de fragrâncias femininas, que contempla perfumes vendidos em menos de 250 pontos nos Estados Unidos. *A premiação do perfume* com tão pouco tempo de mercado repete a história de Narciso na moda (...) (Mariana Abreu Sodré. "Cheiro de moda no ar", *IstoÉ*, 7/7/2004).

5. RECONSTRUÇÃO OU MANUTENÇÃO NO MODELO TEXTUAL – A PROGRESSÃO REFERENCIAL

A reconstrução é a operação responsável pela manutenção em foco, no modelo de discurso, de objetos previamente introduzidos, dando origem às cadeias referenciais ou coesivas, responsáveis pela progressão referencial do texto. Pelo fato de o objeto encontrar-se ativado no modelo textual, ela pode realizar-se por meio de recursos de ordem gramatical (pronomes, elipses, numerais, advérbios locativos, etc.), bem como por intermédio de recursos de ordem lexical (reiteração de itens lexicais, sinônimos, hiperônimos, nomes genéricos, expressões nominais, etc.).

As *descrições nominais definidas* caracterizam-se por operar uma seleção, dentre as diversas propriedades de um referente – reais, co(n)textualmente determinadas ou intencionalmente atribuídas pelo locutor –, daquela ou daquelas que, em dada situação de interação, são relevantes para os propósitos do locutor (Koch, 1984, 1989, 1992, 1997). Trata-se, em geral, da ativação, dentre os conhecimentos pressupostos como partilhados com o(s) interlocutor(es) (isto é, a partir de um *background* tido por comum), de características ou traços do referente que o locutor procura ressaltar ou enfatizar. Veja-se o exemplo (7), a seguir:

> (7) Notas de rodapé para uma teoria da globalização
> Uma borboleta bate as asas metálicas sobre o Pentágono e *a tempestade dos desertos insurgentes* se ergue no Oriente; *os aliados dos desgovernos anteriores* caem de joelhos e explodem.
> Quem precisa *desses comerciais de heróis e vitórias* quando mal entendemos o nosso fracasso? (...) (Fernando Bonassi. *Folha de São Paulo*, 21/09/2004).

A escolha de determinada descrição definida pode, pois, trazer ao leitor/ouvinte informações importantes sobre as opiniões, crenças e atitudes do produtor do texto, auxiliando-o na construção do sentido. Por outro lado, o locutor pode também ter o objetivo de, pelo uso de uma descrição definida, sob a capa do dado, dar a conhecer ao interlocutor, com os mais variados propósitos, propriedades ou fatos relativos ao referente que acredita desconhecidos do parceiro, como no exemplo (8):

> (8) O prefeito é especialmente exigente para liberar novos empreendimentos imobiliários, principalmente quando estão localizados na franja da cidade ou em áreas rurais. (...) O crescimento urbano tem de ser em direção ao centro, ocupando os vazios urbanos e aproveitando a infraestrutura, não na área rural que deve ser preservada, repete *o urbanista que entrou no PT em 1981 como militante dos movimentos populares por moradia* ("Quem matou Toninho do PT?", *Caros Amigos*, nº 78, set. 2003, p. 27).

Em geral, portanto, o emprego de expressões nominais anafóricas opera a recategorização de objetos de discurso, isto é, tais objetos vão ser reconstruídos de determinada forma, de acordo com o projeto de dizer do enunciador.

Como bem mostra Francis (1994: 87), as formas remissivas nominais têm, frequentemente, uma função organizacional importante: elas sinalizam que o autor do texto está passando a um estágio seguinte de sua argumentação, por meio do fechamento do anterior, pelo seu encapsulamento em uma forma nominal. Desempenham, portanto, um importante papel na introdução, mudança ou desvio de tópico, bem como de ligação entre tópicos e subtópicos. Ou seja, elas introduzem mudanças ou desvios do tópico, preservando, contudo, a continuidade tópica, ao alocarem a informação nova dentro do quadro da informação dada. Dessa forma, são responsáveis simultaneamente pelos dois grandes movimentos de construção textual: *retroação* e *progressão*.

Assim sendo, como também apontam Apothéloz & Chanet (1997: 170), as expressões referenciais podem efetuar a marcação de parágrafos, incrementando, desse modo, a estruturação do produto textual. Ressaltam os autores que não se trata aqui de parágrafo no sentido tipográfico, mas no sentido cognitivo do termo, embora, evidentemente, as duas coisas muitas vezes venham a coincidir.

O uso de uma expressão nominal hiperonímica com função anafórica pode ter a função de glosar um termo raro, atualizando, assim, os conhecimentos do interlocutor, como se pode ver em (9), com relação aos termos *marsupiais* e *animais*:

> (9) *Os marsupiais* têm apenas dois tipos de pigmentos ligados à visão. *Esses animais*, assim como a maioria dos mamíferos, não são capazes de identificar todas as variações de cores que os seres humanos enxergam (*Boletim da FAPESP*, 3/11/2003).

Pode-se mencionar, ainda, a *anáfora especificadora*, que ocorre nos contextos em que se faz necessário um refinamento da categorização. Esse tipo de expressão anafórica é frequentemente introduzida pelo *artigo indefinido*, fato pouco registrado na literatura linguística (cf. Koch, Ilari, Lima, entre outros). Embora de certa maneira condenada pela norma (que prefere a sequência hipônimo/hiperônimo), este tipo de anáfora permite trazer, de forma compacta, informações novas a respeito do objeto de discurso:

> (10) Uma catástrofe ameaça uma das últimas colônias de gorilas da África. *Uma epidemia de Ebola* já matou mais de 300 desses grandes macacos no santuário de Lossi, no noroeste do Congo. Trata-se de uma perda devastadora, pois representa o desaparecimento de um quarto da população de gorilas da reserva.

Certas paráfrases realizadas por expressões nominais funcionam como anáforas definicionais ou didáticas, como se pode verificar em *sanguessuga* e *anelídeos de corpo achatado* em (11):

> (11) Parece filme de terror, mas a cena de *sanguessugas* grudadas na pele não está no cinema, mas em diversos hospitais e centros de pesquisa espalhados no mundo. *Os anelídeos de corpo achatado* estão sendo usados, por exemplo, na remoção de sangue em áreas específicas de pacientes de cirurgias reconstrutivas (*Boletim da FAPESP*, 5/11/2004).

Anáforas como essas propiciam, inclusive, a introjeção na memória de um léxico novo. Nas chamadas anáforas definicionais, o *definiendum* ou o termo técnico é o elemento previamente introduzido, e o *definiens* é aportado pela forma anafórica, que pode vir acompanhada de expressões características, como *um tipo de, uma espécie de.*

A anáfora didática, por sua vez, apresenta direção inversa: o *definiens situa-se na expressão introdutora*, ao passo que o *definiendum*, muitas vezes entre aspas, aparece na expressão referencial:

> (12) Para orientar as manobras dos aviões, os aeródromos são dotados de *aparelhos que indicam a direção dos ventos de superfície. As birutas*, que têm a forma de sacola cônica, são instaladas perpendicularmente à extremidade de um mastro.

A vantagem dessa estratégia é permitir ao locutor adaptar-se simultaneamente às necessidades de dois públicos distintos. Permitindo definir um termo ou introduzir um vocábulo técnico da maneira mais concisa possível, e esse tipo de anáfora torna-se um auxiliar importante dos gêneros didático e de divulgação científica.

Cabe, ainda, ressaltar a função de orientação argumentativa, que pode realizar-se pelo uso de termos ou expressões nominais, metafóricas ou não. Trata-se de manobra lexical, bastante comum, particularmente (mas não apenas) em gêneros opinativos:

> (13) O comportamento da imprensa norte-americana merece repúdio, não só da opinião pública internacional, mas sobretudo dos trabalhadores dos órgãos de comunicação de massa, que devem estar se sentindo ultrajados e violentados em seu código de ética. Manipulando informações, agachando-se às ordens d*o psicopata travestido de presidente eleito de forma fraudulenta, vergonhosa e indecente, que se autodefine salvador do mundo,* causa asco *o exibicionismo desumano e narcisista* com que a mídia americana mostra *o genocídio praticado pelo governo norte-americano e seu escravo-mor, Tony Blair*, contra o povo iraquiano (Marília Lomanto Veloso. *Caros Amigos*, Seção Caros Leitores. Feira de Santana, BA).

Cabe também mencionar a categorização metaenunciativa de um ato de enunciação: o uso de expressões nominais permite, muitas vezes, apresentar – metaenunciativamente – não uma recategorização do conteúdo da predicação precedente, mas a categorização e/ou avaliação de um ato cognitivo-discursivo realizado pela enunciação:

> (14) Ônibus parado, as câmaras mostram. O sequestrador desvairado, revólver na mão, mulheres sob tortura, gritos pela janela, letras de batom transmitindo ameaças.
> O sequestrador, capeta incansável no corredor do ônibus. "Vi-si-vel-men-te drogado", afirma um repórter de televisão. "Vi-si-vel-men-te drogado", afirma outro repórter de televisão. E no rádio se repete *a frase inteira* – frase feita em conteúdo e forma (Ricardo Vespucci. "Droga", *Caros Amigos*, ano IV, nº 40, julho de 2000, p. 21).

> (15) Mesmo entre aqueles que criticam Pinochet, há vozes que condenam a sua detenção por ter, supostamente, violado a soberania chilena. Há pelo menos um equívoco básico *nesse argumento*. (...)

Essa discussão nada tem de "novo". (...) (José Arbex Jr. *Caros Amigos*, ano III, nº 36, 2000, p. 18).

Veja-se também o exemplo (16), em que a segunda ocorrência de *explicação*, entre aspas, mostra o distanciamento crítico do locutor em relação ao termo que aspeia (conotação autonímica, segundo Authier-Revuz, 1981, 1982):

(16) A mídia internacional adora explicar que as guerras na África são consequência de diferenças étnicas, particularmente entre os grupos hutus e tutsis, majoritários na região. Aparentemente, a *explicação é exata*. Basta lembrar a guerra entre os grupos hutus e tutsis de Ruanda e Burundi, que matou pelo menos 1 milhão de seres humanos, entre abril de 1994 e maio de 1997, além de deixar centenas de milhares em miseráveis campos de refugiados, expostos a todo tipo de peste e desnutrição. Essa "*explicação*" étnica é útil, confortável e racista. (...)

Os exemplos aqui apresentados permitem comprovar a tese de que os chamados "referentes" são, na verdade, objetos de discurso. Os objetos de discurso são construídos sociocognitivamente no bojo da interação: eles são altamente dinâmicos, ou seja, transformam-se e reconstroem-se constantemente no curso da interação. A referenciação no discurso – como aliás as demais atividades de produção textual de sentidos –, constitui uma construção de cunho sociocognitivo e interacional.

BIBLIOGRAFIA

APOTHÉLOZ, Denis & REICHLER-BÉGUELIN, Marie-José. "Construction de la référence et stratégies de désignation". In: BERRENDONNER, Alain & REICHLER-BÉGUELIN, M-J. (eds.). *Du syntagme nominal aux objets-de- discours.* Neuchâtel, Institute de Linguistique de l'Université de Neuchâtel, 1995, p. 227-271.

______. "Nominalisations, réferents clandestins et anaphores atypiques". In: BERRENDONNER, A. & REICHLER-BÉGUELIN, M-J. (eds.). *Du sintagme nominal aux objets-de-discours.* 1995, p. 143-173.

______ & CHANET, Catherine. "Défini et démonstratif dans les nominalizations". In: DE MULDER, Walter & VETTERS, Carl (eds.). *Relations anaphoriques et (in)cohérence.* Amsterdam: Rodopi, 1997, p. 159-186.

AUTHIER-REVUZ, Jacqueline. "Paroles tenus à distance". In: CONEI, B. & COURTINE, J.J. et alli. *Matérialités discursives*. Presses Universitaires de Lille, 1981.

______. "Hétérogénéité montrée et hétérogénéité constitutive: éléments pour une approche de l'autre dans le discours". In: *DRLAV*, Paris, 1982, p. 91-151.

BEAUGRANDE, Robert de & DRESSLER, Wolfgang U. *Einführung in die Textlinguistik*. Tübingen: Niemeyer, 1981.

BERRENDONNER, Alain & REICHLER-BÉGUELIN, Marie-José (eds.). *Du syntagme nominal aux objets-de-discours. SN complexes, nominalisations, anaphores*. Neuchâtel, Institute de Linguistique de l'Université de Neuchâtel, 1995.

______. "Notes sur la contre-inférence". *Cahiers de Linguistique Française* 7, 1986, p. 259-272.

CLARK, Herbert. *Arenas of Language Use*. Chicago: Chicago University Press, 1992.

CONTE, Elisabeth. "Anaphoric encapsulation". *Belgian Journal of Linguistics: Coherence and Anaphora*, v. 10, 1996, p. 1-10.

FRANCIS, Gill. "Labelling discourse: an aspect of nominal-group lexical cohesion". In: COULTHARD, Malcolm (ed.). *Advances in Written Text Analysis*. London: Routledge, 1994.

JOHNSON-LAIRD, P.N. *Mental Models*. Cambridge: Cambridge University Press, 1983.

KOCH, Ingedore G. Villaça. *Argumentação e linguagem*. São Paulo: Cortez, 1984.

______. *A coerência textual*. São Paulo: Contexto, 1990.

______. *A coesão textual*. São Paulo: Contexto, 1989.

______. *A inter-ação pela linguagem*. São Paulo: Contexto, 1992.

______. *O texto e a construção dos sentidos*. São Paulo: Contexto, 1997.

______. "Expressões definidas e sua função textual". In: DUARTE, L.P. (org.). *Para sempre em mim: Homenagem a Ângela Vaz Leão*. Belo Horizonte: CESPUC, 1999, p. 138-150.

______. "A referenciação textual como estratégia cognitivo-interacional". In: BARROS, K.S.M. (org.). *Produção textual: interação, processamento, variação*. Natal: EDUFURN, 1999a, p. 69-80.

______. "Referenciação: Construção discursiva". Ensaio apresentado por ocasião do concurso para Titular em Análise do Discurso do IEL/UNICAMP, dez. 1999b.

______. Desvendando os segredos do texto. São Paulo: Cortez, 2002.

______. Introdução à Linguística Textual. São Paulo: Martins Fontes, 2004.

______ & LIMA, Maria Luíza A.C. "Sociocognitivismo". In: MUSSALIN, Fernanda & BENTES, Anna Christina. Introdução à Linguística, v. 3. São Paulo: Cortez, 2004.

______ & MARCUSCHI, Luiz A. "Processos de referenciação na produção discursiva". *D.E.L.T.A.*, 14 (número especial), 1998, p. 169-190.

______ & TRAVAGLIA, Luiz C. Texto e coerência. São Paulo: Cortez, 1989.

LESNIEWSKI, S. Sur les fondements de la mathématique. Fragments. Trad. de G. Malinowski. Paris: Hermes, 1989.

MARCUSCHI, Luiz A. *Referência e cognição: o caso da anáfora sem antecedente*. Trabalho apresentado no Encontro de Linguística. Juiz de Fora, UFJF, dez. 1998.

______. & KOCH, Ingedore G. Villaça. "Estratégias de referenciação e progressão referencial na língua falada". In: ABAURRE, Maria Bernadete (org.). *Gramática do Português Falado*, v. VIII, Campinas: Ed. da Unicamp, 2002 [1998].

MINSKY, M. "A framework for representing knowledge". In: WINSTON, P. (ed.). *The Psychology of Computer Vision*. Chicago: McGraw-Hill, 1975.

MONDADA, Loreza. *Verbalisation de l'espace et fabrication du savoir: approche linguistique de la construction des objets du discourse*. Lausanne: Université de Lausanne, 1994.

______. Gestion du topic et organization de la conversation. *Cadernos de Estudos Linguísticos* 41, Campinas, IEL/UNICAMP, 2001, p. 7-36.

______ & DUBOIS, Danielle. "Construction des objets de discours et catégorisation: une approche des processus de référentiation". In: BERRENDONNER, A. & REICHLER-BÉGUELIN, M-J. (*op. cit.*), 1995, p. 273-302.

MORATO, Edwiges & KOCH, Ingedore G. Villaça. "Linguagem e cognição: os (des)encontros entre a Linguística e as Ciências Cognitivas". In: *Cadernos de Estudos Linguísticos* 44, Campinas, IEL/UNICAMP, 2003, p. 85-91.

PRINCE, Ellen. "Towards a taxonomy of given-new information". In: COLE, Peter (ed.). *Radical Pragmatics*, New York: Academic Press, 1981.

RUMELHART, D.E. "Schemata: The building blocks of cognition". In: SPIRO, R.J. *et al.* (orgs.). *Theoretical Issues in Reading Comprehension*. New Jersey: Erlbaum, 1980.

SACKS, Harwey. "On the analizability of stories by children". In: GUMPERZ, J. & HYMES, D. (orgs.). *Directions in Sociolinguistics*. New York: Rinnehart & Winston, 1972, p. 324-345.

SANFORD, A.J. & GARROD, S.C. "The role of background knowledge in psychological accounts of text comprehension". In: ALWOOD & HJELMQUIST (eds.). *Foregrounding Background*. Lund: Doxa, 1985.

SCHANK, R.C. & ABELSON, R.P. *Scripts, Plans, Goals, and Understanding: An Inquiry into Human Knowledge Structures*. Hillsdale, NJ: Erlbaum, 1977.

SCHWARZ, Monika. *Indirekte Anaphern in Texten*.Tübingen: Niemeyer, 2000.

VAN DIJK, Teun A. "Modelos na memória – o papel das representações da situação no processamento do discurso". In: *Cognição, discurso e interação*. São Paulo: Contexto, 1992 [1989].

______. "Cognitive context models and discourse". In: OOSTERDOPP, H. & GOLDMAN, S. (eds.). *The Construction of Mental Models During Reading*. Hillsdale, NJ: Erlbaum, 1997.

______ & KINTSCH, Walter. *Strategies of Discourse Comprehension*. New York: Academic Press, 1983.

VARELLA, F.; THOMPSON, E. & ROSCH, E. *The Embodied Mind. Cognitive Science and Human Experience*. Cambridge, The MIT Press, 1992.

(1ª versão em "Referenciação e construção dos sentidos". In: NEGRI, L; FOLTRAN, M.J. & OLIVEIRA, R.P. *Sentido e significação: em torno da obra de Rodolfo Ilari*. São Paulo: Contexto, 2004, p. 244-262.)

3.
LINGUAGEM & COGNIÇÃO: A CONSTRUÇÃO E RECONSTRUÇÃO DE OBJETOS DE DISCURSO

1. INTRODUÇÃO

No início da década de 1980, delineia-se com vigor a abordagem cognitiva do texto, especialmente a partir dos estudos de van Dijk e Kintsch (1983), abordagem esta que vai ganhando cada vez mais terreno e passa a dominar a cena no decorrer da década de 1990, agora, porém, com forte tendência sociocognitiva.

A partir desse momento, com o desenvolvimento sempre maior das investigações na área de cognição, as questões relativas ao processamento do texto, em termos de produção e compreensão, às formas de representação do conhecimento na memória, à ativação de tais sistemas de conhecimento por ocasião do processamento, às estratégias sociocognitivas e interacionais nele envolvidas, entre muitas outras, passaram a ocupar o centro dos interesses de grande parte dos estudiosos do campo.

Além da ênfase que já se vinha dando aos processos de organização global dos textos, passaram a assumir importância particular questões de ordem cognitivo-discursiva como referenciação, inferenciação, formas de acessamento do conhecimento prévio, entre outras mais.

A questão da referenciação textual, por exemplo, tornou-se objeto central de pesquisa de um grupo de autores franco-suíços que participavam do Projeto Cognisciences, entre os quais se podem destacar Apothéloz, Kleiber, Charolles, Berrendonner, Reichler-Béguelin,

Apothéloz & Chanet, Mondada & Dubois. Estes pesquisadores passaram a dedicar especial interesse a questões ligadas à referenciação, vista como atividade de construção de "objetos de discurso"; à anáfora associativa, sua conceituação e sua abrangência; às operações de nominalização e suas funções, entre várias outras com elas de alguma forma relacionadas, como, por exemplo, a organização tópica. O principal pressuposto destas pesquisas é o da *referenciação como atividade discursiva*, como é postulado também em Marcuschi & Koch (1998); Koch & Marcuschi (1998); Marcuschi (1998); Koch (1999). De conformidade com Mondada & Dubois (1995) e Apothéloz & Reichler-Béguelin (1995: 228ss.), passa-se a postular que a referência é sobretudo um problema que diz respeito às operações efetuadas pelos sujeitos à medida que o discurso se desenvolve; e que o discurso *constrói* os "objetos" a que faz remissão, ao mesmo tempo que é tributário dessa construção.

É essa a posição que vou defender aqui: a saber, que a referenciação, bem como a progressão referencial, consistem na construção e reconstrução de objetos de discurso, posição que se encontra assim explicitada em Apothéloz & Reichler-Béguelin (1995: 228):

> De maneira geral, argumentaremos (...) em favor de uma concepção construtivista da referência (...); assumiremos plenamente o postulado segundo o qual os chamados "objetos de discurso" não preexistem "naturalmente" à atividade cognitiva e interativa dos sujeitos falantes, mas devem ser concebidos como produtos – fundamentalmente culturais – desta atividade.

2. A REFERENCIAÇÃO

Dentro dessa concepção, defendemos em Koch & Marcuschi (1998) que a discursivização ou textualização do mundo por meio da linguagem não consiste em um simples processo de elaboração de informações, mas num processo de (re)construção do próprio real. Sempre que usamos uma forma simbólica, manipulamos a própria percepção da realidade de maneira significativa. Dessa assunção decorre a proposta de substituir a noção de *referência* pela noção de *referenciação*, tal como postula Mondada (2001: 9):

> Ela [a referenciação] não privilegia a relação entre as palavras e as coisas, mas a relação intersubjetiva e social no seio da qual as versões do mundo são publicamente elaboradas, avaliadas em termos de adequação às finalidades práticas e às ações em curso dos enunciadores.

A referenciação constitui, assim, uma atividade discursiva. O sujeito, na interação, opera sobre o material linguístico que tem à sua disposição, operando escolhas significativas para representar estados de coisas, com vistas à concretização do seu projeto de dizer (Koch, 1999, 2002). Isto é, os processos de referenciação são escolhas do sujeito em função de um querer dizer. Os objetos de discurso não se confundem com a realidade extralinguística, mas (re)constroem-na no próprio processo de interação. Ou seja, a realidade é construída, mantida e alterada não somente pela forma como nomeamos o mundo, mas acima de tudo pela forma como, sociocognitivamente, interagimos com ele: interpretamos e construímos nossos mundos por meio da interação com o entorno físico, social e cultural.

Assim sendo, defendemos a tese de que o discurso constrói aquilo a que faz remissão, ao mesmo tempo que é tributário dessa construção. Isto é, todo discurso constrói uma representação que opera como uma memória compartilhada (memória discursiva, modelo textual), "publicamente" alimentada pelo próprio discurso (Apothéloz & Reichler-Béguelin, 1995: 368), sendo os sucessivos estágios dessa representação responsáveis, ao menos em parte, pelas seleções feitas pelos interlocutores, particularmente em se tratando de expressões referenciais.

Uma vez produzidos, os conteúdos implícitos são integrados à memória discursiva juntamente com os conteúdos linguisticamente validados, sendo, por isso, suscetíveis de anaforização (cf. Reichler-Béguelin, 1988).

Para Berrendonner (1986), o emprego de elementos anafóricos caracteriza-se como um fenômeno de *retomada informacional* relativamente complexa, em que intervêm o saber construído linguisticamente pelo próprio texto e os conteúdos inferenciais que podem ser calculados a partir de conteúdos linguísticos tomados por premissas, graças aos conhecimentos lexicais, aos pré-requisitos enciclopédicos e culturais e aos lugares comuns argumentativos de uma dada sociedade.

Na constituição da memória discursiva, estão envolvidos, enquanto operações básicas, as seguintes estratégias de referenciação:

1) *construção*: pela qual um "objeto" textual até então não mencionado é introduzido, passando a preencher um nódulo ("endereço" cognitivo, locação) na rede conceptual do modelo de mundo textual: a expressão linguística que o representa é posta em foco na memória de trabalho, de tal forma que esse "objeto" fica saliente no modelo.
2) *reconstrução*: um nódulo já presente na memória discursiva é reintroduzido na memória operacional, por meio de uma forma referencial, de modo que o objeto de discurso permanece saliente (o nódulo continua em foco).
3) *desfocagem*: ocorre quando um novo objeto de discurso é introduzido, passando a ocupar a posição focal. O objeto retirado de foco, contudo, permanece em estado de ativação parcial (*stand by*), podendo voltar à posição focal a qualquer momento; ou seja, ele continua disponível para utilização imediata na memória dos interlocutores. Cabe lembrar, porém, que muitos problemas de ambiguidade referencial são devidos a instruções pouco claras sobre com qual dos objetos de discurso presentes na memória a relação deverá ser estabelecida.

Pela repetição constante de tais estratégias, estabiliza-se, por um lado, o modelo textual; por outro lado, porém, este modelo é continuamente reelaborado e modificado por meio de novas referenciações (Schwarz, 2000). Dessa maneira, "endereços" ou nódulos cognitivos já existentes podem ser, a todo momento, modificados ou expandidos, de modo que, durante o processo de compreensão, desdobra-se uma unidade de representação extremamente complexa, pelo acréscimo sucessivo e intermitente de novas categorizações e/ou avaliações acerca do referente. Vejamos o exemplo (1):

> (1) Com a perigosa progressão da *demência bélica de Bush 2º* [construção] cabe uma indagação: para que serve a ONU? Criada logo após a 2ª Guerra Mundial, como substituta da Liga das Nações,

representou uma grande esperança de paz e conseguiu cumprir seu papel durante algum tempo, amparando deslocados de guerra, mediando conflitos, agindo pela independência das colônias. (...) É. Sem guerra não dá. Num mundo de paz, como iriam ganhar seu honrado dinheirinho os industriais de armas que pagaram *a duvidosa eleição de Bush 2º, o Aloprado?* [nova construção a partir de uma reativação]. Sem guerra, coitadinhas da Lookheed, da Raytheon (escândalos da Sivan, lembram?). Com guerra à vista, estão faturando firme. A ONU ainda não abençoou *essa nova edição de guerra santa, do terrorismo do bem contra o terrorismo do mal.* [reconstrução por recategorização] (...) *O Caubói Aloprado* [reconstrução por recategorização] já nem disfarça mais (...) (Juracy Andrade, "Delinquência internacional", *Jornal do Commercio*, Recife, 8/2/2003).

No exemplo acima, fica patente a forma pela qual o referente G.W. Bush é construído e reconstruído no texto, segundo os propósitos do jornalista e de forma bastante argumentativa. Pode-se facilmente verificar, também, a quantidade de conhecimentos prévios exigidos do leitor da matéria para construir, de modo adequado, o sentido que lhe é proposto. Por que "demência bélica de Bush 2º"? É preciso não só saber que Bush é o presidente do Estados Unidos e que seu pai também foi (e perceber a ironia veiculada pelo numeral ordinal, comumente usado na designação de papas, reis e imperadores), mas também que ele estava impondo ao mundo uma guerra que, para a maior parte da humanidade, parecia não ter a menor razão de ser. Em "a duvidosa eleição de Bush 2º, o Aloprado", o leitor precisa ter conhecimento de como se realizou a apuração das eleições presidenciais em que Bush foi eleito (e a presença de um epíteto, costumeiramente empregado para denominar soberanos ou dominadores?). Em "essa nova edição de guerra santa, do terrorismo do bem contra o terrorismo do mal" cumpre saber o que eram as guerras santas, empreendidas pelos cruzados, que representavam o "bem" contra os "infiéis", que representavam o mal, mas agora com o acréscimo indicativo de que ambos os lados são terroristas. Finalmente, o Caubói Aloprado exige que se conheça o estado natal do presidente americano e o seu modo de vida antes de se tornar um político.

3. FORMAS DE INTRODUÇÃO (ATIVAÇÃO) DE REFERENTES NO MODELO TEXTUAL

São de dois tipos os processos de construção de referentes textuais, isto é, de sua ativação no modelo textual. Para designá-lo, vou me valer, de forma bastante livre, dos termos cunhados por Prince (1981), para postular que tal ativação pode ser "ancorada" e "não ancorada".

A introdução será não ancorada quando um objeto de discurso totalmente novo é introduzido no texto, passando a ter um "endereço cognitivo" na memória do interlocutor. Quando representado por uma expressão nominal, esta opera uma *categorização* do referente, como foi visto no exemplo (1).

Tem-se uma ativação "ancorada" sempre que um novo objeto de discurso é introduzido, sob o modo do dado, em virtude de algum tipo de associação com elementos presentes no cotexto ou no contexto sociocognitivo passível de ser estabelecida por associação e/ou inferenciação. Estão entre esses casos as chamadas anáforas associativas e as anáforas indiretas de modo geral. A anáfora associativa explora relações meronímicas, ou seja, todas aquelas em que entra a noção de ingrediência, tal como descrita por Lesniewski (1989). Incluem-se, pois, aqui não somente as associações metonímicas, mas também todas aquelas relações em que um dos elementos pode ser considerado "ingrediente" do outro, conforme se verifica em (2), em que *vitrines* pode ser considerado "ingrediente" de shopping:

> (2) Na semana passada, tivemos finalmente uma novidade. Foi a invasão pacífica de um shopping carioca, pela Frente da Luta Popular. Cerca de 130 pessoas, entre punks, estudantes e favelados, entraram naquele, hum, "templo de consumo", olharam *as vitrines*, comeram sanduíches de mortadela, declamaram poemas de Pablo Neruda e, bem, foram embora – deixando apreensões e mal-estar no ambiente (*Folha de São Paulo*, 9/8/2000, E-10).

Já em (3), é "debate em uma Universidade" que vai ancorar a interpretação de *o jovem*, embora não se trate aqui de uma relação léxico-estereotípica (condição estabelecida por Kleiber, 1994; 2001, entre outros para a existência de uma anáfora associativa), e sim de uma relação indireta que se constrói inferencialmente, a partir, a partir do cotexto, com base em nosso conhecimento de mundo.

> (3) Durante debate recente de uma Universidade nos Estados Unidos, o ex-governador do Distrito Federal, Cristovam Buarque do PT, foi questionado sobre o que pensava da internacionalização da Amazônia. *O jovem* introduziu sua pergunta dizendo que esperava resposta de um humanista e não de um brasileiro (...) (*O Globo*, 23/10/2000).

Minha proposta é que se incluam, entre os casos de introdução ancorada de objetos de discurso, as chamadas nominalizações, tal como definidas por Apothéloz (1995): uma operação discursiva que consiste em referir, por meio de um sintagma nominal, um processo ou estado significado por uma proposição que, anteriormente, não tinha o estatuto de entidade. Assim definida, a nominalização designa um fenômeno geral de transformação de proposições em entidades. Nesse caso, porém, o processo de inferenciação é distinto daquele mobilizado no caso das anáforas associativas e indiretas.

As nominalizações são consideradas por Francis (1994) como *rotulações*, resultantes de encapsulamentos operados sobre predicações antecedentes ou subsequentes, ou seja, sobre processos e seus actantes, os quais passam a ser representados como objetos-acontecimento na memória discursiva dos interlocutores. Isto é, introduz-se um referente novo, encapsulando-se a informação difusa no cotexto precedente ou subsequente (*informação-suporte*, segundo Apothéloz & Chanet, 1997), de forma a operar simultaneamente uma mudança de nível e uma condensação (sumarização) da informação. Do ponto de vista da dinâmica discursiva, apresenta-se, *pressupondo* sua existência, um processo que foi (ou será) predicativamente significado, que acaba de ser (ou vai ser) *posto*. Os rótulos podem, portanto, ser prospectivos, como se pode ver em (4) e (5), respectivamente:

> (4) Depois de longas horas de debate, os congressistas conseguiram chegar a *uma decisão*: adiar, por algum tempo, a reforma, até que se conseguisse algum consenso quanto aos aspectos mais relevantes.

(5) O capitão Celso Aparecido Monari, de 30 anos, lotado na Casa Militar do Palácio dos Bandeirantes, residência oficial do governador Geraldo Alckmin, teve a prisão temporária pedida pela Polícia Federal. Ele é acusado de comandar o tráfico e também chacinas motivadas por dívidas de drogas na Zona Leste de São Paulo. *O envolvimento do oficial com crime* foi revelado com apreensão de 863 quilos de maconha escondidos no fundo falso de um ônibus na Rodovia Raposo Tavares, na região de Assis, Oeste do estado (*Diário de São Paulo on-line*, 16/2/2003).

4. RECONSTRUÇÃO OU MANUTENÇÃO NO MODELO TEXTUAL

A reconstrução é a operação responsável pela manutenção em foco, no modelo de discurso, de objetos previamente introduzidos, dando origem às cadeias referenciais ou coesivas, responsáveis pela progressão referencial do texto. Pelo fato de o objeto encontrar-se ativado no modelo textual, ela pode realizar-se por meio de recursos de ordem gramatical (pronomes, elipses, numerais, advérbios locativos, etc.), bem como por intermédio de recursos de ordem lexical (reiteração de itens lexicais, sinônimos, hiperônimos, nomes genéricos, expressões nominais, etc.). O emprego de formas nominais anafóricas opera, em geral, a recategorização dos objetos de discurso, isto é, tais objetos vão ser reconstruídos de determinada forma, de acordo com o projeto de dizer do enunciador. É o que ocorre no exemplo (1), nas expressões "o Caubói Aloprado" e "essa nova edição de guerra santa, do terrorismo do bem contra o terrorismo do mal".

5. FUNÇÕES COGNITIVO-DISCURSIVAS DAS EXPRESSÕES NOMINAIS REFERENCIAIS

Pesquisas têm mostrado que as expressões nominais referenciais desempenham uma série de funções cognitivo-discursivas de grande relevância na construção textual do sentido. Dentre elas, destaco as seguintes:

5.1. Ativação/reativação na memória

Como formas de remissão a elementos anteriormente apresentados no texto ou sugeridos pelo cotexto precedente, elas possibilitam, como vimos, a sua (re)ativação na memória do interlocutor, ou seja, a *alocação* ou *focalização* na memória ativa (ou operacional) deste; por outro lado, ao operarem uma recategorização ou refocalização do referente; ou, em se tratando de nominalizações ao encapsularem e rotularem as informações-suporte, elas têm, ao mesmo tempo, função predicativa. Trata-se, pois, de formas híbridas, referenciadoras e predicativas, isto é, veiculadoras tanto de informação dada, como de informação nova. Schwarz (2000) denomina essa função de *tematização remática.*

5.2. Encapsulamento ou sumarização

Essa é uma particularidade própria das nominalizações que, conforme foi mencionado, sumarizam as informações-suportes contidas em segmentos precedentes do texto, encapsulando-as sob forma de uma expressão nominal e transformando-as em objetos de discurso. Tem-se, nesses casos, segundo Schwarz (2000), anáforas "complexas", que não nomeiam um referente específico, mas referentes textuais abstratos, como *estado*, *fato*, *evento*, *atividade*, etc. Trata-se, como se pode ver, de nomes-núcleo inespecíficos, que exigem realização lexical no cotexto. Essa especificação contextual, efetuada a partir das proposições-suporte, veiculadoras das informações relevantes, vai constituir uma seleção particular e única dentre uma infinidade de lexicalizações possíveis. A interpretação dessas anáforas obriga o receptor não só a pôr em ação a estratégia cognitiva de formação de complexos (Müsseler & Rickheit, 1990), como ainda lhe exige a capacidade de interpretação de informação adicional. Tais expressões nominais, que são, em sua maior parte, introduzidas por um demonstrativo, desempenham, assim, duas funções: rotulam uma parte do cotexto que as precede (x é um acontecimento, uma desgraça, uma hipótese, etc.) e estabelecem um novo referente que, por sua vez, poderá constituir um tema específico para os enunciados subsequentes. É essa a razão por que, frequentemente, aparecem em início de parágrafos.

5.3. Organização macroestrutural

Como bem mostra Francis (1994: 87), as formas remissivas nominais têm uma função organizacional importante: elas sinalizam que o autor do texto está passando a um estágio seguinte de sua argumentação, por meio do fechamento do anterior, pelo seu encapsulamento em uma forma nominal. Possuem, portanto, uma importante função na introdução, mudança ou desvio de tópico, bem como de ligação entre tópicos e subtópicos. Ou seja, elas introduzem mudanças ou desvios do tópico, preservando, contudo, a continuidade tópica, ao alocarem a informação nova dentro do quadro da informação dada. Dessa forma, são responsáveis simultaneamente pelos dois grandes movimentos de construção textual: *retroação* e *progressão*.

Assim sendo, como também apontam Apothéloz & Chanet (1997: 170), as expressões referenciais efetuam a marcação de parágrafos, incrementando, desta forma, a estruturação do produto textual. Ressaltam que não se trata aqui de parágrafo no sentido tipográfico, mas no sentido cognitivo do termo, embora, evidentemente, as duas coisas venham a coincidir com frequência. Observe-se o exemplo (6):

> (6) O sucesso do ex-metalúrgico Luís Inácio Lula da Silva em sua quarta tentativa de chegar à Presidência da República representa mais do que o triunfo da persistência – é a vitória do improvável. (...)
> *Sua primeira tentativa eleitoral*, para o governo de São Paulo, se deu em 1982 e foi um jato de água fria no entusiasmo do político iniciante. (...)
> *A ressaca*, curtida em exílio doméstico na companhia de alguns poucos amigos e muita cachaça de cambuci, só passou três meses depois. (...)
> Em 1989, *a situação* era diferente. Lula tinha chances reais de vencer Fernando Collor, mas, como se sabe, de novo perdeu. (...)
> *O terceiro fracasso* ocorreu em 1994, em sua segunda tentativa de chegar à Presidência (...) ("Lula muda a história", *IstoÉ*, 30/10/2002, p. 37-38)

5.4. Atualização de conhecimentos por meio de glosas realizadas pelo uso de um hiperônimo

O uso de um hiperônimo com função anafórica pode ter a função de glosar um termo raro e, dessa forma, atualizar os conhecimentos do interlocutor, como se pode ver em (7):

> (7) Duas equipes de pesquisadores dos EUA relatam hoje descobertas que podem levar à produção de drogas mais eficientes contra o antraz. Para destruir *a bactéria*, os potenciais novos remédios teriam um alvo específico... (*Folha de São Paulo*, 24/10/2000 A-10) [exemplo adaptado]

Em (7), o sintagma nominal definido "a bactéria" pressupõe a unicidade existencial, ou seja, há uma e somente uma bactéria de que se fala nesse ponto do discurso. A sua interpretação resulta de uma inferência do tipo descendente, ou seja, a lei invocada para autorizar a inferência é a regra lexical que diz ser "bactéria" hiperônimo de "antraz". Mas nesse exemplo fica claro que só o conhecimento lexical é insuficiente para o processo inferencial: é preciso levar em conta também um conhecimento enciclopédico, principalmente, porque saber que "antraz" é uma "bactéria" exige um conhecimento especializado.

Pode-se, aqui, levantar uma questão: é possível, sem que se tenha o conhecimento lexical e/ou enciclopédico adquirido pela prática anterior da linguagem, "concluir" uma premissa geral, a saber, "antraz" é uma bactéria? Charolles (1999) aponta que, quando se lê um texto, não há necessariamente uma representação pré-construída de uma relação genérica, como, nesse exemplo, entre "antraz" e "bactéria". O próprio discurso pode levar o leitor a construir esse conhecimento genérico. Não há dúvida, porém, de que aquilo que se predica a respeito do referente desempenha papel crucial nessa construção. No exemplo em questão, a propriedade de "destruir uma bactéria" é atribuível a um ser humano ou a uma droga. Essa segunda alternativa é introduzida na sentença anterior por "produção de drogas mais eficientes contra o antraz". Ora, "droga eficiente *contra* (de combate a) algo" significa que a droga tem capacidade para exterminar o antraz. Como a segunda sentença diz que quem deve ser destruído é a bactéria, então "antraz = bactéria".

Em glosas por meio de um SN demonstrativo, é também comum o hiperônimo vir acompanhado de uma expansão adjetival de caráter classificatório, que vai permitir capturar o referente como uma subespécie, ao que Apothéloz & Reichler-Béguelin (1995: 69) denominam "hiperônimo corrigido". Veja-se o exemplo (8):

(8) O argônio é um elemento encontrado em diminuta proporção na atmosfera terrestre. *Este gás nobre incolor e inodoro* é utilizado no enchimento de lâmpadas elétricas.

5.5. Especificação por meio da sequência hiperônimo/hipônimo

Trata-se aqui da *anáfora especificadora*, que ocorre nos contextos em que se faz necessário um refinamento da categorização. Embora de certa forma condenada pela norma (que prefere a sequência hipônimo/hiperônimo), esse tipo de anáfora permite trazer, de forma compacta, informações novas a respeito do objeto de discurso, como em (9):

(9) Uma catástrofe ameaça uma das últimas colônias de gorilas da África. *Uma epidemia de Ebola* já matou mais de 300 desses grandes macacos no santuário de Lossi, no noroeste do Congo. Trata-se de uma perda devastadora, pois representa o desaparecimento de um quarto da população de gorilas de reserva.

5.6. Construção de paráfrases definicionais e didáticas

Certas paráfrases realizadas por expressões nominais podem ter por função elaborar definições, como se pode verificar em "colônias de gorilas" → "esses grandes macacos" em (9) e "argonautas" → "estes tripulantes da nau mitológica Argos", em (10):

(10)Vocês já ouviram falar dos argonautas? Pois conta-nos a lenda grega que estes *tripulantes da nau mitológica Argos* saíram à busca do Velocino de Ouro.

Exemplos como esse ilustram os efeitos que os autores chamam de "definicionais" e "didáticos", que propiciam, inclusive, a introjeção na memória de um léxico novo.

Nas anáforas definicionais, o *definiendum* ou o termo técnico é o elemento previamente introduzido, e o *definiens* é aportado pela expressão anafórica, que pode vir acompanhada de expressões características da definição, como *um tipo de*, *uma espécie de*:

> (11) Entre os conjuntos musicais populares do nordeste brasileiro encontram-se, ainda, as bandas de ***pífaros***. É bastante curioso ouvir esta *espécie de flautin militar, que produz sons agudos e estridentes*.

A anáfora didática apresenta direção inversa: o *definiens* situa-se na expressão introdutora, ao passo que o *definiendum*, muitas vezes entre aspas, aparece na expressão referencial:

> (12) Para orientar as manobras dos aviões, os aeródromos são dotados de aparelhos que indicam a direção dos ventos de superfície. *As birutas*, que têm a forma de sacola cônica, são instaladas perpendicularmente à extremidade de um mastro.

A vantagem dessa estratégia é permitir ao locutor adaptar-se simultaneamente às necessidades de dois públicos distintos. Permitindo definir um termo ou introduzir um vocábulo técnico da maneira mais concisa possível, esse tipo de anáfora torna-se um auxiliar importante dos gêneros didático e divulgação científica.

5.7. Introdução de informações novas por recurso à relação de parassinonímia

É comum que a anáfora nominal introduzida por demonstrativos apreenda o referente sob uma denominação que constitui um sinônimo mais ou menos aproximado da designação presente no cotexto, trazendo, neste caso, informações inéditas a respeito do objeto de discurso, justamente por designá-lo por um novo nome que dificilmente seria previsível para destinatário, como ocorre em (13):

(13) A polêmica parecia não ter fim. Pelo jeito, *aquele bate-boca* entraria pela noite adentro, sem perspectivas de solução.

5.8. Orientação argumentativa, que pode realizar-se por meio de termos ou expressões metafóricas (14) ou não (15)

Trata-se de manobra lexical, bastante comum, particularmente (mas não apenas) em gêneros opinativos:

(14) Há que se perguntar em que planeta vive o tucano. *Esse clã alienígena* acha que as obviedades que o relator especial da ONU, sr. Jean Ziegler, constatou não são construtivas (*Folha de São Paulo*, 21/3/2002, A-3).

(15) O comportamento da imprensa norte-americana merece repúdio, não só da opinião pública internacional, mas sobretudo dos trabalhadores dos órgãos de comunicação de massa, que devem estar se sentindo ultrajados e violentados em seu código de ética. Manipulando informações, agachando-se às ordens do *psicopata travestido de presidente eleito de forma fraudulenta, vergonhosa e indecente, que se autodefine salvador do mundo*, causa asco *o exibicionismo desumano e narcisista* com que a mídia americana mostra *o genocídio praticado pelo governo norte-americano e seu escravo-mor, Tony Blair*, contra o povo iraquiano (Marília Lomanto Veloso. *Caros Amigos*, Seção Caros Leitores. Feira de Santana, BA).

5.9. Categorização metaenunciativa de um ato de enunciação

O uso de expressões nominais permite, muitas vezes, introduzir, no texto, o que Apothéloz (1995) denomina "objetos clandestinos", ou seja, apresentar – metaenunciativamente – não uma recategorização do conteúdo da predicação precedente, mas a categorização e/ou avaliação de um ato de enunciação realizado (exemplos (16) e (17)):

(16) "O que falta é um *promoter* ter a iniciativa de trazer a gente para fazer uma turnê decente no Brasil." *A bronca* não é de nenhum *popstar* ou dinossauro do rock que ainda não pisou no país,

mas do mineiro Max Cavalera, ex-vocalista do Sepultura e atual líder do Soulfly (*Folha de São Paulo*, Folhateen, 23/3/2001, p. 5).

(17) Entrevista do presidente do TSE Nelson Jobim:
Folha – Houve uma leitura no meio político de que o TSE tomou a decisão [verticalização das coligações] por causa da amizade entre sr. Serra. A verticalização beneficiaria a pré-candidatura dele?
Jobim – Em primeiro lugar, a decisão não foi monocrática [individual]. Foi tomada por 5 a 2. *Esse pressuposto* é equivocado. Por outro lado *essa afirmação não verdadeira* parte também *desse paradigma político-eleitoral*. Ela parte da ideia de que, como beneficia alguém, foi tomada com *esse objetivo*. Isso não tem sentido (Entrevista concedida pelo Presidente do TSE à *Folha de São Paulo*, publicada em 27/4/2002, A-6).

6. CONSIDERAÇÕES FINAIS

Acredito que as questões aqui discutidas permitem corroborar a tese de que os chamados "referentes" são, na verdade, objetos de discurso que vão sendo construídos durante a interação verbal. Os objetos de discurso são, portanto, altamente dinâmicos, ou seja, uma vez introduzidos na memória discursiva, vão sendo constantemente transformados, reconstruídos, recategorizados no curso da progressão textual. Confirma-se, assim, a postulação de Mondada (1994: 64) que registro à guisa de conclusão:

> O objeto de discurso caracteriza-se pelo fato de construir progressivamente uma configuração, enriquecendo-se com novos aspectos e propriedades, suprimindo aspectos anteriores ou ignorando outros possíveis, que ele pode associar com outros objetos ao integrar-se em novas configurações, bem como de articular-se em partes suscetíveis de se autonomizarem por sua vez em novos objetos. O objeto se completa discursivamente.

BIBLIOGRAFIA

APOTHÉLOZ, D. "Nominalisations, référents clandestins et anaphores atypiques". In: BERRENDONNER, A. & REICHLER-BÉGUELIN, M-J. (eds.). *Du sintagme nominal aux objets-de-discours*. Neuchâtel: Université de Neuchâtel, 1995, p. 143-173.

______ & CHANET, C. "Defini et démonstratif dans les nominalisations". In: DE MUDER, W. & VETTERS, C. (eds.). *Relations anaphoriques et (in) cohérence*. Amsterdam: Rodopi, 1997, p. 159-186.
______ & REICHLER-BÉGUELIN, M-J. "Construction de la référence et stratégies de designation". In: BERRENDONNER, A. & REICHLER-BÉGUELIN, M-J. (eds.). *Du sintagme nominal aux objets-de-discours*. Neuchâtel: Université de Neuchâtel, 1995, p. 227-271.
BERRENDONNER, A. "Note sur la contre-inférence". *Cahiers de Linguistique Française*, 7, 1986, p. 259-277.
______. "Décalages: les niveaux de l'analyse linguistique". *Langue Française 120*, 1989, p. 5-20.
______ & REICHLER-BÉGUELIN, M-J. (eds.). *Du sintagme nominal aux objets-de-discours*. Neuchâtel: Université de Neuchâtel, 1995.
CHAROLLES, M. "Associative anaphora and its interpretation. In: CHAROLLES, M. & KLEIBER, G. (eds.). *Journal of Pragmatics*, 31 (3), 1999, p. 311-326.
CONTE, E. "Anaphoric encapsulation". *Belgian Journal of Linguistics. Coherence and Anaphora*, 10, 1996, p. 1-10.
FRANCIS, G. "Labelling discourse: an aspect of nominal-group lexical cohecion". In: COULTHARD, M. (ed.). *Advances in Written Text Analysis*. London: Routledge, 1994.
KLEIBER, G. "Discours et stéreotype". In: SCHNEDECKER, C.; KLEIBER, G. & DAVID. *L'Anaphore associative*. Paris: Klincksiek, 1994, p. 5-64.
______. *Anaphore associative*. Paris: P.U.F., 2001.
KOCH, Ingedore G. Villaça. *Referenciação: construção discursiva*. Ensaio apresentado por ocasião do concurso para Professor Titular em Análise do Discurso do IEL/UNICAMP, dez. 1999.
______. "A referenciação como atividade cognitivo-discursiva e interacional". *Cadernos de Estudos Linguísticos* 41, IEL/UNICAMP, 2001, p. 75-90.
______. *Desvendando os segredos do texto*. São Paulo: Cortez, 2002.
______ & MARCUSCHI, L.A. "Processos de referenciação na produção discursiva". In: *D.E.L.T.A.*, 14 (número especial), 1998, p. 169-190.
LESNIEWSKI, S. *Sur les fondements de la mathématique. Fragments*. Trad. de G. Kallinowski. Paris: Hermès, 1989.
MARCUSCHI, L.A. *Referência e cognição: o caso da anáfora sem antecedente*. Trabalho apresentado no Encontro de Linguística. Juiz de Fora, UFJF, dez. 1998.
______ & KOCH, Ingedore G. Villaça. "Estratégias de referenciação e progressão referencial na língua falada". In: ABAURRE, M.B. (org.). *Gramática do português falado*, v. VIII, Campinas: Ed. da Unicamp/FAPESP, 1998, p. 31-58.
MONDADA, L. *Verbalisation de l'espace et fabrication du savoir: approche linguistique de la construction des objets du discours*. Lausanne: Université de Lausanne, 1994.
______. "Gestion du topic et organisation de la conversation". In: KOCH, I.G.V. & MORATO, E.M. (orgs.). *Cadernos de Estudos Linguísticos* 41, 2001, p. 7-36.
______ & DUBOIS, D. "Construction des objets de discours et catégorisation: une approche des processus de référentiation". In: BERRENDONNER, A. & REICHLER-BÉGUELIN, M-J. (eds.). *Du sintagme nominal aux objets-de- discours*. Neuchâtel: Université de Neuchâtel, 1995, p. 273-302.
MÜSSELER, J. & RICKHEIT, G. "Inferez- und Referenzprozessen bei der Textverarbeitung. In: FELIX, S.; KANNGIESSER, S. & RICKHEIT, G. (eds.). *Spreche und Wissen. Studien zur kognitiven Linguistik*. Opladen: Westdeutscher Verlag, 1990, p. 71-97.
PRINCE, E.F. "Toward a taxonomy of given-new information". In: COLE, P. (ed.). *Radical Pragmatics*. New York: Academic Press, 1981.
REICHLER-BÉGUELIN, M-J. "Anaphore, cataphore et mémoire discursive". *Pratiques*, 57, 1988, p. 15-42.
SCHWARZ, M. *Indirekte Anaphern in Texten*. Tübingen: Niemeyer, 2000.
VAN DIJK, T. & KINTSCH, W. *Strategies of Discourse Comprehension*. New York: Academic Press, 1983.

(1ª versão em "Linguagem & Cognição: a construção e reconstrução de objetos de discurso". In: *Veredas*, Revista de estudos linguísticos, Juiz de Fora, v. 6, nº 1, 2002, p. 29-42.)

4.
ROTULAÇÃO: UMA ESTRATÉGIA TEXTUAL DE CONSTRUÇÃO DO SENTIDO

1. INTRODUÇÃO

O pressuposto geral deste trabalho é que a referência por meio de formas nominais consiste na construção e reconstrução de objetos de discurso, posição que se encontra assim explicitada em Apothéloz & Reichler-Béguelin (1995: 228):

> De maneira geral, argumentaremos (...) em favor de uma concepção construtivista da referência (...); assumiremos plenamente o postulado segundo o qual os chamados "objetos de discurso" não preexistem "naturalmente" à atividade cognitiva e interativa dos sujeitos falantes, mas devem ser concebidos como produtos – fundamentalmente culturais – desta atividade.

Dentro dessa concepção, defendemos em Koch & Marcuschi (1998) que a discursivização ou textualização do mundo por meio da linguagem não consiste em um simples processo de elaboração de informações, mas num processo de (re)construção do próprio real. Os objetos de discurso não se confundem com a realidade extralinguística, mas (re)constroem-na no próprio processo de interação: a realidade é construída, mantida e alterada não somente pela forma como nomeamos o mundo, mas, acima de tudo, pela forma como, sociocognitivamente, interagimos com ele. Nós interpretamos e construímos nossos mundos na interação com o entorno físico, social e cultural.

Mondada (2001) enuncia claramente essa tese quando propõe substituir a noção de *referência* pela de *referenciação* e, consequentemente, a noção de *referente* pela de *objeto de discurso*:

> A questão da *referência* é um tema clássico da filosofia da linguagem, da lógica e da linguística: nestes quadros, ela foi historicamente posta como um problema de representação do mundo, de verbalização do referente, em que a forma linguística selecionada é avaliada em termos de verdade e de correspondência com ele (o mundo). A questão da *referenciação* opera um deslizamento em relação a este primeiro quadro: ela não privilegia a relação entre as palavras e as coisas, mas a relação intersubjetiva e social no seio da qual as versões do mundo são publicamente elaboradas, avaliadas em termos de adequação às finalidades práticas e às ações em curso dos enunciadores.
> No interior dessas operações de referenciação, os interlocutores elaboram *objetos de discurso*, i.e., entidades que não são concebidas como expressões referenciais em relação especular com objetos do mundo ou com sua representação cognitiva, mas entidades que são interativamente e discursivamente produzidas pelos participantes no fio de sua enunciação. Os objetos de discurso são, pois, entidades constituídas nas e pelas formulações discursivas dos participantes: é no e pelo discurso que são postos, delimitados, desenvolvidos e transformados objetos de discurso que não preexistem a ele e que não têm uma estrutura fixa, mas que, ao contrário, emergem e se elaboram progressivamente na dinâmica discursiva. Dito de outra forma, o objeto de discurso não remete a uma verbalização de um objeto autônomo e externo às práticas linguageiras; ele não é um referente que teria sido codificado linguisticamente (p. 9).

A referenciação constitui, portanto, uma atividade discursiva. O sujeito, por ocasião da interação verbal, opera sobre o material linguístico que tem à sua disposição, realizando escolhas significativas para representar estados de coisas, com vistas à concretização de sua proposta de sentido (Koch, 1999, 2002, 2004). Isto é, as formas de referenciação, bem como os processos de remissão textual que se realizam por meio delas, constituem escolhas do sujeito em função de um querer-dizer. É por essa razão que se defende que o processamento do discurso, visto que realizado por sujeitos sociais atuantes, é um processamento estratégico.

Assim, a interpretação de uma expressão referencial anafórica, nominal ou pronominal, consiste não simplesmente em localizar um segmento linguístico no texto (um "antecedente") ou um objeto específico no mundo, mas sim algum tipo de informação anteriormente alocada na memória discursiva.

2. A REMISSÃO POR MEIO DE FORMAS NOMINAIS

Fundamentada, pois, no pressuposto anteriormente esboçado de que a remissão textual, em particular quando realizada por meio de descrições ou formas nominais, constitui uma atividade da linguagem por meio da qual se (re)constroem objetos de discurso, pretendo discutir aqui a estratégia da *rotulação.*

3. A ROTULAÇÃO

Sabemos que as formas ou expressões nominais são recursos dos mais eficientes para a construção e reconstrução de objetos de discurso. Fato bastante comum, em se tratando de remissão textual, é o uso de uma forma nominal para categorizar ou recategorizar segmentos precedentes ou subsequentes do cotexto, sumarizando-os e encapsulando-os (Conte, 1996), e atribuindo-lhes um rótulo (Francis, 1994). Trata-se, nesses casos, segundo Schwarz (2000), de anáforas (ou catáforas) "complexas", representadas, em grande número de casos, por meio de nomes genéricos e inespecíficos (*estado, fato, fenômeno, circunstância, condição, evento, cena, atividade, hipótese*, etc.). Esses nomes-núcleo vão ter sua realização lexical no cotexto, exigindo, pois, do leitor/ouvinte a capacidade de interpretação não só da expressão em si, como também da informação cotextual precedente ou subsequente. Assim, essas expressões nominais, que são, em grande parte, introduzidas por um demonstrativo (cf. Apothéloz & Chanet, 1997; Zamponi, 2003; Cavalcante, 2001), desempenham funções textuais de grande relevância: não só rotulam uma parte do cotexto que as precede ou segue (*x* é um acontecimento, um fato, uma hipótese, uma cena, etc.), mas, ao fazê-lo, criam um novo referente textual que, por sua vez, passará a constituir o tema dos enunciados subsequentes. Como formas de remissão a algo apresentado no texto ou sugeridos pelo cotexto, elas possibilitam a sua ativação na memória do interlocutor, ou seja, a *alocação* de um novo objeto de discurso na memória operacional deste; por outro lado, na medida em que operam uma refocalização da informação cotextual, elas têm, ao mesmo tempo, função predicativa. Isto é, ao criarem um novo objeto de discurso, todos esses rótulos não só propiciam a progressão textual, como, em parte, a efetuam. Trata-se, pois, de formas híbridas, simultaneamente referenciadoras e predicativas, isto é, veiculadoras tanto de informação dada ou inferível, como de informação nova. A essa dupla função, Schwarz (2000) denomina de *tematização remática.*

4. CLASSIFICAÇÃO DOS RÓTULOS

Inicialmente, poder-se-ia, de forma bastante provisória, dividir os rótulos em dois grandes grupos: os que nomeiam/categorizam o "conteúdo" de proposições anteriores ou subsequentes, e os que atuam de forma metadiscursiva com relação ao que foi ou será dito. Teríamos, pois, rótulos que recaem sobre o *dito* e rótulos que recaem sobre o *modus* de enunciados ou segmentos textuais de extensão variada.

Ou seja, os rótulos relativos ao *conteúdo* encapsulam, de forma aparentemente "neutra", conteúdos expressos em porções de texto precedentes ou subsequentes, como se pode verificar em (1) e (2):

> (1) e eu fui à: à Europa e a Paris numa época de muito frio eu fui... precisamente nesta época eu eu eu embarquei em novembro e voltei nas vésperas de Natal... então eu andava muito a pé... *circunstância* que talvez não ocorresse se eu tivesse ido no verão... (NURC SP DID, 137: 168-172).

> (2) O tratamento do diabetes passa por uma grande transformação. Da alçada da endocrinologia, a doença será de agora em

diante considerada também uma especialidade da cardiologia. *Essa ampliação* é decorrente da estreita relação entre o diabetes e os distúrbios cardiovasculares. (*Veja*, 16/06/2004)

Os rótulos metadiscursivos, ou metaenunciativos, por sua vez, recaem sobre o modo do dito, atribuem uma qualificação ao ato de enunciação realizado pelos personagens a que se refere o texto encapsulado:

a) categorizando-o como um ato ilocucionário ("nomes ilocutórios", cf. Francis, 1994: promessa, ordem, advertência, asserção, conselho, etc.):

(3) "A pior coisa que aconteceu aos judeus foi a colônia judia dos Estados Unidos ter descoberto o holocausto." *A afirmação* é de um judeu norte-americano, Norman Finkelstein – autor do livro *A Indústria do Holocausto* (...) cujos pais estiveram em campos de concentração nazistas e que, ao contrário do resto da família, conseguiram sobreviver (Emir Sader. "O lobby do Holocausto", *Caros Amigos*, set. 2000, p. 21).

(4) "O Ministério da Saúde avisa: o cigarro causa impotência". *A advertência* vem acrescentar mais um dano aos que vinham sendo anteriormente anunciados.

(5) O presidente afirmou em recente entrevista que não é um neoliberal, mas que defende um Estado Moderno (...). *A explicação* não convenceu os presentes.

b) categorizando-o como resultado de determinado tipo de operação cognitivo-discursiva (reflexão, ponderação, esclarecimento, argumentação, constatação, relato, comentário, etc.):

(6) Pinochet feriu os direitos do homem e, portanto, deve uma explicação ao conjunto da humanidade. Isso seria verdade mesmo se a maioria da população chilena o apoiasse (Hitler foi eleito em 1933, por uma grande maioria de votantes alemães). O contrário seria dizer, por exemplo, que os governos da Turquia, da Síria e

do Iraque têm o direito de reprimir e assassinar os curdos, apenas porque representam, supostamente, os interesses majoritários de seus povos contra um grupo minoritário. *Essa argumentação* é tão ridícula quanto insustentável (...) (José Arbex Jr. "O general escapou. E agora?", *Caros Amigos*, ano III, nº 36, mar. 2000, p. 18).

c) aplicando-lhe uma denominação metalinguística (frase, sentença, termo, palavra, discurso, etc.), como em (7) e (8):

(7) Ônibus parado, as câmaras mostram. O sequestrador desvairado, revólver na mão, mulheres sob tortura, gritos na janela, letras de batom transmitindo ameaças.
O sequestrador, capeta incansável, no corredor do ônibus. "Vi-si-vel-mente drogado", afirma um repórter de televisão. "Vi-si-vel-mente drogado", afirma outro repórter de televisão. E no rádio se repete *a frase* inteira (Ricardo Vespucci. "Droga", *Caros Amigos*, ano IV, nº 40, jul. 2000, p. 21).

(8) A atual voga nacionalista reproduz os mitos de sempre. Reveste-se, entretanto, de um verniz mais bajulatório, publicitário e "democrático", em comparação a iniciativas de outros tempos. "Eu sou brasileiro e não desisto nunca": *o lema* traduz para a primeira pessoa o famigerado e antigo *mote* da ditadura: "Brasil, ame-o ou deixe-o" (Marcelo Coelho. "Brasileiro", *Folha Ilustrada*, 22/09/2004).

d) revelando uma atitude metaenunciativa do produtor com relação a uma denominação anterior presente no texto, como, por exemplo, distanciamento, postura crítica, ironia, etc. Poder-se-ia dizer que se trata de rótulos parafrásticos ou "de segunda mão" (cf. Carvalho, 2005). São exemplos do que Authier (1981) denomina *conotação autonímica*, em que o discurso dobra-se sobre si mesmo para revelar as não coincidências do dizer. Anáforas desse tipo constituem, na grande maioria dos casos, fatos de polifonia, em que o segmento objeto de menção é atribuído à voz de outro(s) enunciador(es), da qual o locutor geralmente discorda ou, pelo menos, em relação à qual deseja mostrar distanciamento. Daí, a predominância, nesses casos, do uso das aspas. Vejam-se os exemplos a seguir:

(9) Brasília – Uma das melhores frases da crise Waldomiro partiu do líder do PFL no Senado, José Agripino Maia (RN): "Com ou sem CPI, a oposição está bem alimentada para uma longa travessia".
Não fica claro se ele inclui *nessa "travessia"* algo essencial: as eleições municipais de outubro, aquelas em que o PT sonha, ou sonhava, multiplicar prefeitos do próprio partido ou de aliados pelo país afora (Eliane Castanhede. "Carne aos leões", *Folha de São Paulo*, 4/3/2004).

(10) No começo de junho, o mundo foi contemplado com mais uma notícia corriqueira da África: a guerra civil na República Democrática do Congo (ex-Zaire) matou, pelo menos, 1,7 milhão de seres humanos (algo como 5 por cento da população total!) apenas nos últimos dois anos. A imensa maioria das mortes foi provocada pela fome, pestes e epidemias (malária, diarreia, meningite e pólio), que poderiam ser evitadas se o sistema sanitário e hospitalar não tivesse sido completamente destruído pela guerra. (...)
(...) A mídia internacional adora explicar que essas guerras na África são consequência de diferenças étnicas, particularmente entre os grupos hutus e tutsis, majoritários na região. Aparentemente, *a explicação* é exata. Basta lembrar a guerra entre os grupos hutus e tutsis de Ruanda e Burundi, que matou pelo menos 1 milhão de seres humanos, entre abril de 1994 e maio de 1997, além de deixar centenas de milhares em miseráveis campos de refugiados, expostos a todo tipo de peste e desnutrição. *Essa explicação* étnica é útil, confortável e racista. Útil, porque esconde aqueles que lucram com a guerra (...); confortável, porque apaga as responsabilidades históricas dos países que colonizaram e dividiram a África, promoveram gigantescos e monstruosos genocídios e construíram, enfim, a imensa miséria daquele continente; racista, porque alimenta o estereótipo do negro como um ser "atrasado" e "fanático", imerso em lutas étnicas e religiosas (José Arbex Jr. *Caros Amigos*, ano IV, nº 40, jul. 2000, p. 10).

5. FUNCIONAMENTO TEXTUAL-DISCURSIVO DOS RÓTULOS

Os rótulos, como facilmente se pode verificar, são multifuncionais, em virtude de atuarem no texto como instruções de relevância para a construção de sentidos. Entre as várias funções por eles desempenhadas, podemos mencionar as seguintes:

a) função cognitiva: sumarização/encapsulamento e posterior categorização de um segmento textual, o que permite ao leitor/ouvinte a alocação, na memória, de um novo referente textual, que fica disponível para servir de base a novas predicações;
b) função de organização textual: ao encadearem segmentos textuais, os rótulos exercem papel de relevância na organização micro e macroestrutural do texto. Além de constituírem importantes recursos anafóricos ou catafóricos, responsáveis pela coesão textual, são frequentemente responsáveis pelo encadeamento tópico, bem como determinantes, muitas vezes, da própria paragrafação (cognitiva e/ou gráfica) do texto, visto que podem assinalar quer desvios e retomadas de tópico, quer o início de novas etapas na argumentação, como se pode observar no exemplo (11):

> (11) (...) A gravidade na superfície do astro em contração vai mais e mais aumentando e, a partir de um certo ponto, até mesmo a luz não consegue mais escapar-lhe. Forma-se, então, um buraco negro.
> *Esse nome* tem sua origem na interpretação oriunda da Teoria da Relatividade sobre a interação gravitacional. Dentro *dessa teoria*, a gravidade nada mais é que o resultado da curvatura do espaço ao redor de um corpo com massa.
> *Nesse fenômeno*, o espaço curva-se tanto que acabou fechando-se sobre si mesmo. (...) (Romildo Póvoa Faria. "Buracos Negros", *A Tribuna de Campinas*, 17/5/1998, adaptado).

c) função de orientação argumentativa: os rótulos são meios privilegiados de condução e explicitação de pontos de vista do produtor não só no que diz respeito aos conteúdos veiculados, como também aos seus enunciadores, inscrevendo, dessa forma, a argumentatividade no texto:

(12) Na conversa que teria sido gravada em 19 de agosto, Miranda diz que o chefe ironizou a proposta, dizendo que só aceitaria como suborno "a metade de um terço do que fora anteriormente acordado", que os empresários caça-níqueis de Minas calculam em R$ 6 milhões.
O escândalo ocorreu uma semana depois da mais recente ação ostensiva de apreensão de máquinas em Belo Horizonte (...) (*IstoÉ*, 6/9/2000).

(13) (...) Se a direita defendia seus interesses, a esquerda, como sempre, mergulhava em discussões intermináveis, ótimas para "seminários", sobre a chamada "via" que os partidos socialistas europeus estavam trilhando: segunda, terceira, quarta, quinta? Blair é um traidor? Jospin é um burguesinho? *Esses debates intelectualoides* impediram que se enxergasse outro fato histórico, certamente o nascedouro do Consenso de Berlim, ou o começo do fim do neoliberalismo (Aloysio Biondi. "Fim do neoliberalismo, a virada", *Caros Amigos*, jul. 2000, p. 12).

6. ESCALA DE ARGUMENTATIVIDADE

É preciso frisar que todos os rótulos contêm algum grau de subjetividade, pois, no momento em que o produtor, ao rotular segmentos textuais, cria um novo objeto de discurso, ele procede a uma avaliação desses segmentos e escolhe aquele rótulo que considera adequado para a realização de seu projeto de dizer. Mesmo no caso dos rótulos "de conteúdo", há sempre uma escolha e esta será sempre significativa em maior ou menor grau. Daí a precariedade da distinção entre os dois grupos, já que em ambos a metaenunciação se faz presente.

Por exemplo, o fato de o produtor rotular o conteúdo que está sumarizando como *fato, episódio, acontecimento, evento, cena* constitui sempre uma opção que, embora possa parecer "neutra", não deixa de ser significativa. Mesmo em se tratando de rótulos de conteúdo, pode-se observar, em muitos casos, a diferente força argumentativa resultante do uso de determinado rótulo e não de outro, como fica patente nos exemplos:

(14) Acredita-se que o ser humano poderá um dia controlar seus instintos, sentimentos e ambições, de modo a tornar a Terra um planeta de paz e fraternidade. *A hipótese* merece credibilidade e vale a pena pagar para ver.

(14') Acredita-se que o ser humano poderá um dia controlar seus instintos, sentimentos e ambições, de modo a tornar a Terra um planeta de paz e fraternidade. *Esse delírio* só poderia ser fruto de mentes pouco realistas.

Mas é evidente, também, que o grau de argumentatividade vai variar de um tipo de rótulo para outro. É possível, portanto, falar numa escala de argumentatividade, ao longo da qual os rótulos podem ser situados, desde aqueles aparentemente neutros, ou seja, em que o produtor *opta* por apresentar seu discurso como neutro, "afivelando a máscara da neutralidade", até aqueles dotados de elevada carga argumentativa.

Caberia aqui lembrar, ainda, que, a par de tudo o que ficou registrado, os rótulos podem constituir marcas de autoria e estilo (individual ou de gênero). Ao examinar um corpus bastante extenso de matéria opinativas da revista *Caros Amigos* (2002), Carvalho (2005) verificou que há significativa diferença no uso dos rótulos pelos vários articulistas. Há os que preferem os prospectivos, outros que se limitam ao uso dos retrospectivos; enquanto, em alguns textos, os rótulos são bastante frequentes, em outros eles são (quase) inexistentes. Tratar-se-ia, aqui, de estilo individual, revelando preferências do produtor do texto.

Por outro lado, se procedermos a uma comparação entre gêneros diversos, veremos que a presença dos rótulos – e do tipo de rótulo – varia consideravelmente: por exemplo, eles são muito mais frequentes em exemplares de escrita mais elaborada, como textos de opinião, comentários, textos acadêmicos, etc. Já em textos orais informais, a presença é bem menor, prevalecendo aqueles que denominamos acima de rótulos "de conteúdo": fato, coisa, caso, circunstância e alguns outros do mesmo tipo.

7. CONSIDERAÇÕES FINAIS

Em todos os tipos de rótulos metadiscursivos mencionados, não se sumariza o conteúdo de um segmento textual, mas focaliza-se a própria atividade enunciativa, qualificando esse segmento como determinado tipo de ação ou atividade metadiscursiva; ou seja, como afirma Jubran (2003: 97), "os referentes rotulados metalinguística ou metadiscursivamente (...) são claramente entidades discursivas, no sentido de que focalizam a atividade enunciativa, a *mise-en-scène* do discurso". E ainda: "em todas as ocorrências de rotulação metalinguística ou metadiscursiva, há esse jogo multiplano em que referentes textuais constitutivos do elemento-fonte anaforizado desempenham uma função informacional no texto, mas passam, no anaforizador, a se constituir como objetos de menção e qualificação no contexto da atividade enunciativa (...) (p. 98). Não há, no caso, portanto, retomada referencial, nem correferencialidade, já que se opera um desdobramento: é o próprio discurso que é tomado como seu objeto.

Mas cabe ressaltar, ainda, que a escolha de expressões metalinguísticas e metadiscursivas, dentre as várias opções possíveis, é importante indício da opinião do locutor não só a respeito do discurso que está sendo rotulado, como também a respeito do próprio enunciador desse discurso (cf. van Dijk, 1988a e b; Marcuschi, 1991).

Marcuschi (1991), ao estudar os *verbos introdutores de opinião*, mostrou a importância da seleção desse tipo de verbos na construção da proposta de sentido pelo produtor do texto. Ao apresentar sua proposta, escreve o autor:

> Mais do que mostrar que a neutralidade é impossível, tentarei analisar como a parcialidade se dá na introdução do discurso alheio, seja como interpretação, seleção ou avaliação. Quanto à seleção, não se trata da escolha de tópicos a reproduzir, mas da seleção dos verbos usados. Como pressuposto de trabalho, parto da premissa de que apresentar ou citar o pensamento de alguém implica, além de uma oferta de informações, também uma certa tomada de posição diante do exposto. Assim, a avaliação linguística terá *um caráter não meramente estilístico*, mas sobretudo interpretativo e avaliativo. O mais notável é que isso se processa através do instrumento linguístico usado e não mediante uma interpretação explícita paralela.

Não me refiro, portanto, aos comentários; refiro-me tão somente às palavras que introduzem opiniões alheias com pretensão de felicidade ao pensamento do autor.

O mesmo se pode dizer, evidentemente, dos nomes selecionados para qualificar metadiscursivamente uma ação ou atividade de linguagem, ou um processo cognitivo-discursivo que se atribui a uma pessoa mencionada no texto, bem como para ironizar, contestar, distanciar-se de algo que foi dito.

Também van Dijk, em diversos de seus trabalhos sobre o discurso jornalístico (cf., por exemplo, 1988a e b), tem mostrado diferenças ideológicas na seleção de termos deste tipo, conforme a pessoa ou grupo a quem se atribui uma fala ou cuja fala se transcreve. Enquanto membros de uma elite (política, cultural, econômica ou outra qualquer.) *asseveram, expõem, argumentam, refletem, ponderam, constatam, determinam, evidenciam* e assim por diante, os membros de minorias apenas *falam, dizem, depõem, negam, mentem*. Dessa forma, quando se rotula e qualifica a fala dos primeiros, atribuem-se-lhes *asserções, constatações, exposições, reflexões, explicações, ponderações, confirmações, comentários*; ao passo que os enunciados dos segundos são qualificados simplesmente como *afirmações, negativas, falas, respostas* ou, no máximo, como *declarações, confissões* ou *recusas*.

Em razão da sua multifuncionalidade e do relevante papel que os rótulos desempenham na construção textual do sentido – podendo, desta forma, constituir importante recurso para o ensino de leitura e produção de textos em sala de aula –, a pesquisa sobre o fenômeno da rotulação merece, com certeza, não só aprofundamentos teóricos, como também propostas de operacionalização didática.

BIBLIOGRAFIA

APOTHÉLOZ, Denis & REICHLER-BÉGUELIN, Marie-José. "Construction de la référence et stratégies de désignation". In: BERRENDONNER, Alain & REICHLER-BÉGUELIN, Marie-José (orgs.). *Du sintagme nominal aux objets-de-discours*. Neuchâtel: Université de Neuchâtel, 1995, p. 142-173.

______ & CHANET, Catherine. "Défini et démonstratif dans les nominalisations". In: DE MULDER, Walter & VETTERS, Carl (eds.). *Relations anaphoriques et (in)cohérence*. Amsterdam: Rodopi, 1997, p. 159-186.

AUTHIER, Jacqueline. "Paroles tenues à distance". In: *Materialités discursives*. Presses Universitaires de Lille, 1981.
CARVALHO, Maria Angélica F. *O funcionamento textual-discursivo dos rótulos em artigos de opinião*. Tese de doutorado, IEL/UNICAMP, 2005.
CAVALCANTE, Mônica M. *Demonstrativos: uma condição de saliência*. II Congresso Internacional da ABRALIN, Fortaleza, 2001.
CONTE, Elisabeth. "Anaphoric encapsulation". In: *Belgian Journal of Linguistics: Coherence and Anaphora*, v. 10, 1996, p. 1-10.
FRANCIS, Gill. "Labelling discourse: an aspect of nominal-group lexical cohesion". In: COULTHARD, Malcolm (ed.). *Advances in Written Text Analysis*. London: Routledge, 1994.
JUBRAN, CLÉLIA C. & ABREU SPINARDI, Clélia C.S. "O discurso como objeto de discurso em expressões nominais anafóricas". In: *Cadernos de Estudos Linguísticos* 44, Campinas, IEL/UNICAMP, 2003, p. 93-104.
KOCH, Ingedore G. Villaça. Argumentação e linguagem. São Paulo: Cortez, 1984.
______. "Expressões referenciais definidas e sua função textual". In: DUARTE, L.P. (org.). *Para sempre em mim: homenagem a Ângela Vaz Leão*. Belo Horizonte: CESPUC, 1999, p. 138-150.

______. *Desvendando os segredos do texto*. São Paulo: Cortez, 2002.
______. *Introdução à Linguística Textual: trajetória e grandes temas*. São Paulo: Martins Fontes, 2004.
______. "Referenciação e progressão argumentativa". In: KOCH, I.G.V.; MORATO, E. & BENTES, A.C. (orgs.). *Referenciação e discurso*. São Paulo: Contexto, 2005, p. 33-52.
______ & MARCUSCHI, Luiz Antônio. "Processos de referenciação na produção discursiva". In: D.E.L.T.A, 14 (número especial), 1998, p. 169-190.
MARCUSCHI, Luiz Antônio. "A ação dos verbos introdutores de opinião". In: INTERCOM – Revista Brasileira de Comunicação, São Paulo: ano XIV, nº 64, 1991, p. 74-92.
MONDADA, Lorenza. "Gestion du topic et organization de la conversation". In: *Cadernos de Estudos Linguísticos* 41, Campinas, IEL/UNICAMP, 2001, p. 7-36.
SCHWARZ, Monika. *Indirekte Anaphern in Texten*. Tübingen: Niemeyer, 2000.
VAN DIJK, Teun A. *News as Discourse*. Hillsdale, N.J.: Erlbaum, 1988a.
______. *News Analysis: Case Studies of International and National News in the Press*. Hillsdale, N.J.: Erlbaum, 1988b.
ZAMPONI, Graziela. *Processos de referenciação: anáforas indiretas e nominalizações*. Tese de doutorado, IEL/UNICAMP, 2003.

(1ª versão em "Rotulação: uma estratégia textual de construção do sentido". *CD- ROM*, VII Congreso Latinoamericano de Estudios del Discurso: Horizontes de Sentido, Bogotá, Universidad Nacional de Colombia, 17-21 septiembre, 2007, p. 84-90.)

5.
CONCORDÂNCIA ASSOCIATIVA

1. INTRODUÇÃO

Este capítulo tem o intuito de discutir o alcance que se vem dando à noção – já antiga na literatura – de anáfora associativa, comumente denominada *semântica*, *indireta* ou *profunda*, com o objetivo de explicar os casos de concordância *ad sensum* ou silepses de gênero e número, como são denominadas nas gramáticas tradicionais.

É o caso dos exemplos a seguir, alguns colhidos em situações reais de fala ou escrita, outros criados para fins de exemplificação, embora comuns em situações concretas:

(1) *Uma grande maioria dos brasileiros* são contrários às privatizações.

(2) *Grande parte das invasões de terras* são provocadas pela absoluta miséria do povo brasileiro.

(3) *Um grupo de cidadãos* protestavam na praça.

(4) Convidei todos os colegas para a festa. *A maioria* vieram.

(5) Trata-se de *um jovem casal* que adotaram uma criança abandonada.

(6) *Todo o povo* aplaudiram o discurso do manifestante.

(7) *A dupla* chegou de surpresa e assaltaram o motorista do ônibus.

(8) *Cada uma dessa situações* podem ser caracterizadas a partir de quatro parâmetros.

As gramáticas tradicionais da língua portuguesa aceitam (1), (2) e (3) como casos particulares de "dupla concordância" e condenam os demais empregos citados, embora registrem, no capítulo destinado às figuras de sintaxe, a *silepse* de número, em especial se quem a ela recorre é um autor consagrado. Em Cunha (1979: 330) encontra-se o exemplo:

(9) O *casal* não tivera filhos, mas *criaram* dois ou três meninos. (A.F. Schmidt, GB, 285)

Não é diferente o que ocorre em francês. Segundo Berrendonner & Reichler-Béguelin (1995: 24), os julgamentos normativos sobre tais fenômenos são "relativamente arbitrários e historicamente flutuantes": aceitos com muita liberalidade no francês clássico escrito, as variantes não *standard* passam praticamente despercebidas no francês falado, no qual são muito frequentes, embora hoje "condenadas" no francês escrito padrão. Quando, porém, "saem da pena de um escritor", são atribuídas a uma silepse e não a uma inadvertência. Lá como cá, as coisas caminham de forma semelhante.

2. JUSTIFICATIVAS PROPOSTAS

Uma das explicações aventadas para a aceitação dos três primeiros exemplos e "condenação" aos demais é a possibilidade de se proceder a uma dupla análise do SN complexo em (1), (2) e (3):

a) Det.+ (Mod. Adj.) Núcleo + Mod. SP
b) Det. complexo (quantificador, expressão partitiva ou operador de medida) + Núcleo

No primeiro caso, a concordância se efetua com o núcleo nominal *maioria*; no segundo, o verbo aparentemente herda as marcas de plural de SN2, considerado como núcleo. Ou seja, pode-se supor que, nesse caso, um SN complexo tenha mudado de cabeça, tendo sua primeira parte (SN1) "degenerado" em operador de medida, de forma que os componentes do SN passam a constituir um todo único. Segundo Berrendonner & Reichler-Béguelin (1995: 25), tal processo diacrônico, embora misterioso, está bem atestado no francês em todos os estágios de seu desenvolvimento, por casos semigramaticalizados (*La plupart des étudiants est/sont venue/s*) ou inteiramente gramaticalizados (*Beaucoup d'étudiants sont venus*).

Contudo, visto que é comum encontrarem-se também exemplos como (4) – (7), sem SN2, mas em que figuram no verbo marcas de número não congruentes com as do sujeito (portanto, não morfossintaticamente condicionadas por ele), poder-se-ia postular que, a partir de um nome coletivo singular (maioria, casal, povo, dupla), constrói-se por inferência um referente implícito (no cotexto ou no contexto sociocognitivo) concebido como classe, que vai determinar as concordâncias ulteriores no plural. Isto é, a natureza das marcas de número depende, com muita probabilidade, de uma denominação lexical implícita, calculada a partir do SN sujeito e tacitamente atribuída a seu referente. Segundo Berrendonner & Rechler-Béguelin, a frequência de tais concordâncias seria um dos fatores da reanálise sintática acima evocada, que converte SNs coletivos da forma [SN1 de SN2] em [Quantificador de SN]. Para dar conta desses fatos, passa-se, pois, de uma explicação puramente sintática a uma explicação semântico-pragmática.

3. A CONCORDÂNCIA ASSOCIATIVA

Berrendonner & Reichler-Béguelin batizaram tal fenômeno de *concordância associativa* (*accords associatifs*), denominação que preferem à tradicional, concordância *ad sensum*, com o propósito de sublinhar um parentesco empírico: tais "faltas" de concordância (*désaccords*), bem como as chamadas *anáforas associativas* ou *inferenciais* põem em jogo as mesmas operações de inferenciação, sendo, assim, passíveis de descrição no quadro de um mesmo modelo geral.

A anáfora associativa consiste, conforme dissemos, numa configuração discursiva em que se tem um anafórico sem antecedente literal explícito (portanto, não condicionado morfossintaticamente por um SN anterior), cuja ocorrência pressupõe um *denotatum* implícito, que pode ser reconstruído, por inferência, a partir do cotexto precedente.

Os autores que se dedicam ao estudo da anáfora associativa dividem-se entre duas principais concepções:

1) a concepção estreita (*standard*) ou semântica, que postula a necessidade de uma relação de natureza léxico-estereotípica entre SN1 e SN2 e leva em conta, para a caracterização da anáfora associativa, outros fatores, como o tipo de expressão anafórica e a natureza da relação indireta, postulando que a mudança de categoria linguística acarreta mudança de configuração. Tem como principal representante Kleiber (*apud* Berrendonner, 1994), autor do mote: "*L'Anaphore associative roule sur des steréotypes*".
2) a concepção ampla, que admite a possibilidade de uma saturação discursivo-cognitiva do SN2. No interior dessa concepção, há uma tendência discursiva bem lata (é o caso de Berrendonner & Reichler-Béguelin, propositores do conceito de concordância associativa) e outra que se autodenomina tendência discursiva moderada (M. Charolles [*apud* Berrendonner, 1994], por exemplo).

Vejamos alguns exemplos. A versão léxico-estereotípica limita a anáfora associativa a frases como:

(10) Chegamos a *uma cidadezinha*. *A igreja* ficava no alto de um monte.
(11) A polícia encontrou *o carro roubado*. *Os pneus* estavam furados.

As versões discursivo-cognitivas, tomadas em conjunto, já que não caberia aqui discutir as diferenças entre elas, admitem, por sua vez, exemplos do tipo:

(12) É verdade que, quando lemos, não nos damos conta de que *esta história* esteja acontecendo, esteja tomando forma graças a nós.

(13) Sofia dormia. *O jornal* estava caído aos pés da cama, *o cinzeiro* estava cheio até a borda.

(14) João foi assassinado no parque. *A faca* foi encontrada nas proximidades.

(15) A guerra é uma boa época para Saint Malo. *Eles* não conhecem festa mais animada.

(16) O casal de milionários decidiu adotar um menino, que viria a herdar sua fortuna. *O orfanato*, por engano, entregou-lhes uma linda menina.

(17) Aterrizar na Praça Vermelha! Certamente, *o jovem piloto* é um louco...

O objetivo dessa perspectiva ampliada é, justamente, "favorecer a emergência de generalizações, aproximando, sob o termo de *associativas*, todas as expressões referenciais cuja interpretação põe em jogo operações de raciocínio. Estas operações lógicas naturais, frequentemente bem complexas, consistem não apenas em inferir um objeto de discurso a partir de um outro objeto de discurso, mas também em inferir um atributo de objeto a partir de um outro atributo de objeto". Uma dessas generalizações é, exatamente, a explicação, por recurso à noção de concordância associativa, de concordâncias irregulares do tipo aqui ilustrado.

A tendência ainda muito presente de extrapolar para as sequências transfrásticas as noções sintáticas operatórias no domínio da frase tem levado a generalizar para o nível do texto a imposição de que os pronomes devem concordar com um SN presente no cotexto precedente, isto é, adotar-lhe as marcas morfológicas de gênero e número. Essa concepção, porém, é empírica e teoricamente indefensável. No domínio dos fatos, ela é constantemente desmentida, podendo-se encontrar uma grande quantidade de dados empíricos que a falsifiquem, como se pode verificar em (1) a (8), bem como nos exemplos a seguir, extraídos de Berrendonner & Reichler-Béguelin (1995: 27), em que se comprova que um pronome anafórico não implica necessariamente a presença, no cotexto, de um antecedente com o qual estabeleça uma relação de concordância:

(18) Qualquer menção do termo "sincrônico" deveria ser evitada por razões diplomáticas, dadas as reações alérgicas que *elas* suscitam naqueles que só conhecem Saussure por ouvir falar.

(19) Tenho 17 anos, sofro de acne, e na minha família ninguém leva a sério meu problema. *Eles* me *dizem* que não é nada.

Nesses exemplos, a ocorrência de cada pronome anafórico é semântica e pragmaticamente condicionada. Ela depende da possibilidade de inferir, a partir do contexto informacional explícito, um objeto de discurso implícito, ainda não mencionado. E é com esse pronome ou o seu vestígio que vai se efetuar a concordância verbal.

Os autores citados explicam o exemplo (18), dizendo que, a partir do valor contrafactual do condicional *deveria*, e por meio de um raciocínio do tipo "Se nem toda menção é evitada, então, ocorrem menções", é que se pode validar a pressuposição de existência que institui o referente do pronome *elas.* Recordam que, segundo as descrições lógicas, *Todo N* não comporta absolutamente o pressuposto de que existam realmente Ns, de modo que não se pode considerar que *toda menção* seja aqui o antecedente de *elas.* Além disso, essas duas expressões não são correferenciais.

O exemplo (19), muito comum, é clássico: ele supõe uma dedução lógica que, tomando por premissa a existência de um indivíduo coletivo (família, classe, grupo, bando, regimento), conclui pela existência de um outro objeto, necessariamente implicado por todo e qualquer coletivo: a classe de seus membros. Isto é, a interpretação de plural supõe que seja catalizada uma classe, que deve ser unificada, por abdução, com a classe coextensiva que se pode deduzir do coletivo já conhecido. Explicam-se, dessa forma, os exemplos (4) e (6) anteriormente apresentados.

É importante relembrar que, por "objeto de discurso", não se deve entender as "coisas" do mundo real, mas representações de ordem cognitivo-discursiva Assim, um indivíduo coletivo e a classe de seus membros constituem, sem dúvida, duas representações da mesma realidade, mas sob formas lógico-cognitivas diferentes, sendo, pois, objetos de discurso distintos.

Pois bem: partindo do que foi exposto, torna-se possível distinguir dois tipos de ocorrências pronominais: aquelas que são morfossintaticamente condicionadas e aquelas que são condicionadas única e exclusivamente por um estado corrente de informação compartilhada. Elas resultam, portanto, de duas ordens de combinatória específicas, irredutíveis uma à outra. Para explicar esta distinção, pode-se recorrer, como postulam Berrendonner & Reichler-Béguelin, às noções de *micro* e *macrossintaxe*.

4. MICROSSINTAXE E MACROSSINTAXE

A microssintaxe diz respeito à combinatória de unidades no interior de uma proposição, determinada por relações de concatenação (vinculação) e de recção (regência). A concordância morfológica pertence a esse tipo.

Já a combinatória macrossintática é aquela segundo a qual se organizam as grandes unidades discursivas (sequências de dimensão transfrástica), sendo de natureza bastante diferente, já que suas unidades são atos de linguagem e estados sucessivos de informação partilhada. Nesse caso, as regularidades observáveis estão na dependência de condicionamentos semânticos, como pressuposições e regras de inferência.

Portanto, no nível macrossintático, os pronomes, bem como suas marcas de gênero e número, não podem ser corretamente caracterizados em termos de concordância ou ligação: sua função é apontar para um objeto de discurso já conhecido, sinalizando-o ao destinatário. São contextualmente dependentes apenas no plano semântico-pragmático, devido à relação de pressuposição que subordina seu emprego à presença desse objeto no conhecimento partilhado dos interlocutores, isto é, na sua memória discursiva.

Tanto a anáfora associativa como grande parte dos casos de concordância associativa seriam, nesses termos, questões de macrossintaxe, como se pode verificar nos exemplos (4), (5), (7), (9), (18), (19), visto que é numa segunda proposição que vai aparecer o pronome ou a elipse (categoria vazia), que vai possibilitar a concordância *não* com o antecedente explícito na proposição anterior, mas com um objeto de discurso implícito, inferido do conhecimento partilhado entre os interlocutores. Essa segunda proposição é, com frequência, justaposta, como em (4), (19); coordenada, como em (7), (9); ou relativa apositiva, como em (5). Além de ser comum em coordenações (por meio de *e, mas, pois*), em relativas apositivas e em enunciados justapostos, este tipo de concordância é também frequente no caso de cláusulas circunstanciais, bem como de parentéticas que constituem expansões do SN sujeito e que operam, explicitamente uma recategorização do objeto, como em:

(20) A multidão, no meio da qual havia grande número de descontentes, avançaram contra o palácio do governo.

Mais complexa é a análise do exemplo (18), em que o pronome que vai acarretar a concordância associativa encontra-se numa relativa, encaixada em outra proposição, através da qual se realiza um ato de justificativa em relação à proposição anterior e que contém o SN que permite "saturar" a interpretação referencial.

Por outro lado, exemplos como (6) e (8) não podem *a priori* ser explicados como fatos de macrossintaxe, já que ocorrem no interior de uma só proposição. Em exemplos como esses, é comum que o núcleo nominal venha determinado por um quantificador universal, em geral o quantificador *todos*, como ocorre em (6), que parece "reforçar" a ideia de pluralidade, acarretando a concordância associativa no plural.

Note-se, porém, que a presença do quantificador não é obrigatória. Na língua falada, como também na linguagem infantil e em variedades não padrão de português, esse tipo de concordância é extremamente comum, como se atesta nos exemplos abaixo, coletados em situações reais:

(21) A gente vamos viajar? (fala de criança)

(22) O pessoal gostaram da festa. (variedade do português não padrão)

(23) Toda a rua choraram a morte de seu mais ilustre morador. (idem)

Registre-se, no exemplo (23), a metonímia (continente pelo conteúdo: rua – casa – moradores), que dá ao termo *rua* uma conotação coletiva, reforçada pelo quantificador.

Essas observações coincidem com a afirmação feita por Berrendonner & Reichler-Béguelin a respeito do francês, anteriormente mencionada. Verifica-se, inclusive, que muitos desses processos encontram-se semigramaticalizados ou em vias de gramaticalização, como é o caso, além do exemplo (4) – ainda condenado pela gramática da língua padrão – de ocorrências com SNs introduzidos por expressões como *uma série de*, em que a concordância no plural parece estar-se gramaticalizando:

(24) Uma série de reflexões levaram-me (levou-me?) a questionar esta hipótese, que acabou me parecendo dificilmente defensável.

Parece-me que a presença de expressões partitivas (*a maioria de, um bom número de, nenhum de, boa parte de, metade de* ou introdutoras de conjuntos de elementos seriados (*uma série de, uma cadeia de, uma sucessão de*), além do quantificador universal *todo(a)* favorecem essa gramaticalização em curso. Vejam-se ainda mais alguns exemplos – os dois últimos ainda não "autorizados" pela gramática normativa, mas que fazem parte do uso corrente, especialmente (mas não só) nas variedades de menor prestígio:

(25) Boa parte dos ingressos estão esgotados.

(26) Uma sucessão de desatinos acabaram levando-a à bancarrota.

(27) Nem a metade dos inscritos se apresentaram.

(28) Nenhum dos meus colegas conseguiram média cinco na prova.

(29) Todo o exército apresentaram armas ao presidente.

5. ALGUMAS CONSIDERAÇÕES PARA FINALIZAR

Todos esses exemplos mostram que também as proposições simples estão sujeitas a uma meta-análise, ou seja, que, a par do tratamento *standard* como sintagmas conexos e concordantes, as sequências

SN-SV, muitas vezes, são tratadas pelos falantes como períodos macrossintáticos, em que se processa a concordância associativa. Pode-se afirmar, portanto, como o fazem Berrendonner & Reichler-Béguelin para o francês atual, que, no português contemporâneo, as relações de concordância microssintáticas, em particular a de concordância sujeito-verbo, se encontram fragilizadas, desestabilizadas, devido às tensões que se exercem entre as duas ordens de combinatória: as regularidades de ordem macrossintática tendem a ampliar cada vez mais seu domínio às expensas dos condicionamentos microssintáticos.

Segundo esses autores, esse fenômeno admite duas explicações alternativas, mas não mutuamente exclusivas:

1) tratar-se-ia de um começo de gramaticalização de certas estruturas discursivas: alguns esquemas da concordância associativa estariam se ritualizando, de forma que, se a evolução prosseguir no mesmo sentido, elas acabarão por se transformar em relações gramaticais, levando ao desaparecimento das normas de concordância e ligação existentes, pelo menos no nível dialetal;
2) estaria ocorrendo um rompimento, em duas partes, da unidade-cláusula: SN e SV, ao se tornarem microssintaticamente desconexos, poderiam estar evoluindo para o estatuto de cláusulas macrossintaticamente autônomas, em razão da discursivização da estrutura sujeito-predicado. Daí a frequência de períodos binários do tipo: "Minha família/estão felizes", isto é, considerados como estruturas de tópico, que, como se tem mostrado, vêm-se tornando dia a dia mais frequentes no português falado e estendendo-se, inclusive, para a língua escrita. Seria esse o caso dos exemplos (6) e (8).

A consequência teórico-metodológica importante que se pode tirar desses fatos é a da imbricação, mesmo no interior da mais simples das frases, de condicionamentos micro e macrossintáticos, ou seja, a coocorrência de regularidades morfossintáticas e pragmático-discursivas, o que comprova que sintaxe e pragmática não constituem domínios disjuntos, mas sim encontram-se profundamente interligadas na construção dos enunciados linguísticos.

BIBLIOGRAFIA

APOTHÉLOZ, Denis & REICHLER-BÉGUELIN, Marie-José. "Construction de la référence et stratégies de désignation". In: BERRENDONNER, A. & REICHLER-BÉGUELIN, M-J. (eds.). *Du sintagme nominal aux objets-de- discours*. Neuchâtel: Université de Neuchâtel, 1995, p. 227-271.

BERRENDONNER, Alain. "Anaphores confuses et objets indiscrets". In: SCHNEDECKER; CHAROLLES; KLEIBER & DAVID (orgs.). *L' Anaphore associative*. Recherches Linguistiques XIX, Paris: Klincksieck, 1994, p. 209-232.

______ & REICHLER-BÉGUELIN, Marie-José (eds.). *Du syntagme nominal aux objets-de-discours. SN complexes, nominalisations, anaphores*. Neuchâtel, Institute de Linguistique de l'Université de Neuchâtel (*Tranel 23*, dezembro de 1995).

CUNHA, Celso Ferreira da. *Gramática de base*. Rio de Janeiro: FENAME, 1979.

KOCH, Ingedore G. Villaça. "A referenciação textual como estratégia cognitivo-interacional". Texto apresentado na XV Jornada de Estudos Linguísticos do Nordeste (GELNE), Fortaleza, 2-4 de agosto de 1998.

______. "Formas referenciais e sua função Textual". *Scripta*, PUC/MG, 1999 (no prelo).

______ & MARCUSCHI, Luiz Antônio. "Processos de referenciação na produção discursiva". In: *D.E.L.T.A.*, 14 (número especial), 1998, p. 169-190.

MARCUSCHI, Luiz Antônio & KOCH, Ingedore G. Villaça. "Estratégias de referenciação e progressão referencial na língua falada". In: ABAURRE, Bernadete (org.). *Gramática do português falado*, v. VIII (no prelo).

MONDADA, Lorenza & DUBOIS, Danielle. "Construction des objets de discours et catégorisation: une approche des processus de référenciation. In: BERRENDONNER, Alain & REICHLER-BÉGUELIN, Marie-José (eds.). *Du sintagme nominal aux objets-de-discours*. Neuchâtel: Université de Neuchâtel, 1995, p. 273-302.

(1ª versão em "Concordância associativa". In: Revista *Scripta*, v. 4, nº 7, 2º semestre de 2000, Belo Horizonte: PUC/Minas, p. 72-80.)

6.
AS MARCAS DE ARTICULAÇÃO NA PROGRESSÃO TEXTUAL

1. INTRODUÇÃO

Apresento aqui uma proposta integrada das diversas classificações das marcas responsáveis pelo encadeamento de segmentos textuais de qualquer extensão (períodos, parágrafos, subtópicos, sequências textuais ou partes inteiras do texto), também denominadas *articuladores textuais* (*Gliederungssignale*, cf. Gülich, 1970) ou *operadores de discurso, marcadores discursivos*, que têm constituído importante objeto de pesquisa da Linguística Textual através do tempo. Tais marcadores operam, portanto, em diferentes níveis: o da organização global do texto, em que explicitam as articulações das sequências ou partes maiores do texto; no nível intermediário, em que assinalam os encadeamentos entre parágrafos ou períodos; e no nível microestrutural, em que articulam orações ou mesmo membros oracionais.

Os articuladores textuais podem ter por função relacionar elementos de conteúdo, ou seja, situar os estados de coisas de que o enunciado fala no espaço e/ou no tempo, e/ou estabelecer entre eles relações de tipo lógico-semântico (causalidade, condicionalidade, conformidade, disjunção, etc.), bem como sinalizar relações discursivo-argumentativas; podem funcionar como organizadores textuais, ou, ainda, exercer, no texto, funções de ordem metadiscursiva.

Dessa forma, os marcadores textuais podem ser divididos em quatro grandes classes: os de conteúdo proposicional, os discursivo-argumentativos, os organizadores textuais e os metadiscursivos.

2. ARTICULADORES DE CONTEÚDO PROPOSICIONAL

Articuladores de conteúdo proposicional são aqueles que servem para sinalizar as relações espaciais e temporais entre os estados de coisas a que o enunciado faz referência ou estabelecer entre eles relações de caráter lógico-semântico, como se pode verificar nos exemplos seguintes:

a) marcadores de relações espaciotemporais:

> (1) *A primeira vez que* ele a encontrou, foi à porta da loja Paula Brito, no Rocio. Estava ali, viu uma mulher bonita, e esperou, já alvoroçado, porque ele tinha em alto grau a paixão das mulheres. Marocas vinha andando, parando e olhando como quem procura alguma casa. *Defronte da loja*, deteve-se um instante; *depois*, envergonhada e a medo, estendeu um pedacinho de papel ao Andrade, e perguntou-lhe onde ficava o número ali escrito (M. de Assis. "Singular Ocorrência", *Contos*).

b) indicadores de relações lógico-semânticas (condicionalidade, causalidade, finalidade (mediação), disjunção inclusiva e exclusiva, etc.). Observe-se como, no excerto abaixo, se entrelaçam, relações causais, finais, condicionais e disjuntivas:

> (2) Fiquei triste ***por causa do*** *dano causado a tia Marcolina*; fiquei também um pouco perplexo, não sabendo se devia ir ter com ela, ***para*** *lhe dar a triste notícia*, ***ou*** *ficar tomando conta da casa*, segundo alvitre, ***para*** *não desamparar a casa, e* ***porque, se*** *a minha prima enferma estava mal, eu só ia aumentar a dor da mãe*, sem remédio nenhum (...) (M. de Assis. "O Espelho", *Contos*).

3. ARTICULADORES DISCURSIVO-ARGUMENTATIVOS

São os introdutores de relações discursivo-argumentativas: conjunção, contrajunção (oposição/contraste/concessão), justificativa, explicação, conclusão, generalização, disjunção argumentativa, especificação, comprovação, entre outras (para maior aprofundamento, consulte Koch, 1984, 1989, 1992, 1997). Esses operadores articulam dois atos de fala, em que o segundo toma o primeiro como tema, com o fim de justificá-lo ou melhor explicá-lo; contrapor-lhe ou adicionar-lhe argumentos; generalizar, especificar, concluir a partir dele; comprovar-lhe a veracidade; convocar o interlocutor à concordância, etc., sendo, assim, responsáveis pela orientação argumentativa dos enunciados que introduzem, como se pode observar nos exemplos a seguir:

> (3) A coluna vermelha fica com o governo. *Ou*, se preferir, com o contribuinte (Josias de Souza. "De bancos e geladeiras", *Folha de São Paulo*, 22/11/1995).

Não se trata, em (3), de um *ou* operador (de tipo lógico) de disjunção, exclusiva ou inclusiva, mas de um operador de disjunção argumentativa, que tem um efeito de provocação, de convocação à concordância, como já defendi nos trabalhos mencionados anteriormente.

Em (4), temos um operador de contrajunção, que opõe segmentos orientados em sentido contrário:

> (4) A julgar pela competente equipe que o cerca – formada por competentes técnicos em saúde, educação, segurança e habitação – e pelas políticas sociais propostas em seu programa de governo, possivelmente ele não terminará seu mandato com índices de aprovação tão baixos quanto os tinha José Sarney – hoje seu aliado –, em 1989. *Mas*, é bom ressaltar, de nada adiantam excelentes projetos e intenções sem a devida articulação política (...) ("A prioridade nº 1", *Veja*, nº 1726, 20 de outubro de 2002, p. 58).

Já em (5), ocorre o marcador de conclusão (portanto) e um operador de contrajunção (ainda que):

> (5) Para avaliar o meu isolamento, basta saber que eu nem lia os jornais; salvo alguma notícia mais importante que levavam ao

coronel, eu nada sabia do resto do mundo. Entendi, *portanto*, voltar para a Corte, na primeira ocasião, *ainda que* tivesse de brigar com o vigário (M. de Assis. "O enfermeiro", *Contos*).

Observe-se, ainda, a força argumentativa dos articuladores *aliás* (adição de um argumento decisivo), *afinal*, *ora* (provocação de assentimento, concordância com a conclusão apresentada), *ou seja* (explicação, justificativa), *daí que* (convite à aceitação da decorrência apresentada), em (6), (7) e (8):

(6) (...) A mim, o que me choca, por vezes, é ver colegas brasileiros, mesmo no governo, não muito atentos à experiência internacional. Ver o que aconteceu com a indústria e a agricultura do México depois da abertura, ver o que aconteceu com a reforma da previdência social mesmo no Chile e na Argentina. Uma totalmente quebrada e outra em que o Estado tem de sustentar porque os cidadãos e o sistema privado deixam de poder aguentar esse sistema. Mas o Chile está numa situação econômica razoável e, portanto, o Estado pode fazer isso. *Aliás*, não é preciso buscar essa análise nos sociólogos de esquerda, porque essa informação está na página do Banco Mundial. (...) ("O mundo resiste", *Caros Amigos*, nº 78, set. 2003, p. 37).

(7) O outro recado das urnas paulistas é que a vitória do tucano não representou uma total derrota do PT. *Afinal*, em meio a um eleitorado historicamente conservador, os petistas fizeram a maior bancada estadual e pela primeira vez levaram um candidato ao segundo turno na disputa pelo governo ("O desafio de Alckmin", *Veja*, nº 1726, 30 de outubro de 2002, p. 118).

(8) Quando cheguei aos Estados Unidos ano passado (...), meus amigos, colegas da universidade, estavam todos 50 por cento mais pobres. Os seus fundos de pensões estavam investidos na bolsa, a bolsa tinha caído. *Ou seja*, a pensão passou a ser um fator de risco. *Ora*, não podemos tolerar, em países onde as desigualdades sociais são tão graves, que os sistemas de pensões passem a ser mais um fator de risco para os cidadãos. *Daí que* continuo a defender o sistema público ("O mundo resiste", entrevista com Boaventura de Sousa Santos. *Caros Amigos*, nº 78, set. 2003, p. 34).

4. ORGANIZADORES TEXTUAIS

São articuladores que têm por função "estruturar a linearidade do texto, organizá-lo em uma sucessão de fragmentos complementares que facilitam o tratamento interpretativo" (Maingueneau, 1996: 170). Esse autor descreve os articuladores de organização textual como "marcadores de integração linear" e observa que se inscrevem em séries, das quais a mais clássica é: *primeiro* (*amente*)/*depois*/*em seguida*/*enfim*, ao lado de outras como *por um lado*/*por outro lado, às vezes*/*outras vezes, em primeiro lugar*/*em segundo lugar, por último,* etc. Na organização espacial do texto, seus valores essenciais seriam os de abertura, intermediação e fechamento.

Jubran (2003), por seu turno, refere-se à *marcação do estatuto discursivo de um fragmento do texto*, salientando que essa função consiste em assinalar que um fragmento textual tem um determinado estatuto discursivo no esquema de composição do texto, como, por exemplo, a marcação das fases de estruturação do texto como um todo. Dessa forma, tais marcadores assinalam etapas de construção do texto, como introdução, desenvolvimento e conclusão, pondo à mostra a sua organização estrutural, como se pode ver em (9) e (10). Observe-se que, em (9), *finalizando mesmo*, demarca a conclusão do texto, anunciando a iminência de seu término.

> (9) Inf – para ele:: Dukheim ... *primeiramente* vem o direito ... até mesmo os mo:res
> ... que vocês estudaram ... vem:... *de maneira secundária* ... o principal já no tempo né? De... Durkhein era o direito ... como máximo ... num é? para impor normas ... e ...*finalizando... mes:mo* o direito reproduz ... todas as formas essenciais ... e é apenas ... estes que ... precisamos conhecer (EF REC 337: 702-709)

> (10) (...) Aliás, não é preciso buscar essa análise nos sociólogos de esquerda, porque essa informação está na página do Banco Mundial. É o próprio Banco Mundial que põe muitas reservas à privatização da previdência. (...). *Em segundo lugar*, em certos sistemas, como o sistema inglês, seguradoras de fundos de pensão deixaram de aceitar pessoas, e encaminham, outra vez, para o sistema público. *Em terceiro lugar*, a segurança social privada,

ou relativamente privatizada, pode fazer com que a previdência social passe a ser mais um fator de risco para o pensionista (...) ("O mundo resiste", entrevista com Boaventura de Sousa Santos. *Caros Amigos*, nº 78, set. 2003, p. 34).

5. MARCADORES DISCURSIVOS CONTINUADORES, QUE OPERAM O "AMARRAMENTO" DE PORÇÕES TEXTUAIS

Trata-se de marcadores como *aí*, *daí*, *então*, *agora*, *aí então*, extremamente frequentes em textos falados, embora com ocorrência bastante frequente também em textos escritos, especialmente quando se deseja dar a estes uma feição semelhante à da fala, como é comum na literatura infanto-juvenil (para um maior aprofundamento, nesse caso, consulte-se Werneck dos Santos, 2003). Observe-se o exemplo (11):

> (11) bom esses pratos não são mui::to trabalhosos mas são demorados não é?... *agora* se você souber:: ... preparar a massa em casa... então você prepara... né?... se não souber é muito mais prático você ir ao supermercado comprar:: um pacotinho de lasanha (...) *agora* se você quiser prepará-la mesmo... então o negócio é fazer a massa... depois cozinhar essa massa... *aí*:: entra a dificuldade... porque na hora de cozinhar a massa (...) você tem que cozinhar com bastante água... e::... aos poucos... porque senão ela embola tudo e fica uma grande porcaria né... *então* você tem que cozinhar aos poucos (...) (DID SP 235: 231-244).

6. ARTICULADORES METADISCURSIVOS

Estes articuladores servem para introduzir comentários ora sobre a forma ou modo de formulação do enunciado (o modo como aquilo que se diz é dito, o estatuto discursivo do que é dito), ora sobre a própria enunciação. Essa introjeção realiza-se, em grande parte, por meio de articuladores de natureza metadiscursiva, que proponho agrupar também em três grupos: *modalizadores ou lógico-pragmáticos*, *metaformulativos* e *metaenunciativos*.

6.1. Modalizadores

A primeira classe de marcadores metadiscursivos é a dos modalizadores, que podem ser tomados em sentido amplo e em sentido restrito.

Os modalizadores *stricto sensu* são aqueles que expressam as modalidades que, desde muito tempo, vêm sendo objeto de estudo da lógica e da semântica: *aléticas*, *epistêmicas*, *deônticas*. A par destes, há os modalizadores *lato sensu*, entre os quais se podem mencionar os *axiológicos*, *atitudinais* e *atenuadores*.

Modalizadores aléticos são aqueles que se referem à necessidade ou possibilidade da própria existência dos estados de coisas no mundo. São pouco comuns em textos da língua natural, por se confundirem geralmente com os epistêmicos ou os deônticos: ou nos referimos ao conhecimento que temos a respeito dessa existência ou à sua obrigatoriedade/facultatividade. Um exemplo poderia ser o seguinte:

> (12) *É impossível* não se comover com essas lúcidas palavras de Nildo Ouriques. A poluição conecta-se ao despovoamento do interior do Estado, tanto que a pequena propriedade fundiária está em vias de extinção ("Nildo Ouriques, o reitor necessário em Santa Catarina", *Caros Amigos*, nº 78, set. 2003, p. 43).

(Observe-se, também, no exemplo acima, o marcador de comprovação *tanto que*, que tem sido esquecido em nossas gramáticas...).

Modalizadores epistêmicos são os que assinalam o comprometimento/engajamento do locutor com relação ao seu enunciado, o grau de certeza com relação aos fatos enunciados:

> (13) *Evidentemente*, a divisão social do trabalho, associada aos direitos de propriedade e mediada pelo dinheiro, é uma maneira um tanto engenhosa de organizar a produção. Na medida em que cada indivíduo subordina sua existência à tarefa que lhe cabe nessa gigantesca organização social chamada sociedade capitalista, é de esperar que, "no conjunto da obra", esse arranjo pareça bastante funcional. *Não há como negar* que, excluindo todas as demais dimensões da vida humana, o capitalismo é um eficiente sistema produtor de mercadorias (...) ("Marcelo Manzano, Eu e o Mundo", *Caros Amigos*, nº 54, set. 2001).

(14) Ainda é cedo para garantir que a prioridade à área social apregoada pela campanha petista será transformada em realidade; afinal, o orçamento continua apertado.
É certo, porém, que o Partido dos Trabalhadores é responsável pela elaboração de boa parte dos programas implementados em âmbito federal na era FHC, sobretudo os testados por administrações petistas, como o Renda Mínima e o Bolsa-Escola. Logo *parece sensato* acreditar que a área social será o eixo do governo Lula ("A Prioridade nº 1", *VEJA*, nº 1726, 30 de outubro de 2002, p. 58).

(15) Há, *obviamente*, um espaço autônomo na política. A política faz-se com ética, e tem de se fazer com ética (...). *Obviamente*, o que não cabe nessa leitura é que se faça um discurso ético de um lado e, depois, se faça uma política por outro, que por vezes é extremamente pouco ética, digamos assim ("O mundo resiste", entrevista com Boaventura de Sousa Santos, *Caros Amigos*, nº 78, set. 2003, p. 34).

(16) Nestes últimos dias Toninho andava tenso e irritado sem dizer por quê. *Talvez* fosse pelos problemas que enfrentava na região de Viracopos (...) ("Quem matou Toninho do PT?", *Caros Amigos*, nº 78, set. 2003, p. 270).

Os *modalizadores de caráter deôntico* indicam o grau de imperatividade/facultatividade atribuído ao conteúdo proposicional:

(17) *É indispensável* que se tenha em vista que, sem moralidade, não pode haver justiça social.

(18) As normas para a seleção ao doutorado preveem a apresentação de um projeto de tese. *Opcionalmente*, porém, os candidatos poderão anexar outros trabalhos que permitam avaliar sua capacidade de pesquisa.

(19) *É preciso* erradicar essa culpa terrível e mostrar que, ao contrário do que se propaga por aí, professor universitário não é subprivilegiado e cúmplice da tragédia nacional (...) (Nildo Ouriques. "O reitor necessário em Santa Catarina", *Caros Amigos*, nº 78, set. 2003, p. 43).

Os *modalizadores axiológicos* expressam uma avaliação dos eventos, ações, situações a que o enunciado faz menção. Vejam-se os exemplos a seguir:

(20) (...) *Curiosamente*, ao mesmo tempo em que proliferam alternativas de consumo e deleite através dessa potente máquina produtora de todo e qualquer tipo de mercadoria, nossos interesses tendem a convergir para atividades cada vez mais especializadas e descoladas das outras esferas da vida. Com a vista ofuscada, dedicamos nossos dias a conquistar um horizonte de sonhos que já não sabemos como desfrutar.
Mais uma vez, o capital demonstra sua maestria na arte do ilusionismo, operando a inversão entre o que é anseio e o que é dever e fazendo-nos crer que nos libertamos quando nos sujeitamos ("Marcelo Manzano, Eu e o Mundo", *Caros Amigos*, nº 54, set. 2001).

(21) Ainda não se sabe ao certo quem matou Toninho do PT. *Inexplicavelmente*, o caso foi dado como encerrado e não se falou mais nisso.

(22) *Diligentemente*, a polícia saiu no encalço do sequestrador e conseguiu prendê-lo antes que deixasse a cidade.

Modalizadores atitudinais ou *afetivos* são aqueles que encenam a atitude psicológica com que o enunciador se representa diante dos eventos de que fala o enunciado:

(23) *Lamentavelmente*, a Universidade contribuiu para o colapso ecológico da Ilha, destruindo a mata e jogando objetos químicos no mangue (...) ("Nildo Ouriques, o reitor necessário em Santa Catarina", *Caros Amigos*, nº 78, set. 2003, p. 43).

(24) *Desgraçadamente*, nem sempre se pode confiar nas notícias veiculadas pela grande imprensa.

(25) *Infelizmente*, nossas demais prioridades também continuam sendo as de sempre, mas há pelo menos uma tendência animadora à vista (...) ("Carta do Editor", *VEJA*, nº 1630, 5 de janeiro de 2000, p. 141).

Funcionam como *atenuadores* aqueles que têm em vista a preservação das faces dos interlocutores:

(26) *Talvez fosse melhor* pensar em modificar o atual estatuto, que, *ao que me parece*, apresenta algumas lacunas que poderão criar problemas futuros.

(27) *No meu modesto modo de entender, creio que* deveríamos refletir um pouco mais sobre essa questão.

Incluem-se neste tipo, também, os articuladores *ainda é cedo* e *parece sensato* que aparecem no exemplo (14).

São *delimitadores de domínio* (*hedges*) os marcadores que explicitam o âmbito dentro do qual o conteúdo do enunciado deve ser verificado (= estou falando do ponto de vista **x**):

(28) bem me pediram para falar sobre o terreno... em princípio realmente eu... fico sem saber o que dizer... fui pegada de surpresa... mas... tenho um roteiro... o que me tranquiliza mais um pouco... ((ri)) éh: *geograficamente falando*... o tipo de terreno... que nós encontramos... por exemplo o terreno plano... o terreno plano... aparentemente é um terreno bom... (DID REC 265: 1-5).

Um outro tipo de modalizadores é o dos *comentadores da forma como o enunciador se representa perante o outro no ato de enunciação*, ou seja, por meio dos quais o enunciador se representa perante o interlocutor como sendo franco, honesto, sincero:

(29) *Falando francamente*... não consigo entender o que você está querendo insinuar. ("eu estou sendo franco ao dizer **x**")

(30) *Honestamente*, não se pode fala em corrupção no caso em tela.

6.2. Articuladores metaformulativos

Como foi visto no capítulo anterior, o locutor, por meio de enunciados metaformulativos, procede a reflexões sobre a forma do dito, por exemplo, sobre a adequação dos termos empregados, a função de um segmento em relação ao anterior. Os enunciados metaformulativos costumam vir introduzidos por marcadores que indicam o tipo de função que desempenham.

Entre as funções dos articuladores metaformulativos, podem-se mencionar as seguintes (cf. também Jubran, 2003):

– ***Sinalização de busca de denominações***

A busca de denominações, como mostra Jubran (2003), pode ser sinalizada por expressões como *mais precisamente, sobretudo, isto é, quer dizer*, que, ao mediarem duas *opções*, indicam que a segunda é mais apropriada do que a primeira. Em vez das *expressões* acima citadas, pode ocorrer a alternativa *ou*, como em (8), em que a *inserção ou precisão* provoca um retorno, no eixo sintagmático, ao núcleo do SN *precedente* (*exatidão*), substituindo-o, enquanto alternativa de opção lexical mais adequada ao contexto (precisão do desenho):

> (31) Inf – bom ... outra coisa que nós vamos ver ... nos slides na na aula que vem ... é a extrema precisão do desenho ... eles conseguem chegar a uma fidelidade linear
> ... da natureza ... à extrema exatidão do desenho ... *ou* precisão ... e eles conseguem chegar ... a é óbvio uma evolução certo? (EF SP 405: 388-394).

A busca de denominações pode realizar-se, também, por justaposição ou alternância de sinônimos, que ou podem se excluir, de modo que o último será mais apropriado às necessidades do locutor, ou podem reforçar-se uns aos outros e, por acumulação, transmitir o significado desejado. Essa segunda possibilidade ocorre em (32), em que o parêntese contém uma lista de sinônimos (*ou três perspectivas ou três linhas ou três maneiras*), que acabam por clarear o significado do SN precedente *os três saberes.*

> (32) Inf – mos:tra ... num é? nesse trechozinho ... *ou* nessa citação
> ... que os... três
> ... saberes

ou três perspectivas *ou* três linhas *ou* três maneiras... de se olhar o direito mostra que... todas três... na realidade... definem... classificam... e têm...proposições
sobre as relações... pertinentes ao direito... (EF REC 337: 295-300).

– Indicação do estatuto de um segmento textual em relação aos anteriores

Efetua-se por meio de marcadores como *em síntese*, *em suma*, *resumindo*, *a um acréscimo a*, *em oposição a*, *para terminar*, etc. Vejam-se os segmentos (33) e (34):

(33) Genoveva não se defendia de um erro ou de um perjúrio; não se defendia de nada; faltava-lhe o padrão moral das ações. O que dizia, *em resumo*, é que era melhor não ter mudado, dava-se bem com a afeição do Deolindo, a prova é que quis fugir com ele; mas, uma vez que o mascate venceu o marujo, a razão era do mascate, e cumpria declará-lo (Machado de Assis. "Noite de Almirante", *Antologia de Contos*).

(34) Mesmo inexistindo um vínculo de retomada direta entre uma anáfora indireta e um cotexto antecedente ou posterior persiste um vínculo coerente na continuidade temática que não compromete a compreensão. *Em suma*, a anáfora indireta é um caso de referenciação textual, isto é, de construção, indução ou ativação de referentes no processo textual-discursivo (Marcuschi, L.A. *O barco textual e suas âncoras*, 2001: 2 [mimeo]).

– Introdução de tópico

A introdução de tópico é, frequentemente, marcada por articuladores do tipo: *quanto a*, *em relação a*, *no que diz respeito a*, *a respeito de*, *no que tange a*, *no que concerne a*, *com referência a*, *relativamente a*, etc.:

(35) *A respeito da questão racial no Brasil*, gostaria de dizer que ela constitui um problema ainda não totalmente resolvido.

– Interrupção e reintrodução de tópico (marcadores de digressão, "bracketing devices")

> (36) Quanto aos estudos sobre o humor sabe-se que, embora não houvesse pesquisa sobre o humor, ele é objeto de teorias desde Platão até nossos dias. Aristóteles já dizia que o riso é algo próprio do homem. Isto na segunda parte de sua *Poética* onde ele discorre sobre o humor, o riso, a comédia, a arte que nasce dos "simples", isto é, do povo. Infelizmente, parece que a segunda parte de sua "*Arte Poética*", a que tratava da comédia, se perdeu. *É interessante lembrar que* a leitura dessa obra é o motivo que Umberto Eco usou na composição do seu *O Nome da Rosa*, onde toda a trama ocorre pela proibição de ler algo que falava do riso, algo que não era de Deus, mas do demônio. *Voltando ao assunto do humor*, registramos... (Travaglia, L.C. *O que faz quem rir: o humor na televisão brasileira*, 1989)

No exemplo acima, pode-se verificar em que medida os articuladores utilizados são responsáveis pela organização tópica do trecho em questão: o tópico é introduzido pelo articulador *Quanto a...*, interrompido por *É interessante lembrar que...* e, em seguida, retomado por *Voltando ao assunto...*

– Nomeação do tipo de ato discursivo que o enunciado pretende realizar (a título de esclarecimento/de comentário, de crítica..., cabe a pergunta, a indagação... etc.)

> (37) O juiz não considerou as provas suficientes para a condenação do réu. *Cabe a pergunta*, contudo: será que o rapaz, quando posto em liberdade, será ressarcido dos danos morais e financeiros acarretados pela detenção indevida?

6.3. Articuladores metaenunciativos

Estes articuladores introduzem enunciados que atuam no âmbito da própria atividade enunciativa, tomando-a como objeto de reflexão, ou seja, enunciados que evidenciam a propriedade autorreflexiva da linguagem. Dessa forma, a instância da enunciação é introjetada nos enunciados, instituindo-os simultaneamente como evento e como objeto de menção. Entre esses, destacam-se marcadores discursivos como *digamos assim*, *podemos dizer assim*, *por assim dizer*, *como se diz habitualmente*, *vamos dizer assim*, que precedem ou sucedem um determinado elemento do discurso:

(38) Inf – pronto ... foi mais fácil ainda José do que a sua ... resposta ... não é? ele foi mais prático ... *vamos dizer assim* ... não é que você esteja incorreto de jeito nenhum mas é que ele foi ele resumiu ... não é? ele foi bem rápido pronto ... (DID REC 337: 502-506).

(39) Inf – os sindicatos são realmente entidades ... que têm ... determinados elementos ... que são considerados como postos ... de/*quer dizer* ... que são considerados como elementos chaves ... dentro da sua estrutu:ra ... temos por exemplo um presidente ... um secretário ... um tesoureiro que são *por assim dizer* ... as peças chaves ... as vigas mestras ... dos sindicatos ... (DID REC 131: 92-96).

(40) Doc. algodão... lembra como é que se planta o algodão como é que se colhe? Inf. – Como plantar já não me lembro... agora:: a colheita era feita... também... manualmente por... muitas pessoas... e também mulheres participavam... e::iam... iam colhendo mesmo os::... aqueles chumaços de algodão e colocando no saco
Doc. e depois? Isso... era guardado em algum lugar?
Inf. – Depois era... eram... *vamos dizer ensacado... espécie de fardo...* agora eu me lembro que tinha o caroço do algodão mas não me lembro como se tirava o caroço... (DID SP 18: 373-384).

7. CONSIDERAÇÕES FINAIS

Os articuladores – em sentido amplo, como aqui postulado – são, como se pode facilmente concluir, multifuncionais. Verifica-se, também, que um mesmo operador, conforme o contexto textual-discursivo, pode estabelecer tipos diferentes de relações significativas e, dessa maneira, ser classificado de formas diferentes. Esses elementos linguísticos operam a progressão textual, desempenhando nela funções das mais variadas, de ordem cognitiva, discursivo-argumentativa, organizacional, metaenunciativa e interacional. Desta forma, não apenas são responsáveis, em grande parte, pela coesão textual, como também por um número bastante significativo de indicações ou sinalizações destinadas a orientar a construção interacional do sentido e, portanto, da coerência.

BIBLIOGRAFIA

GÜLICH, Eli. *Makrosyntax der Gliederungssignale im Gesprochen Französisch*. München: Fink, 1970.

JUBRAN, Clélia C. Abreu Spinardi. "Parentização". In: JUBRAN, C.C.A.S. & KOCH, I.G.V. Gramática do português culto falado no Brasil. Campinas: Ed. da Unicamp, 2003, p. 301-357.

KOCH, Ingedore G. Villaça. *Argumentação e linguagem*. São Paulo: Cortez, 1984.

______. *A coesão textual*. São Paulo: Contexto, 1989.

______. *A inter-ação pela linguagem*. São Paulo: Contexto, 1992.

______. O *texto e a construção dos sentidos*. São Paulo: Contexto, 1997.

MAINGUENEAU, Dominique. *Elementos de linguística para o texto literário*. Trad. brasileira. São Paulo: Martins Fontes, 1996 (*Éléments de linguistique pour le texte littéraire*. Paris: Bordas).

SANTOS, Leonor Werneck dos. *Articulação textual na literatura infantil e juvenil*. Rio de Janeiro: Lucerna, 2003.

(1ª versão em "As marcas de articulação na progressão textual" – aceito para publicação em livro em homenagem aos 70 anos do professor Eberhad Gärtner. Frankfurt am Main: Alemanha. [no prelo].)

7. TEMATIZAÇÃO E REMATIZAÇÃO NO PORTUGUÊS FALADO NO BRASIL

1. INTRODUÇÃO

É sabido que cada língua apresenta uma variedade de formas de expressão, abrindo-se, dessa maneira, para o falante um amplo espaço de formulação, de escolha entre um leque de opções. Assim, a construção dos sentidos no texto depende, em grande parte, das escolhas que ele realiza.

As várias maneiras de efetivar, nos textos, a articulação tema-rema constituem um desses feixes de escolhas significativas. Serão examinadas, aqui, as diferentes formas de articulação tema-rema, com ênfase especial naquelas em que, em virtude de deslocamentos de constituintes, ocorre algum grau de segmentação sintática do enunciado – casos em que o falante opta pela utilização de *estratégias de tematização* e *de rematização* –, bem como descrever as nuances de sentido que cada uma delas, quando posta em ação, viabiliza.

Os conceitos de *tema* e *rema* em questão são aqueles postulados pelos autores da Escola Funcionalista de Praga (Daneš, Firbas, Sgall, entre outros), ou seja: do ponto de vista funcional, cada enunciado divide-se em (pelo menos) duas partes – tema e rema –, a primeira das quais consiste no segmento sobre o qual recai a predicação trazida pela segunda. Isto é, tem-se um segmento comunicativamente estático – o tema – oposto a outro segmento comunicativamente dinâmico – o rema, núcleo ou comentário. Não se trata aqui apenas de um critério posicional (ponto de vista defendido, como se sabe, por muitos linguistas), mas de um critério funcional, fortemente relacionado à prosódia do enunciado (portanto, verificável especialmente na fala) e, sob muitos aspectos, associado às noções de dado e novo.

No dizer de Ilari (1992: 25), "a Escola Funcionalista de Praga desenvolve em suma uma linguística da *fala* (...) e insiste no fato de que se podem encontrar regularidades, que autorizam tentativas de organização e descrição, mesmo no nível da oração realizada (*utterance*). Ora, ao analisar orações efetivamente realizadas, e não apenas orações que sirvam de exemplo de boa formação sintática, constata-se que, enquanto unidade comunicativa, a oração serve aos locutores para realizar uma dupla função: a de estabelecer um elo com a situação de fala, ou com o texto linguístico que a precedeu, e a de veicular informações novas". Assumindo tal posição, tomaremos como unidade básica de análise o *enunciado* ou a *unidade comunicativa* (Marcuschi, 1986: 62), embora, como será ressaltado mais adiante, uma construção com tema marcado possa ter, em muitos casos, a função de delimitar segmentos tópicos ou indiciar a introdução ou a mudança de tópicos discursivos.

Em termos da articulação tema-rema, particularmente em se tratando da língua falada, tem-se, como mostram Koch & Oesterreicher (1990), ao lado de casos de integração sintática plena (construções não marcadas, em que o rema, portador de informação nova, sucede naturalmente ao tema, que veicula a informação dada), uma série de padrões expressivos em que se pode falar de *segmentação* e/ou de *deslocamento de constituintes*. A segmentação será aqui entendida como qualquer tipo de alteração da ordem não marcada, devida a uma ruptura ou alteração na ordem não marcada dos constituintes, com vistas à extração ou *mise-en-relief* de um constituinte do enunciado, dando origem a construções de tema ou rema marcados. Daneš (1967) já afirmava que a ordem dos constituintes que seria de se esperar por razões de ordem sintática é frequentemente infringida por razões de ordem funcional.

Existem, assim, duas grandes modalidades de sequenciação tema-rema:

1) sequências em que ocorre plena integração sintática entre elementos temáticos e remáticos, sem qualquer tipo de segmentação (construções não marcadas), que constituem o padrão, sendo comuns à oralidade e escrita;
2) construções com tema ou rema marcados (em consequência do emprego de estratégias de tematização e de rematização), com graus mais reduzidos de integração sintática, devidos à ocorrência de segmentação, nos termos anteriormente definidos.

Aqui será enfocada a segunda modalidade. Serão examinados casos de deslocamento (anteposição e posposição) de elementos temáticos e remáticos. Em se tratando de tematização, serão examinados especialmente os exemplares de temas marcados representados por SNs. Não se tratará, portanto, de todos os casos de anteposição de constituintes, como, por exemplo, a anteposição dos diversos tipos de construções adverbiais, a não ser que estas venham a assumir a forma de sintagmas nominais não preposicionados (*SPs sem cabeça*, na terminologia de Kato, 1989) ou a configurar o tipo específico de tematização marcada derivada da anteposição do que, nas gramáticas tradicionais, se costuma denominar *adjunto adverbial de assunto* (cf. item 1.1, caso 1).

Levar-se-ão em conta, na análise, os seguintes critérios: a) grau de integração sintática do enunciado, nos moldes postulados por Koch & Oesterreicher (1990); b) procedimentos linguísticos utilizados para realizar a tematização ou a rematização (marcas); c) funções discursivas das construções resultantes de segmentação.

O campo de análise situa-se, pois, na interface sintaxe-discurso.

2. SEQUÊNCIAS TEMA-REMA

O papel das construções segmentadas é, em se tratando de construções com *tema marcado*, destacar um elemento do enunciado, colocando-o em posição inicial, com o objetivo de indicar para o interlocutor, desde o princípio, aquilo de que se vai tratar; ou em posição final, para fornecer um esclarecimento a mais, uma complementação, um adendo. O emprego dessas construções permite, assim, operar um tipo de hierarquização das unidades linguísticas utilizadas, trazendo uma contribuição importante para a coerência discursiva, da mesma forma que a anteposição do rema ao tema desempenha funções discursivas e interacionais relevantes, conforme será visto a seguir.

Passaremos, pois, a examinar as sequências tema-rema de acordo com os critérios acima explicitados.

2.1. No que diz respeito aos *graus de integração sintática*, na acepção de Koch & Oesterreicher (1990), podemos destacar os seguintes casos, partindo-se do grau máximo em relação ao grau mínimo de integração:

a) construções com tematização marcada, introduzidas por expressões do tipo *quanto a...*, *no tocante a...*, *no que diz respeito a...*, *com referência a...*, etc., que, devido ao alto grau de integração, são comuns às modalidades oral e escrita, sendo mais frequentes na comunicação relativamente formal. Trata-se, nesse caso, do que a gramática tradicional descreve como anteposição do adjunto adverbial de assunto. Além do enunciado que introduz o presente item, vejam-se, por exemplo:

(1) *Em relação às bancadas*, os quercistas sentem maiores dificuldades no Senado. Um grupo de senadores chegou a convidar o governador Luiz Antônio Fleury Filho (SP) para uma conversa anteontem, em Brasília (*Folha de São Paulo*, 19/3/1993, 1-9).

(2) ... e nós temos boas orquestras também ( )... inclusive na Tupi temos boas orquestras e temos... e *no que tange à nossa música popular* eu acho que:: agora a televisão está abrindo as portas... para a nossa música popular coisa que o rádio não faz... (D2 SP 333: 335-339).

(3) então... *sobre o problema do primário* ... essa reforma do primário e ginásio eu não estou muito a par não, né? (DID SSA 231: 17-19).

Ilari (1992: 58) acrescenta a esse tipo de construção enunciados introduzidos mediante expressões como "por falar em...", "a propósito de...", "já que você tocou em"/"já que estamos tocando em..." e outras, bastante comuns na interação informal face a face.

b) construções com tema marcado, em que ocorre a anteposição de um elemento do enunciado que tem nele função sintática bem definida, a qual é depois confirmada pela presença de um elemento de retomada (pronome-sombra) no interior do comentário.

Segundo Lambrecht (1981), "a coocorrência de um nome e de um pronome anaforizado nas construções deslocadas é a manifestação formal de um princípio funcional: a codificação de uma relação tema-propósito na estrutura de superfície do enunciado".

Blasco (1995), por sua vez, acusando de reducionistas as análises puramente temáticas ou discursivas, procura mostrar a importância de se levarem em conta as propriedades morfossintáticas dos elementos que entram nessas construções e, em especial, de se distinguir entre deslocamentos para diante do verbo e deslocamentos para depois do verbo, já que, para ela, tanto a posição como a forma morfológica e a função sintática do elemento deslocado são indissociáveis de seu valor informacional. Tais questões serão retomadas mais adiante. Limito-me, por ora, a apresentar alguns exemplos do caso em tela:

(4) ... ele vai ao jogo de futebol com o tio... porque *o Nélson*.... fins de semana *ele* estuda então:: quase não sai com a gente... (D2 SP 360: 1356-1358).

(5) então *o Japão... ele*... desde o seu início... ((interferência de locutor acidental)) desde o seu início... *ele* tinha... *ele* contava como força fundamental das suas cidades- colônias... os dois fatores ... (EF/RJ 379: 53-56).

(6) *esses Bicudos* ... parece-me que *um deles* foi para:: região de Itu... e *o outro* entrou... para o vale do Paraíba... (DID SP 208: 551-553).

(7) como assim? não entendi a sua dúvida por exemplo *o:: ... lemingue* toda vez que tem superpopulação *eles* vão para o mar e:: se matam aos montes... (D2 SP 343: 1466-1468).

(8) *esse problema de puxar pela criança* – "Ah, não deve puxar pela criança" – eu acho que *isso* não funciona muito. (NURC SSA DID 231: 93-95).

Cabe observar que, quando o elemento de retomada é, como no exemplo (8), um pronome demonstrativo ou indefinido como *isto*, *isso*, *aquilo*, *tudo*, etc., ele remete, frequentemente, a porções textuais precedentes, que encerram conteúdos expressos ou subentendidos, cuja delimitação nem sempre é fácil de se efetuar com precisão.

c) construções com tema marcado, sem retomadas pronominais, isto é, com elipses (categorias vazias), mas em que a função sintática do elemento tematizado, no interior do enunciado na ordem não marcada, seria, em geral, bem definida:

(9) *bebida alcoólica*... eu gosto muito (**0**) ... sabe? (DID RJ 328: 773).

(10) mas eu:: ahn *merenda escolar* eu tenho pouca noção (**0**)... (DID RJ 328: 510-511).

(11) ... eu não viajo nem num outro carro acima de oitenta ou noventa... de velocidade... *a Kombi* dá pra fazer isso (**0**) de modo que eu vou tranquilo (D2 SSA 98: 144).

(12) *Olinda* ninguém mora (**0**)... ninguém diz é lá que eu moro... não... diz é lá que eu pernoito (D2 REC 05: 1094-1096).

(13) as comidas baianas eu gostei muito (**0**) sabe? (DID/RJ 328: 167-168).

(14) ...então *a menopausa*... é::... nós vamos notar uma diminuição considerável d/dos hormônios... dessas glândulas mamárias (**0**) ... (EF SSA 049: 62-64).

Casos dos tipos b) e c) são extremamente comuns em nosso *corpus*, nos três tipos de inquéritos, com o elemento tematizado exercendo as mais variadas funções sintáticas no enunciado. Há exemplos em que os dois tipos encontram-se lado a lado, como em:

(15) ... mas o *campo deles* eu acho que (**0**) está muito mais saturado do que o nosso... tanto é que:: ... eu conheço ...em:: *advogados* que eles estão trabalhando como...auxiliares na nossa própria empresa entende?... (D2 SP 62: 1199-1203).

Em outros casos, temos a coexistência dos tipos c) e a), como se pode verificar no exemplo (3) aqui reproduzido:

(3) então... *sobre o problema do primário ... essa reforma do primário e ginásio* eu não estou muito a par (**0**) não, né? (DID SSA 231: 17-19).

d) construções com tema livre ("*tema pendens*", "*hanging topic*"), antecedendo uma sequência oracional, sem explicitação do nexo sintático e/ou lógico-semântico:

(16) agora H. ah:: *filme... água com açúcar* – digamos assim – para a gente ver certas coisas que a gente vê:: americanas principalmente... antes A Moreninha né? (D2/SP 333: 779-781).

(17) ... ***o direito***... *o fenômeno jurídico*... você olha... *o fenômeno jurídico* ... através de uma perspectiva... (EF/REC 337: 33).

Em (17), acumulam-se dois segmentos tematizados, o primeiro – o direito – um "*hanging topic*" e o segundo – o fenômeno jurídico – do tipo b), com as peculiaridades que serão apontadas no item 2.2.

e) construções com deslocamento, para o final, de um elemento do enunciado que, no interior deste, é representado apenas por meio de um pronome ou de uma categoria vazia. Trata-se de um procedimento bastante produtivo, em que o SN deslocado convalida o referente da forma pronominal, precisando-o melhor ou chamando a atenção sobre ele, desambiguizando, assim, a mensagem e facilitando a compreensão. Lambrecht (1981) chama a atenção para a importância, no francês não *standard*, dessas construções, que denomina *antitópicos*, exemplificadas, entre muitas outras, pelo grito de guerra de Astérix: "*Ils sont fous, ces romains*". Vejam-se os seguintes exemplos, extraídos do nosso *corpus*:

(18) L1 e... depois volto para casa mas chego já apronto *o outro* para ir para a escola... *o menorzinho*... e fico naquelas lides domésticas... (D2 SP 360: 157-159).

(19) ... então os ingleses estão importando os filas naciona/ brasileiros... Para... amansarem – *isso* que é lindo *a contribuição do Brasil para a paz* ((risos)) – não digo entre os povos mas pelo menos entre os cães – para amansar os cães de guarda... ingleses que eram muito ferozes... (D2 SP 333: 1057-1062).

(20) L2 grande oportunidade para os nossos artistas não é?
L1 isso é muito bom:: eh:: e ain/e:: e a novela puxa o disco porque na vendagem dos discos *eles* são muito ... requisitados *esses discos de novela* né? (D2 SP 4333: 530-533).

Na terminologia de Blasco (1995), temos aqui o deslocamento para depois do verbo. Segundo a autora, nesses casos, o elemento lexical deslocado para depois do verbo é sempre uma espécie de lembrete ("*rappel*") lexical, referencial e sintático. Para ela, o referente do sintagma deslocado não pode ser pressuposto: será sempre um referente conhecido e dado pelo contexto anterior. Contudo, não são raros casos em que o referente – mesmo tendo sido mencionado ou indiciado, de alguma forma, no contexto anterior, sendo, portanto, dado ou inferível a partir deste – não é facilmente determinável, visto que exige um "cálculo" por parte do interlocutor, de modo que o uso desse tipo de construção tem por fim, justamente, deixar claro, precisando-o melhor, o referente de que se trata, como é o caso em (18) e (20). Observe-se, ainda, que *isso*, no exemplo (19), parece funcionar, simultaneamente, como anafórico e catafórico, isto é, remete tanto ao que o precede, como ao que vem na sequência.

f) construções em que se justapõem dois blocos de informação, sem qualquer ligação sintática. Por exemplo:

(21) e os amigos... nada... (embora se trate de um exemplo criado, construções desse tipo são extremamente comuns na fala espontânea).

(22) porque a telenovela... como é feita aqui é um gênero ... que o estrangeiro... o estrangeiro... de bom nível intelec/intelectual que chega ao Brasil... se enamora das boas novelas bem entendido então Gabriela ... conversei com um professor francês que disse que jamais isso veria nada parecido em Paris... que achava a televisão que se fazia lá... do ponto de vista ficcional... era... infinitamente pior... porque... eles não tem:: *eles /eh em matéria de ficção são os velhos filmes não é?* (D2 SP 333: 385-394).

2.2. Quanto aos *procedimentos linguísticos utilizados*, podem-se, pois, arrolar os seguintes:

2.2.1. *Deslocamento à direita* do SN extraído, com presença de uma forma pronominal no lugar do elemento extraído (exs. 18, 19, 20)

2.2.2. *Deslocamento à esquerda*:

a) com o uso de expressões tematizadoras (exs. 1 a 3);
b) com retomada do elemento tematizado no interior do enunciado (exs. 4 a 8);
c) sem retomada do elemento tematizado no interior do enunciado (exs. 9 a 14).

2.2.3. *Sem deslocamento*, com o enunciado cindido em duas partes, isto é, com mera justaposição, acompanhada de entonação específica (exs. 20 e 21)

Nos casos de deslocamento com retomada do elemento tematizado, é interessante examinar a *natureza do elemento deslocado* (função sintática e categoria sintagmática), bem como a do elemento utilizado como repetidor.

Quanto à *função sintática* do elemento deslocado (coindexado):

a) Sujeito:

(23) ... *a glândula mamária*... como vocês estão vendo... *ela* representa a forma de uma semiesfera... de uma semiesfera... (EF SSA 049: 41-42).

(24) então *a minha de onze anos... ela* supervisiona o trabalho dos cinco... (D2 SP 360: 61).

b) Sujeito da subordinada:

(25) *medicina* você sabe que (**0**) é prática (DID SSA 231: 145).

(26) ... *a Air France* a gente só ouve falar que (**0**) dá prejuízo... (D2 RJ 355: 1203-1204).

c) Complemento:

(27) inclusive *o tal pato no tucupi* eu achei (**0**) muito ruim ((rindo)) sabe... (DID RJ 328: 140-141).

(28) mas eu... ahn... *merenda escolar* eu tenho pouca noção (**0**) (DID RJ 328: 512)

(29) *doce em calda* ... eu não vi (**0**) não... (DID RJ 328: 287-288).

d) Complemento da subordinada:

(30) *essas outras peças que eu tenho assistido* eu não acho que o público se manifestasse assim aplaudindo (**0**) (DID SP 234: 116).

e) Adjunto (indexado à posição não-V-argumental), dando origem a "SPs sem cabeça":

A questão do "SP sem cabeça" vem sendo objeto de estudos na área da sintaxe (cf., por exemplo, Kato, 1989) e na interface sintaxe/discurso (cf. Pontes, 1987): em sendo o elemento tematizado um adjunto adverbial introduzido por preposição, ao operar-se o deslocamento para a esquerda, a preposição é, com grande frequência, omitida na fala. Isto me leva a discordar de Ilari (1992: 56), quando afirma haver "uma compulsão para preposicionar o tópico quando falta um pronome-sombra no comentário" (o que explicaria, inclusive, o uso do objeto direto preposicionado), mesmo porque tal uso fica praticamente limitado à linguagem escrita ou à fala altamente formal.

(31) *Paris* eu não pago hotel... *Paris*... eu fico na casa de um amigo... apartamento de um amigo... (D2 RJ 335: 83).

(32) *Drama* já basta a vida (DID SP 234: 155).

(33) *o Amazonas* é impressionante o número de frutas (DID RJ 328: 85).

2.3. Quanto à *categoria sintagmática* do elemento deslocado:

a) SN – simples ou complexo: veja, por exemplo, (27), (28), (29).
b) Pronome – pessoal ou dêitico:

(34) *eles* também *eles* comem muitas coisas... (DID RJ 328: 171).

(35) Olhe *isso* eu repito (**0**)... (EF REC 337: 140).

(36) é... *isso* eu já estou sabendo a causa (**0**) (D2 SP 343: 625).

Caso interessante é o seguinte, que parece "ir contra" as regras de anaforização, já que o pronome vem antes de seu referente, ou seja, age cataforicamente:

(37) L. ...inclusive o pato no tucupi eu achei muito ruim... sabe... eu não gostei realmente... achei ruim demais... não... não sei se é por que não é... eles acham aquilo maravilhoso... né... mas pro meu gosto [Doc. como é... você sabe?]

L. é o pato é assim... *ele* vem *o pato* cozido feito uma espécie de canja... (DID RJ 328: 140-147).

Talvez se pudesse classificá-lo como um deslocamento à direita, mas não me parece ser este o caso. Seria algo como: "Nesse prato (pato no tucupi) o pato vem cozido...".

c) SP:

(38) *De primeira classe* hoje em dia aqui nós temos poucas (**0**) (D2 SSA 98: 194).

d) SP sem cabeça:

(39) ... *o Amazonas* é impressionante o número de frutas... (DID RJ 328: 90-91)

(40) L2 houve um filme que foi baseado em três contos um deles de Machado de Assis... outro de... Machado de... Aníbal Machado e *o terceiro* eu não me lembro o nome que era o escritor (**0**) eram três escritores nossos... (D2 SP 333: 750-754).

2.4. Quanto à *categoria sintagmática do elemento coindexado interno ao enunciado*: embora se costume dizer que o caso mais comum é a retomada através de um pronome-cópia ou pronome-sombra (pessoal, demonstrativo, partitivo), são mais frequentes em nosso *corpus* as retomadas através da repetição integral ou parcial do próprio elemento lexical anteposto, como foi também constatado por Koch (1992) e Callou; Moraes; Leite; Kato *et alii* (1993) e se pode ver nos exemplos seguir:

(41) ... então *a salada* pro... pro pessoal de Buenos Aires *a salada* se resume a alface e tomate... (DID RJ 328: 231-232).

(42) Doc. a que se deve esse hiato que o senhor mencionou?
Inf. o quê?
Doc. esse hiato
Inf. *esse hia::to* olha é um pouco difícil de se estabelecer assim:: a ... causa *desse hiato* porque ... o... essa... (é) o Orfeu do Carnaval se eu não::estou bem lembrada da data... mas me parece que foi num momento... (D2 SP 333: 698-704).

(43) não... tu vês... por exemplo... o peixe ... *peixe* aqui no Rio Grande eu tenho impressão que se come *peixe* exclusivamente na Semana Santa... (D2 POA 291: 25-26).

(44) *um arquiteto que se forma*, o salário inicial de *arquiteto* (es) tá em torno de quatro mil e quinhentos cruzeiros... (D2 RJ 335: 265-267).

2.5. *Particularidades da tematização:*

Relevante é lembrar, como o faz também Blasco (1995: 53), que os elementos lexicais deslocados para diante do verbo, mesmo que já tenham sido mencionados no contexto precedente, nem sempre correspondem a entidades *dadas*, no sentido de informação velha, de modo que se faz preciso distinguir entre retomada lexical e retomada referencial.

Há casos, por exemplo, em que se antepõe ao verbo um SN genérico, que é depois retomado no interior do enunciado por um pronome ou um SN definido, que refere membros da classe, sendo, pois, ao mesmo tempo, novo e previsível, devido à relação semântica que mantém com o SN já mencionado (isto é, *inferível*, na terminologia de Prince (1981)), como em (45):

(45) como assim? não entendi a sua dúvida por exemplo *o::... lemingue* toda vez que tem superpopulação *eles* vão para o mar e:: se matam aos montes (D2 SP 343: 1466-1468).

Outras vezes, o SN anteposto é retomado apenas parcialmente (cf. ex. 42); ou, então, expande-se, por ocasião da tematização, um SN presente no contexto imediatamente anterior (em exemplos como "*O motor é novo; um motor novo, ele* necessita de um tempo de amaciamento"). Pode ocorrer, também, a tematização de um elemento lexical que designa um *domínio de referência* (*frame*), sendo o elemento de retomada um dos elementos desse domínio (em exemplos do tipo "*O ônibus, o pneu* estava furado"), isto é, o elemento de retomada pode remeter a algum conhecimento pressuposto pelo SN tematizado. Também aqui, o elemento deslocado é, ao mesmo tempo, novo e previsível, em função do nexo semântico que mantém com um elemento precedente.

Há, ainda, casos como o do exemplo (17), em que o "*hanging topic*" – *o direito* – é, em seguida, especificado por outro elemento tematizado – *o fenômeno jurídico* –, sendo este retomado no interior do enunciado.

Interessante é também o exemplo (46), em que o SN complexo tematizado é retomado por outro elemento também tematizado, no caso, o demonstrativo *aquilo*:

> 46) *aquelas matérias todas que publicam ali aquilo* até eu coleciono (**0**) (D2 SP 255: 1176-1177).

Outro caso em que o elemento tematizado não veicula necessariamente informação dada é aquele em que dois enunciados são ligados por conectivos semânticos. Reinhart (1981) defende a posição de que, ao relacionarem dois enunciados, os conectivos semânticos abrem a possibilidade de se introduzir, no tema (marcado) do segundo, informação nova. Seria o caso de:

> (47) L1 agora eu vou por isso só... porque eu tenho que fazer esse negócio e vou aproveitar pra uma coisa que há muito tempo desejava ver... que é o Maquiné...
>
> L2 Maquiné...
>
> L1 ... tem uma visita à gruta do Maquiné... porque *Ouro Preto* eu já conheço já tive lá... *Congonhas* também... de modo que minha pretensão agora é essa... (D2 SSA 89: 432-439).

Contudo, a informação aqui introduzida é nova apenas com relação ao contexto imediatamente precedente: levando-se em conta que *viagens* é o tópico desse segmento e que o locutor está falando de Maquiné, local turístico do Estado de Minas Gerais, e Ouro Preto e Congonhas fazem parte do mesmo *frame* ou domínio de referência.

2.6. Quanto às *funções da tematização*:

Vimos anteriormente que, ao lado das sequências em que há integração plena entre elementos temáticos e remáticos, sem segmentações ou retomadas pronominais – as construções não marcadas, que constituem um padrão neutro em relação a oralidade/escrita – têm-se os procedimentos de tematização marcada, alguns também comuns aos textos falado e escrito (em geral aqueles em que se verifica maior integração sintática), outros típicos apenas da modalidade oral. Pode-se dizer que, de modo geral, ao recorrer às construções com tema marcado, o falante seleciona um elemento (estado de coisas, propriedade, relação, coordenada espacial ou temporal, indivíduo ou grupo de indivíduos, etc.) que deseja ativar ou reativar na memória do interlocutor e sobre o qual seu enunciado deverá lançar nova luz, para apresentar a seguir algo que considera desconhecido por este, que deseja enfatizar ou com o qual pretende estabelecer algum tipo de contraste. É por essa razão que o elemento tematizado desempenha papel relevante no processamento pragmático-cognitivo do sentido, na medida em que esta forma de organização é determinada quer por questões ligadas à continuidade ou mudança de tópico, quer por fatores como facilitação do processamento do texto, interesse, relevância, expressividade, necessidade de se ganhar tempo para o planejamento da parte restante do enunciado, entre outros.

Vejamos um exemplo em que, através da tematização, se introduz um novo segmento tópico:

> (48) Doc. agora aquela zona ali do Paraná... eu tenho parentes lá... *as sobremesas deles* você teve oportunidade de...
>
> L. ah... sobremesas... não... nós não ficamos muito tempo em Curitiba nós. fomos a/viemos.... quando nós voltamos da Argentina nós fizemos pernoite só em Curitiba e viemos... entende? (DID RJ 328: 252-258).

Em (49), por sua vez, a tematização do SN *bebida alcoólica* na resposta do informante assinala a mudança de tópico induzida pela pergunta do doc., pois a informante vinha falando sobre refrigerantes:

(49) *Doc. e bebida alcoólica?*
L. *bebida alcoólica...* eu gosto muito... sabe... e domingo também eu às vezes me dou ao luxo... eh... às vezes a gente põe assim um vinhozinho ... então a gente toma vinho de acordo também com o tipo de comida... se é carne... aqueles hábitos que a gente tem... se é carne é vinho tinto... se é peixe a gente usa vinho branco... (DID RJ 328: 772-778).

O exemplo (4), aqui retomado com (50), é um exemplo em que, através da tematização, ocorre a retomada de um tópico anterior (*Nélson*, marido da locutora, havia constituído o tópico de um segmento tópico anterior do diálogo em que as informantes falavam sobre a profissão dos respectivos maridos):

(50) ... ele vai ao jogo de futebol com o tio... porque *o Nélson*... fins de semana *ele* estuda então:: quase não sai com a gente... (NURC SP D2 360: 1356-1358).

Em (51), temos um caso semelhante: o documentador apresenta um quadro tópico – *derivados do leite* – cujos diversos itens a locutora passa a desenvolver para, no final, através de um "aposto resumitivo", reiterar, sob forma de um antitópico, o tópico que lhe foi oferecido:

(51) Doc. há um derivado da:: do leite... que (assenta) bem em regimes... dependendo do tipo né?...
L. é o *queijo de Minas*... eu o uso:: de manhã às vezes eu como um pedaço de queijo Minas... e quando eu éh quando eu sinto que vou passar (um) período do dia... fora de casa que eu não vou chegar a tempo pra comer meio-dia... eu então levo um pedaço de queijo de Minas... é o que eu uso e/uso também muita *ricota*...
Doc. ah tá...
L. ... gosto muito de *ricota*... sa/*iogurte* às vezes eu em vez de tomar café com leite... eu tomo *iogurte* ou *coalhada* também... que eu gosto... sabe?... eu gosto muito de *coalhada... iogurte esses produtos derivados do leite* eu... mas só... queijos brancos... eu só como queijos brancos (DID RJ 328: 610-623).

Outra função que costuma ser atribuída à tematização é de estabelecer contraste entre a informação veiculada pelo elemento tematizado e alguma informação apresentada anteriormente ou à qual a primeira se opõe. Veja-se, por exemplo:

(52) L2 ... os outros mesmos não se incumbem de colocá-la no lugar dela?
L1 bom... *com uns tapas*... às vezes ela se coloca
L2 ahn
L1 [mas *com palavras* ela não se coloca porque ela
L2 [ahn
L1 aumenta a voz com os irmãos... não é? ... (D2 SP 360: 258-234).

Função interessante é apontada por Blasco (1995: 52). Segundo ela, o deslocamento do SN para diante do verbo funciona como um dispositivo que permite retomar, em posição associada ao sujeito, um elemento lexical com todo o seu peso referencial. Assim, de uma parte, o elemento lexical se desloca no interior do discurso de uma posição construída pelo verbo regente (argumental) a uma posição não construída (não argumental); de outra parte, esse deslocamento permite "retomar" o elemento já citado no contexto anterior em posição associada ao sujeito, podendo-se, assim, dizer que se trata de *uma articulação sintática que organiza a repetição.*

A par de tudo o que foi discutido anteriormente, pode-se afirmar, de conformidade com van Dijk (1982, 1983) ao estabelecer o quadro geral de referência no interior do qual o conteúdo proposicional do enunciado se verifica, a estratégia da tematização desempenha papel de relevo na construção da coerência, tanto no nível local quanto no nível global do texto.

3. SEQUÊNCIAS REMA-TEMA

Ao lado das estratégias de tematização descritas, existem, também, as estratégias de *rematização*, responsáveis pela marcação do elemento focal, frequentemente com a anteposição do rema ao tema.

3.1. Também aqui podem-se observar *diferentes graus de integração sintática*, nos termos de Koch & Oesterreicher (1990):

a) Casos em que se verifica um alto grau de integração sintática é o de algumas das orações, comuns à fala e à escrita, denominadas *cindidas* por Ilari (1992: 43), nas quais ocorrem "partículas de realce" ou construções gramaticais relativas que "desdobram" a oração em duas partes. Tais orações são também denominadas na literatura de *clivadas* (cf., por exemplo, Callou *et alii*, 1993; Braga, 1991), podendo apresentar configurações sintáticas bastante diferentes.

Em (53), que é clivada, bem como em (54), que constitui clivada com inversão (cf. Callou *et alii*, 1993), antepõe-se o elemento focal, ocorrendo, portanto, a rematização:

(53) *é o tal problema que* a gente sente (D2 SP 62: 325-326).
(54) ... *é isso que eu acho* entende? (D2 SP 62: 436).

Já (55) e (56) consistem em exemplos do que se tem denominado pseudoclivada em que ocorre rematização:

(55) *o que me revolta profundamente é* o programa Cinderela (D2 SP 333: 1117).
(56) ... o nosso fila é incapaz dessa antropofagia... sabe?... então *eu achei lindo foi uma uma sequência ontem do Globo Repórter* foi essa da ... criação de filas brasileiros e exportação para a Inglaterra.

b) Construções com rema anteposto, marcado apenas prosodicamente, específicas da modalidade oral. Muitos autores tratam tais exemplos como casos de deslocamento à direita. Ilari, por exemplo (comunicação pessoal), os enquadraria como antitópicos; Kato (1989) os considera exemplos de deslocamento à direita do tópico, que supõem um sujeito nulo. Prefiro, contudo, sustentar a tese da rematização e acredito que uma análise prosódica mais acurada, que pretendo empreender com o auxílio de um fonólogo, deverá vir a reforçar esta posição, já que, também segundo Ilari (1992: 43-44), a expressão do rema está sempre associada a algum tipo de proeminência entonacional. Isto é, ao papel de rema estaria ligado um invariante fonológico que permite seu reconhecimento nas diferentes posições da oração em que possa ocorrer. Cabe ressaltar ainda que esse fato de segmentação só é detectado na relação catafórica. Vejam-se os exemplos a seguir:

(57) ... passei ali em frente à:: Faculdade de Direito... então estava lembrando... que eu ia muito lá quando tinha sete nove onze... (com) a titia sabe?... e:: *está muito pior* a cidade... está... o aspecto dos prédios assim é bem mais sujo... tudo acinzentado né? (D2 SP 343: 20-24).

(58) L1 ... e toda segunda à noite eu passo ali do lado da faculdade certo?

L2 quando você vai pra:: para Aliança né?

[

L1 é quando eu pego o carro... e:: *também é horrível* o aspecto... (parece) assim montoeira de concreto... sem nenhum aspecto humano certo? (D2 SP 343: 28-33).

(59) ... Lins por exemplo não é assim né? você tem... tem um aspecto de::... de acho que *parece bairro* a cidade né? (D2 SP 343: 58-59).

(60) Doc. vocês acham então que o noticiário em TV tem melhorado bastante

[

tem *pode melhorar mais nesse ponto* o o:: telejornal nosso... pode aprimorar bastante... eu acho... bastante (D2 SP 333: 988-902).

Interessante é notar que, no exemplo acima, tem-se um caso de "*Double-bind*" sintático (cf. Franck, 1986): o tema *o o:: telejornal nosso*, posposto ao rema, torna-se, por sua vez, o tema (não marcado) do rema seguinte *pode aprimorar bastante.*

(61) então o cara aí ... analogia né? o cara está no carro mas... o que querem?... *é tribal* a coisa né? (D2 SP 343: 701-702).

(62) e o pato é assim... ele vem o pato cozido feito uma espécie de canja... só que o caldo é justamente é uma água misturada com uma farinha eu acho que é... *é ta/tacacá* se não me engano o nome da farinha que eles usam... (DID RJ 328: 133-136)

c) sequências formadas dos dois blocos – rema-tema – sem verbo, apenas justapostos sem vínculo sintático, em que ocorre um aumento da expressividade, a par de um menor esforço de planejamento. É o que Kato (1989) denomina "*free small clauses*":

(63) ...eu gostei é um filme de amor... umas cenas maravilhosas... *lindo* o filme... eu assisti faz tempo já... (DID SP 234: 335-337).

3.2. Quanto aos *procedimentos linguísticos utilizados*, tem-se, basicamente, o deslocamento à esquerda. Este pode ocorrer acompanhado apenas de marcas prosódicas (casos b) e c)), ou com a utilização de determinadas marcas sintáticas que caracterizam as orações cindidas (caso a)), a saber:

a) expressão *é que (foi que)* delimitando o rema anteposto;
b) expressão *é que (foi(o) que/que)* seguindo o rema anteposto;
c) construções gramaticais usando orações adjetivas, como *o que (me) ... é/foi,* podendo o pronome relativo vir elidido.

3.3. Quanto às *funções* que desempenham as construções com anteposição do rema, verifica-se que estão diretamente ligadas à expressividade e ao envolvimento do falante com o assunto e com o interlocutor, sendo, por isso, mais frequentes na fala do que na escrita, especialmente em situações de interação menos formais.

A anteposição do rema ao tema constitui expressão de alto envolvimento. Na perspectiva do falante, permite-lhe antecipar na formulação aquilo que constitui a meta de sua comunicação; do ponto de vista do interlocutor, tal sequência, normalmente acompanhada de acentuação entonacional do rema, é sentida como marcada relativamente à sequência tema-rema e, portanto, veiculadora de algum tipo de informação discursiva adicional, o que, sem dúvida, compensa o seu duplo custo operacional: o rema fora de sua posição sintática normal e de sua posição em termos da estrutura informacional *dado/novo*.

Assim, no caso das orações cindidas, em que comumente a parte focal representa informação nova e a parte pressuposicional, informação dada, a função é enfatizar o rema anteposto. Dessa forma, um importante fator determinante do uso das cindidas seria o propósito do falante de assinalar uma sutil oposição ou contraste. Segundo Hupet & Costermans (1982: 280), ao usar uma estrutura cindida, a intenção do falante é contrastar sua mensagem com qualquer outra proposição que poderia invalidá-la. Os autores acabam por concluir que, em termos dos componentes pragmáticos determinantes desse uso, as cindidas podem ser vistas como motivadas pela discordância que o falante supõe existir entre a sua posição e aquela que ele se sente autorizado a atribuir ao seu interlocutor. É importante essa ressalva: não se trata da real posição do interlocutor, mas daquela que o falante lhe atribui, isto é, das crenças que, correta ou incorretamente, o falante atribui ao seu parceiro.

Hupet & Costermans ressaltam, ainda, que há casos em que a oração cindida enfatiza não um elemento que poderia ser visto como não partilhado pelo interlocutor, mas um elemento sobre o qual o próprio falante não tinha total certeza até alguns minutos atrás. Aqui seria como se o falante "falasse com seus botões", corrigindo seu ponto de vista anterior.

Ao contrário das estratégias de tematização, que têm sido objeto de ampla gama de investigações, as estratégias de rematização, excetuando-se o caso das orações clivadas e pseudoclivadas, constituem um domínio ainda pouco explorado, pelo menos no que diz respeito ao português (ressalve-se, contudo, o trabalho de Ilari, 1987/1992).

4. COMENTÁRIOS GERAIS SOBRE AS ESTRATÉGIAS DE TEMATIZAÇÃO E REMATIZAÇÃO

O grupo de estratégias aqui descrito tem interferência direta na produção do sentido e exerce, portanto, papel relevante na construção do texto e da coerência textual.

As marcas de redundância implicadas na formação das construções segmentadas, conforme ressalta Lèbre (1987: 129), constituem, para o locutor, um meio de remediar os inconvenientes da linearidade da fala, já que nesta qualquer retorno é impossível, bem como acrescentar ao seu enunciado índices que, sem elas, não lhe seria possível inserir.

Frequentemente, as construções segmentadas, por vezes precedidas ou seguidas de hesitações ou de marcadores discursivos como *enfim, quer dizer, bom, bem*, entre outros, derivam de estratégias de reformulação ou correção do texto falado.

Além disso, como bem mostra Lèbre, a segmentação permite ao locutor proceder a uma espécie de hierarquização das unidades linguísticas utilizadas, e apresentar um ponto de vista pessoal, modalizando destarte seu enunciado. Desse modo, tais construções constituem marcas da inscrição do enunciador no discurso.

Ao destacar um elemento do enunciado, estabelece-se uma oposição entre ele e outros elementos, que pode ser explícita ou implícita. As oposições implícitas, que são apenas sugeridas pelo elemento destacado, revelam a presença de um *não dito*: "*Faire d'un objet quelconque un thème marqué, l'isole et par là même le définit comme quelque chose dont le commentaire ne peut s'appliquer qu'à lui. Il y a une exclusion implicite dans toute topicalisation, et dans tout thème marqué, il y a toujours, implicite, un autre*" (Laparra, 1982: 222, *apud* Lèbre, 1987).

Além disso, salienta Lèbre, as construções segmentadas desvelam um *não dito* de certa forma inerente à elaboração de toda e qualquer produção de linguagem, já que permitem distinguir entre o que é posto e o que é pressuposto e estabelecem as próprias condições de existência do discurso.

Assim, para o interlocutor, as construções segmentadas são também o índice de uma confrontação ou de uma aproximação não explicitamente marcada entre os propósitos explicitamente apresentados e outras produções discursivas, o que vem comprovar a afirmação de Bakhtin (1929: 113) de que "toda comunicação verbal, toda interação verbal, desenrola-se sob a forma de um intercâmbio de enunciados, isto é, sob a forma de um diálogo".

São as aproximações implícitas que permitem relacionar a expressão destacada, isolada do enunciado, à temática global de um discurso, estabelecendo um liame entre seus diferentes segmentos. Isso explica por que, muitas vezes, o emprego de construções segmentadas coincide com a passagem de um segmento tópico a outro, isto é, marca uma mudança ou um deslocamento do tópico discursivo.

Outra função importante das construções segmentadas em que se desloca para a direita o elemento extraído é, como foi dito, a de desambiguizar o enunciado e facilitar a compreensão: a redundância assegurada pela retomada contribui para a melhor interpretação do texto e para a construção de sua coerência.

Por todas essas razões – a par de outras que não puderam ser aqui destacadas – é que se pode afirmar que as *estratégias de segmentação* desempenham papel de relevância na construção e na compreensão do texto falado.

BIBLIOGRAFIA

BAKHTIN, M. *Marxismo e filosofia da linguagem*. Trad. bras. São Paulo: Hucitec, 1981 (1929).

BLASCO, M. "Dislocation et thematisation en français parlé". *Recherches sur le français parlé*, nº 13, 1995, p. 45-65.

BRAGA, M.L. "As sentenças clivadas no português falado no Rio de Janeiro". *Revista Organon*, nº 18, 1991, p. 109-125.

CALLOU, D.; MORAES, J.; LEITE, Y.; KATO, M. et alii. "Topicalização e deslocamento à esquerda: sintaxe & prosódia". In: CASTILHO, A.T. (org.). Gramática do português falado: as abordagens, v. 3. Campinas: Ed. da Unicamp/FAPESP, 1993, p. 315-362.

CASTILHO, A.T. *A linguagem falada culta na cidade de São Paulo: Diálogos entre dois informantes*. São Paulo: T.A.Queiroz, 1987.

______ & PRETI, D. A linguagem falada culta na cidade de São Paulo: v. 1: Elocuções formais. São Paulo: T.A.Queiroz/FAPESP, 1986.

DANEŠ, F. "Order of elements and sentence intonation". In: *To Honor Roman Jakobson I*. Haia: Mouton, 1967, p. 499-512.

______. (ed.). *Papers on Functional Sentence Perspective*. Praga: The Hague, 1974.

FRANCK, D. "Sentenças em turnos conversacionais: um caso de *double-bind* sintático". *Cadernos de Estudos Linguísticos*, 11, 1986, p. 9-20.
HUPET, M. & COSTERMANS, J. "A functional approach of language processing". In: LENY, J.F. & KINTSCH, W. (eds.). *Language and Comprehension*. Amsterdam: North-Holland, 1982.
ILARI, R. Perspectiva funcional da frase portuguesa. Campinas: Ed. da Unicamp, 2ª ed. revista, 1992.
KATO, M. "O estatuto sintático e semântico da noção de tópico no português do Brasil". Conferência proferida em concurso para Professor Titular. Campinas: Ed. da Unicamp, 1989 (mimeo).
______. "Sujeito e tópico: duas categorias em sintaxe?". *Cadernos de Estudos Linguísticos*, 17, 1989.
KOCH, Ingedore G. Villaça. "Markierte Topik-Konstruktionen im Brasilianischen Portugiesich". *Folia Linguistica* XXVI/1-2, 1992, p. 65-74.
KOCH, P. & OESTERREICHER, W. *Gesprochene Sprache in der Romania: Französich, Italienisch, Spanisch*. Tübingen: Niemeyer, 1990.
LAMBRECHT, K. *Topic, Antitopic, and Verb-Agreement in Non-standard French*. Amsterdam: Benjamins, 1981.

LÈBRE, M. *L'Écoute-analyse des documents sonores et leur utilisation en classe de langue*. Thèse Nouveau Régime, Paris III, Sorbonne Nouvelle, 1987.
MARCUSCHI, Luiz A. *Análise da conversação*. São Paulo: Ática, 1986.
MATEUS, M. *et al. Gramática da língua portuguesa*. Coimbra: Almedina, 1983.
NASCIMENTO, M. *Prolegômenos à gramática do português falado*, 1995 (mimeo).
PONTES, E. O tópico no português do Brasil. Campinas: Pontes, 1987.
PRETI, D. & URBANO, H. A linguagem falada culta na cidade de São Paulo: v. 3: Entrevistas. São Paulo: T.A.Queiroz/FAPESP, 1988.
PRINCE, Ellen. "Towards a taxonomy of given-new information". In: COLE, Peter (ed.). *Radical Pragmatics*, New York: Academic Press, 1981.
REINHART, T. "Pragmatics and linguistics: an analysis of sentence topics". *Philosophica*, 1981, 27(1): 53-94.
VAN DIJK, T.A. *Text and Context: Explorations in the Semantics and Pragmatics of Discourse*. London: Longman, 2ª ed., 1982.
______. *La Ciencia del Texto*. Barcelona: Paidós, 1983.

(1ª versão em: "Estratégias de segmentação do enunciado e suas funções textuais-interativas". In: GÄRTNER, E.; HUNDT, C. & SCHÖNBERGER, A. *Estudos de Linguística Textual do português*. Frankfurt am Main: TFM, 2000, p. 127-148.)

8.
PROGRESSÃO REFERENCIAL, PROGRESSÃO TEMÁTICA E PROGRESSÃO TÓPICA

1. INTRODUÇÃO

Progressão/continuidade tópica, progressão/continuidade referencial e progressão/continuidade temática são conceitos frequentemente mobilizados nos estudos sobre texto/discurso. Contudo, a acepção que se dá a esses termos varia não só de perspectiva teórica para perspectiva teórica, como mesmo de autor para autor. Embora todos esses procedimentos, cada um a seu modo, sejam responsáveis pela progressão textual, é possível evidenciar-lhes características diferenciadoras. Assim sendo e por tratar-se de noções básicas para a compreensão da organização e do funcionamento dos textos, proponho-me apresentar, neste capítulo, à luz do instrumental teórico da tendência atual da Linguística do Texto a que me filio – a vertente cognitivo/discursiva/interacional –, uma conceituação mais precisa e operacional dos termos em foco. Procurarei mostrar em que aspectos se diferenciam e evidenciar o seu papel no processamento textual, na medida em que são diretamente responsáveis pelos dois grandes movimentos discursivo-cognitivos de avanço e retroação, que presidem à criação da tessitura textual.

2. PROGRESSÃO/CONTINUIDADE REFERENCIAL

A referenciação é responsável, como sabemos, pela introdução no texto de referentes novos ou inferíveis a partir de outros elementos do cotexto, isto é, pela ativação ou alocação dos referentes na memória de trabalho; e na remissão a referentes já introduzidos, de modo a serem realocados ou reativados (Marslen-Wilson; Lévy & Tyler, 1982) na memória operacional do interlocutor. Constituem-se, desta forma, as cadeias referenciais, garantindo-se a continuidade e, simultaneamente, a progressão referencial. No decorrer dessa progressão, portanto, os *objetos de discurso* (Apothéloz & Reichler-Béguelin, 1995; Mondada & Dubois, 1995; Koch, 1999a; 1999b e 1999c; Koch & Marcuschi, 1998) são mantidos ou modificados, ou, então, quando da recategorização de referentes, das anáforas indiretas (Schwarz, 2000) e nas operações de *rotulação* (Francis, 1994) ou *encapsulamento* (Conte, 1996), novos objetos de discurso são criados, como se pode verificar nos exemplos de (1) a (6):

(1) Fernando Henrique Cardoso não gosta de ser chamado de neoliberal. Quando alcançado por *essa "ofensa"*, responde, sempre irritado, que defende um Estado forte, dotado de poder de regulamentação, que não se confunde com o Estado desenvolvimentista, sempre inclinado a se meter onde não deveria. Não seria justo chamar *esse bate-boca* de controvérsia de "*nefelibatas*" (...) *Dessa gororoba reformista*, nasce uma economia *sem* instrumentos de governança, não só manietada em sua liberdade de utilizar instrumentos fiscais e monetários para sustentar o crescimento a curto prazo, mas estruturalmente incapaz de engendrar estratégias virtuosas de longo prazo (*Folha de São Paulo*, 19 de novembro de 2000, p. A-2).

(2) De acordo com testemunhas, o avião saiu de sua rota pouco depois de decolar e fez uma meia-volta quando sobrevoava Gonesse. *A manobra* teria sido uma tentativa do piloto de reconduzir a aeronave ao aeroporto (*Folha de São Paulo*, 26 de julho de 2000, p. A-Ia).

(3) A Justiça dos EUA decidiu ontem, em caráter liminar, suspender a efetividade de uma lei que previa retirar da Internet sites que oferecessem material pornográfico gratuitamente (...) O *magistrado*, de uma corte de Filadélfia, aceitou os argumentos

de críticos da Lei de Proteção *on-line* à Criança (...) (*Folha de São Paulo*, 3 de fevereiro de 1999, p. 12).

(4) O assassino havia encontrado *sua próxima vítima*. No dia seguinte, a polícia encontrou *uma mulher estrangulada* no parque central da cidade. (exemplo próprio)

(5) *A avó* da *criança* não tinha meios para sustentá-la. *A mísera velhinha* estava à procura de alguém que quisesse adotar *o recém-nascido cuja mãe perecera durante o parto*. (exemplo próprio)

(6) (...) Há, é verdade, um grande esforço para levar nossas crianças e nossos jovens para a escola, mas, frequentes vezes, por falta de recursos e por falta de projetos educacionais mais abrangentes e integradores, *esse movimento* resulta quantitativamente positivo e qualitativamente precário (...) (Carlos Vogt. "Educação e responsabilidade", *Folha de São Paulo*, 28 de novembro de 2000, p. A-3).

Em (1), *ser chamado de neoliberal* é recategorizado por *essa ofensa*. No segundo parágrafo, *esse bate-boca* encapsula e recategoriza o que é dito no primeiro parágrafo. *Essa gororoba reformista*, por sua vez, encapsula e recategoriza os dois parágrafos anteriores.

Em (2), tem-se uma anáfora indireta, ou seja, *a manobra* interpreta-se com base na âncora o *avião saiu de Gonesse*. Em (3), tem-se uma anáfora associativa: o *magistrado* faz parte do *frame* justiça. Os exemplos (4) e (5) apresentam aspectos interessantes: não só se reativam os referentes na memória operacional do interlocutor, como se apresentam a respeito deles novas predicações. Outra peculiaridade de (4) é a introdução pelo artigo indefinido de entidade já dada no cotexto (veja-se Koch, 1999a; 1999b e 1999c). Finalmente, em (6), procede-se ao encapsulamento do segmento precedente por meio da forma nominal *movimento*.

Evidencia-se, assim, como as cadeias referenciais presentes nos enunciados em tela garantem não só a progressão e a continuidade referencial, como exercem papel de relevância na orientação argumentativa do texto e, por decorrência, na construção textual do sentido.

3. PROGRESSÃO/CONTINUIDADE TEMÁTICA

3.1. Progressão temática

Proponho que se reservem ao termo duas acepções estreitamente interrelacionadas:

A primeira dessas acepções é a da perspectiva funcional da frase, da Escola de Praga (particularmente Daneš), que designa como progressão temática a forma como se dá a distribuição de temas e remas em enunciados sucessivos. Conforme se sabe, Daneš (1974) aponta como tipos de progressão temática: progressão temática linear; progressão com tema constante; com ramificação de um hipertema; com subdivisão do rema; com salto temático.

De relevância, contudo, para a construção de textos é, como o faz Giora (1983), pensar a progressão temática linear em níveis mais amplos de análise, ou seja, entre períodos, parágrafos, estrofes de poemas, sequências textuais e capítulos inteiros de romances. Ela mostra que a segmentação em vários níveis do texto – linha, sentença, parágrafo, capítulo, estrofe – pode afetar as relações de figura/fundo em dados segmentos. A autora distingue os seguintes casos:

a) A segmentação do poema permite introduzir material novo na posição final de versos ou estrofes: o tema do segmento *n*+1 é repetição de informação já introduzida na parte temática *n* (portanto, em *foreground*) do enunciado anterior:

> (7) Cheguei. Chegaste. Vinhas fatigada e triste. E triste e fatigado eu vinha.
> Tinhas a alma de sonhos povoada. A alma de sonhos povoada eu tinha. (Olavo Bilac. "Nel mezzo del camin", *Sarças de fogo*)

b) Segmentação no nível do verso ou construção simultânea rema-tema (*enjambement*). Franck (1980) fala, nesses casos, em *double-bind* sintático:

(8) Sou caipira Pirapora Nossa Senhora de Aparecida
Que ilumina a mina escura e funda
O trem da minha vida
(Renato Teixeira. *Romaria* [canção popular])

c) Concatenação via remas concorrentes na prosa:

(9) A trágica notícia não abalou as pessoas presentes e, certamente, não a Maria, que continuou a fazer seu trabalho, cantando alegremente.
Maria funciona simultaneamente como N-Rema do segmento inicial (isto é, elemento do rema dotado de maior dinamismo comunicativo; veja-se Fries, 1994) e como tema concorrente do segmento seguinte do texto.

d) Introdução de um novo tema em posição final de parágrafo ou estrofe: o último verso de uma estrofe repete-se como o primeiro da estrofe seguinte ou o enunciado final de um parágrafo repete-se como o segmento inicial do parágrafo seguinte. A recorrência, aqui, serve como recurso coesivo. É o que acontece no poema de Stevens, citado por Giora (1983: 164):

(10) *The going of the glade boat*
Is like water flowing;
Like water flowing
Through the green saw-grass,
Under the rainbow
Under the rainbows
That are like birds,
Turning, bedizened (...)
(Wallace Stevens. *The Load of Sugar Cane*)

e) Introdução de um personagem em posição remática no final de um capítulo, que vai tornar-se o tema do capítulo seguinte (recurso bastante utilizado, por exemplo, por Lewis Carrol, em *Alice in the Wonderland*). Veja-se o final do capítulo 4 e o início do capítulo 5:

(11) Ela [Alice] esticou-se na ponta dos pés e espiou sobre a borda do cogumelo, e seus olhos imediatamente encontraram os de *uma grande lagarta azul* que estava sentada sobre ele, com os braços dobrados, fumando tranquilamente um longo *hooka*, sem tomar o menor conhecimento dela ou do que quer que seja.

> A *Lagarta* e Alice olharam uma para a outra por algum tempo em silêncio: por fim, a Lagarta tirou o *hooka* da boca e dirigiu-se a ela com uma voz lânguida.

Observe-se, também, o final do segundo capítulo e o início de terceiro capítulo do conto "A Igreja do Diabo", de Machado de Assis:

> (12) O diabo sentiu, de repente, que se achava no ar; dobrou as asas e, como um raio, caiu na terra.
> Uma vez na terra, o Diabo não perdeu um minuto.

A segunda acepção que reservo ao termo é a de progressão temática como avanço do texto por meio de novas predicações sobre os elementos temáticos (dados ou inferíveis do cotexto). É nesse sentido que, na referenciação por meio de anáforas indiretas (inclusive as anáforas associativas), bem como nos casos de encapsulamento por nominalização, ocorre o que Schwarz (2000) denomina *tematização remática* (vejam-se os exemplos (1)-(6)). Contudo, cabe incluir também aqui os diversos tipos de encadeamentos entre enunciados, quer por justaposição (parataxe), quer por conexão, nos quais o primeiro enunciado é tomado como tema para a enunciação do segundo, que vai constituir o rema.

O encadeamento por conexão de segmentos textuais de qualquer extensão (períodos, parágrafos, partes inteiras do texto) realiza-se por intermédio dos articuladores textuais, que podem não só relacionar elementos de conteúdo ou ter funções de organização textual, como podem também exercer papel metaenunciativo.

3.2. Continuidade temática

Por ocasião da progressão temática, faz-se necessário garantir a continuidade de sentidos do texto. Isso se realiza, conforme foi dito anteriormente, em parte por meio da colocação (Halliday & Hasan, 1976; Hasan, 1984), isto é, pelo uso de termos pertencentes a um mesmo campo semântico (contiguidade semântica), ou, falando em termos cognitivos, de itens lexicais que designam elementos integrantes de um mesmo modelo mental (*frames*, esquema, *script*, cenário). O emprego adequado dos articuladores mencionados é também garantia de continuidade temática, na medida em que ficam explicitadas as relações entre os segmentos textuais que articulam, quer as de cunho lógico-semântico, quer as de caráter discursivo-argumentativo.

Dessa forma, os articuladores textuais podem ser divididos em três grandes classes: os de conteúdo proposicional, os discursivo-argumentativos e os metaenunciativos. Apresento aqui uma proposta de categorização desses elementos, em que faço uma tentativa de englobar todas as formas apresentadas na literatura sobre a questão:

3.2.1. Articuladores de conteúdo proposicional

Funcionam como marcadores de relações espaciotemporais ou como indicadores de relações lógico-semânticas.

3.2.1.1. Indicadores de relações espaciotemporais

> (13) *A primeira vez que ele a encontrou*, foi à porta da loja Paula Brito, no Rocio. Estava ali, viu uma mulher bonita, e esperou, já alvoroçado, porque ele tinha em alto grau a paixão das mulheres. Marocas vinha andando, parando e olhando como quem procura alguma casa. *Defronte da loja*, deteve-se um instante; *depois*, envergonhada e a medo, estendeu um pedacinho de papel ao Andrade, e perguntou-lhe onde ficava o número ali escrito (Machado de Assis, "Singular ocorrência", *Contos*).

3.2.1.2. Indicadores de relações lógico-semânticas (condicionalidade, causalidade, finalidade [mediação], oposição/contraste, disjunção)

Pode-se verificar, no excerto abaixo, como se entrelaçam relações causais, finais, condicionais e disjuntivas:

> (14) Fiquei triste *por causa do dano causado a tia Marcolina*; fiquei também um pouco perplexo, não sabendo se devia ir ter com ela, *para lhe dar a triste notícia, ou ficar tomando conta da casa*, segundo alvitre, *para não desamparar a casa, e porque, se a minha prima enferma estava mal, eu só ia aumentar a dor da mãe*, sem remédio nenhum (...) (Machado de Assis. "O espelho", *Contos*).

3.2.1.3. Articuladores discursivo-argumentativos

São os introdutores de relações discursivo-argumentativas: contrajunção (oposição/contraste/concessão), justificativa, explicação, generalização, disjunção argumentativa, especificação, comprovação, entre outras (para maior aprofundamento, consulte-se Koch, 1989; 1992):

(15) A coluna vermelha fica com o governo. Ou, se preferir, com o contribuinte (Josias de Souza. "De bancos e geladeiras", *Folha de São Paulo*, 22 de novembro de 1995, p. A-2).

(16) O silêncio era o mesmo que de dia. *Mas a noite era a sombra, era a solidão ainda mais estreita, ou mais larga* (Machado de Assis, "O espelho", *Contos*).

(17) – Oh! Fora bom se se pudesse ter medo! Viveria. *Mas o característico daquela situação é que eu nem sequer podia ter medo, isto é, o medo vulgarmente entendido* (Machado de Assis, "O espelho", *Contos*).

(18) Para avaliar o meu isolamento, basta saber que eu nem lia os jornais; salvo alguma notícia mais importante que levavam ao coronel, eu nada sabia do resto do mundo. *Entendi, portanto, voltar para a Corte, na primeira ocasião, ainda que tivesse de brigar com o vigário* (Machado de Assis. "O enfermeiro", *Contos*).

(19) [...] *Daí que*, se tentarmos enxergar o século 20 a partir dessa óptica autocrítica, só iremos encontrar três ou quatro grandes reações importantes a essa democracia envelhecida, travestida, adulterada e demagógica que aí está, no Brasil e no mundo (Jarbas Medeiros. "Democracia defunta", *Caros Amigos*, 54, set. 2001).

(20) (...) Varíola ou influenza, outro vírus disponível no paiol biológico – causador de uma pneumonia que progride driblando o sistema imunológico até matar –, são as duas possibilidades mais temidas. Afinal, um terrorista suicida precisa apenas contaminar-se e passar duas semanas viajando pelos aeroportos do globo para causar uma epidemia de proporções mundiais (*Veja on-line*, 27 de outubro de 2001).

(21) É curioso como um sistema que promete o infinito – o império da liberdade – exige de cada um de nós um tal grau de focalização, que corremos o risco de reduzir nosso vínculo social apenas e tão somente a uma atividade rotineira, especializada e estúpida. *Aliás*, é bom lembrar que Marx, ao deschavar com seu agudo bisturi as mumunhas da sociedade capitalista, já apontava para essa tendência progressiva de alienação do sujeito (Marcello Manzano. "Eu e o mundo", *Caros Amigos*, 54, set. 2001, p. 14).

3.2.1.4. Articuladores metaenunciativos

Esses articuladores "comentam", de alguma forma, a própria enunciação. Subdividem-se nos seguintes grupos:

1) *Delimitadores de domínio* (*hedges*), que explicitam o âmbito dentro do qual o conteúdo do enunciado se verifica:

(22) *Geograficamente*, o Brasil é um dos maiores países do mundo; *economicamente*, é um país endividado; *politicamente*, ainda não conseguiu a sua plena independência.

2) *Organizadores textuais*:

Maingueneau (1996: 170) descreve os articuladores de organização textual como "marcadores de integração linear", cuja função é "estruturar a linearidade do texto, organizá-lo em uma sucessão de fragmentos complementares que facilitam o tratamento interpretativo".

Observa que tais marcadores inscrevem-se em séries, das quais a mais clássica é: *primeiro (amente)/depois/em seguida/enfim*, ao lado de outras como *por um lado/por outro lado, às vezes/outras vezes, em primeiro lugar/em segundo lugar, por último*, etc. Na organização espacial do texto, seus valores essenciais seriam os de abertura, intermediação e fechamento.

3) *Modalizadores epistêmicos*, que assinalam o grau de comprometimento/engajamento do locutor com relação ao seu enunciado, o grau de certeza com relação aos fatos enunciados:

(23) Evidentemente, a divisão social do trabalho, associada aos direitos de propriedade e mediada pelo dinheiro, é uma maneira um tanto engenhosa de organizar a produção. Na medida em que cada indivíduo subordina sua existência à tarefa que lhe cabe nessa gigantesca organização social chamada sociedade capitalista, é de esperar que, "no conjunto da obra" esse arranjo pareça bastante funcional. *Não há como negar* que, excluindo todas as demais dimensões da vida humana, o capitalismo é um eficiente sistema produtor de mercadorias. Não por acaso, desde Adam Smith, muita gente boa (e muita gente safada) tem exaltado essa eficiência como forma de alcançarmos o bem-estar geral (Marcelo Manzano. "Eu e o mundo", *Caros Amigos*, 54, set. 2001, p. 14).

(24) *Aparentemente*, pouco está sendo feito para se desvendar de vez o "mistério" da morte da Antônio da Costa Santos, prefeito da cidade de Campinas, cruelmente assassinado no início de setembro.

4) *Atitudinais* ou *afetivos*, que encenam a atitude psicológica com que o enunciador se representa diante dos eventos de que fala o enunciado:

(25) *Infelizmente*, Recife é uma cidade de mais de um milhão de habitantes (NURC REC, D2 05: 1067).

(26) *Desgraçadamente*, nem sempre se pode confiar nas notícias veiculadas pela grande imprensa.

5) *Axiológicos*, que expressam a valoração atribuída aos eventos, ações situações a que o enunciado faz menção. Veja-se o exemplo (27):

(27) (...) *Curiosamente*, ao mesmo tempo em que proliferam alternativas de consumo e deleite através dessa potente máquina produtora de todo e qualquer tipo de mercadoria, nossos interesses tendem a convergir para atividades cada vez mais especializadas e descoladas das outras esferas da vida. Com a vista ofuscada, dedicamos nossos dias a conquistar um horizonte de sonhos que já não sabemos como desfrutar.

Mais uma vez, o capital demonstra sua maestria na arte do ilusionismo, operando a inversão entre o que é anseio e o que é dever e fazendo-nos crer que nos libertamos quando nos sujeitamos (Marcelo Manzano. "Eu e o mundo", *Caros Amigos*, 54, set. 2001, p. 14).

6) *De caráter deôntico*, que indicam o grau de imperatividade/ facultatividade atribuído ao conteúdo proposicional:

(28) *É indispensável* que se tenha em vista que, sem moralidade, não pode haver justiça social.

(29) As normas para a seleção ao doutorado preveem a apresentação de um projeto de tese. *Opcionalmente*, porém, os candidatos poderão anexar outros trabalhos que permitam avaliar sua capacidade de pesquisa.

7) *Atenuadores*, com vista à preservação das faces:

(30) *Talvez* fosse melhor pensar em modificar o atual estatuto, que, ao que me parece, apresenta algumas lacunas que poderão criar problemas futuros.

8) *Metaformulativos*, entre os quais se podem distinguir:

a) comentadores da forma como o enunciador se representa perante o enunciatário no ato de enunciação (*francamente, honestamente, sinceramente*);
b) comentadores da forma do enunciado (*em síntese, para recordar, em suma, resumidamente...*);
c) nomeadores do tipo de ato ilocucionário que o enunciado pretende realizar (*eis a questão, a título de garantia, minha crítica é que..., cabe perguntar se...*);
d) comentadores da adequação do tema ou dos termos utilizados (*por assim dizer, como se diz habitualmente, na acepção ampla do termo, para falar de modo que todos me entendam*, etc.);
e) introdutores de reformulações ou correções (*isto é, ou seja, ou melhor, em outras palavras*);

f) introdutores de tópico (*para começar, inicialmente, vamos direto ao assunto*, etc.);

g) interruptores e reintrodutores de tópico (marcadores de digressão): *mudando de assunto, por falar nisso, antes que eu me esqueça, abrindo um parêntese; voltando ao assunto, fechando o parêntese*, etc.;

h) marcadores conversacionais que operam a *amarração* de porções textuais (*aí, daí, então, agora, aí então*): extremamente frequentes em textos falados, embora com muitas ocorrências também em textos escritos, especialmente quando se deseja dar a estes uma feição semelhante à da fala, como é comum na literatura infanto-juvenil.

4. PROGRESSÃO/CONTINUIDADE TÓPICA

4.1. Progressão tópica

Um texto compõe-se de segmentos tópicos, direta ou indiretamente relacionados com o tema geral ou tópico discursivo. Um segmento tópico, quando introduzido, mantém-se por um determinado tempo, após o qual, com ou sem um intervalo de transição (*transition span*, veja-se Goutsos, 1996), vai ocorrer a introdução de um novo segmento tópico.

A progressão tópica pode ser feita de maneira contínua ou descontínua. Isto é, após o fechamento de uma sequência tópica, tem-se continuidade, quando ocorre a manutenção do tópico em andamento ou, então, mudança tópica (*shift*); caso ocorra uma quebra ou ruptura antes do fechamento de um segmento tópico, tem-se a descontinuidade tópica, provocada pelo que se costuma denominar de segmentos ruptores ou digressivos.

A equipe responsável pelo estudo da organização textual-interativa, no bojo do *Projeto Gramática do Português Falado* (Jubran; Urbano; Koch; Fávero; Marcuschi; Travaglia; Souza e Silva; Santos; Andrade; Risso & Aquino, 1992), descreveu o tópico como porção textual que se caracteriza por:

Centração: primeira propriedade definidora do tópico, que abrange os seguintes traços:

a) *concernência*: relação de interdependência semântica entre os enunciados – implicativa, associativa, exemplificativa ou de qualquer outra ordem – pela qual se dá sua inserção num conjunto de referentes explícitos ou inferíveis que se encontram ativados em determinado momento do discurso;
b) *relevância*: proeminência desse conjunto de referentes em determinado segmento textual, em virtude da posição focal assumida pelos seus elementos;
c) *pontualização* ou *delimitabilidade*: possibilidade de localização desse conjunto tido, em dado momento, como focal, em determinado ponto do texto, através de marcas linguístico-discursivas.

Organicidade: manifestada pela natureza das articulações que um tópico tem com outros na sequência discursiva, bem como pelas relações hierárquicas entre tópicos mais ou menos abrangentes: supertópicos, quadros tópicos, subtópicos, segmentos tópicos, segmentos de tópico. Dessa forma, o tópico é concebido como uma unidade abstrata, relacional.

O que se postula, pois, é que a organização tópica se dá em dois níveis interligados: o linear (horizontal) e o hierárquico (vertical), de tal modo que, por vezes, particularmente em textos falados, segmentos que, no nível linear, poderiam ser sentidos como digressivos, vêm a integrar-se, no nível vertical, em um quadro tópico hierarquicamente superior, dentro do qual deixam de ser digressivos, de forma que a coerência se reconstrói à medida que se sobe na hierarquia tópica. A progressão tópica se realiza, portanto, pelo encadeamento dos tópicos nos diversos níveis de organização tópica.

4.2. Continuidade tópica

Para que um texto possa ser considerado coerente, é preciso que apresente continuidade tópica, ou seja, que a progressão tópica – no nível sequencial ou no hierárquico – se realize de forma que não ocorram rupturas definitivas ou interrupções excessivamente longas do tópico em andamento: inserções e digressões desse tipo necessitam de algum tipo de justificação, para que a construção do sentido e, portanto, da coerência, não venham a ser prejudicadas. Isto é, a topicalidade constitui um princípio organizador do discurso.

Goutsos (1996: 504) salienta que uma tarefa importante do produtor do texto é indicar a descontinuidade dentro da continuidade mais ampla que se espera do texto, ou seja, cumpre-lhe monitorar a interação discursiva em termos de sequencialização e segmentar o discurso em blocos, indicando suas fronteiras, isto é, sinalizar a descontinuidade porventura existente entre eles. O autor pergunta ainda se haveria necessidade de sinalizar também a continuidade, especialmente por se tratar do caso *default* na interpretação, que se faria de acordo com o "princípio da analogia" (Brown & Yule, 1983). Segundo ele, a sinalização da continuidade cria redundância no texto, o que reduz o esforço exigido do leitor, assegurando-lhe que está no caminho certo e possibilitando-lhe ir adiante. Além disso, o reforço da continuidade faria ressaltar a descontinuidade, quando ela ocorresse.

Tais são as razões por que se faz necessário ao produtor do texto mobilizar, na sua construção, estratégias de continuidade e estratégias de mudança.

5. CONSIDERAÇÕES FINAIS

Continuidade envolve progressão. E progressão textual, por sua vez, necessita garantir a continuidade de sentidos, o constante ir-e-vir entre o que foi dito e o vir-a-ser dito responsável pela entretecimento dos fios do discurso. Para viabilizar esse movimento de progressão e retroação, o produtor do texto dispõe de uma série de estratégias, entre as quais desempenham papel de relevância aquelas destinadas a assegurar:

Continuidade referencial: a continuidade dos referentes (*objetos de discurso*), obtida por meio das cadeias referenciais, não permite que estes sejam *arquivados* na memória de longo termo, mantendo-se em estado de ativação – em foco – na memória de trabalho, durante o processamento textual, mesmo quando *encapsulados* ou recategorizados.

Continuidade temática: o emprego de termos de um mesmo campo semântico/lexical mantém ativado o *frame* de que tais termos são representantes; por outro lado, em se tratando da progressão por encadeamento, o tipo de relacionamento que estabelece entre segmentos textuais e a explicitação de tais relações sempre que necessário permite ao interlocutor verificar que não se trata apenas de um aglomerado de frases isoladas, mas de um contínuo textual dotado de sentido.

Continuidade tópica: o uso destas estratégias garante a manutenção do supertópico e dos quadros tópicos em desenvolvimento, embora com a possibilidade de desvios ou mudanças (*shifts*), já que os tópicos não são entidades estáticas, mas dinâmicas, podendo ocorrer alterações tópicas ou mesmo introdução de novos subtópicos ou segmentos tópicos, sem que isso venha a prejudicar a construção da coerência. Isto é, inserções tópicas e mesmo as chamadas "digressões", na grande maioria dos casos, não produzem rupturas de monta, mas, pelo contrário, servem frequentemente para garantir a construção da coerência (veja-se Dascal & Katriel, 1979; Koch, 1999d), a não ser nos raros casos de abandono total do tópico em curso.

Em conclusão, pode-se afirmar que há entre os conceitos aqui discutidos uma relação de inclusão: a progressão textual é garantida, em parte, pela progressão/continuidade tópica; esta engloba a progressão/continuidade temática que, por sua vez, repousa fortemente na progressão/continuidade referencial.

Dessa maneira, no interior de uma concepção de texto como "evento comunicativo no qual convergem ações cognitivas, discursivas e sociais" (Beaugrande, 1997), progressão/continuidade referencial, progressão/continuidade temática, progressão/continuidade tópica devem ser vistas como resultado de estratégias – cognitivo-discursivas, sociointeracionais e de formulação textual –, postas em ação pelos sujeitos sociais, tendo em mira a construção textual dos sentidos.

BIBLIOGRAFIA

APOTHÉLOZ, Denis & REICHLER-BÉGUELIN, Marie-José. "Construction de la référence et stratégies de désignation". In: BERRENDONNER, A. & REICHLER-BÉGUELIN, M-J. *Du syntagme nominal aux objets-de- discours: SN complexes, nominalisations, anaphores*. Neuchâtel: Institut de Linguistique de l'Université de Neuchâtel (*Tranel 23*, dezembro de 1995), p. 227-271.

BEAUGRANDE, Robert de. *New Foundations for a Science of Text and Discourse: Cognition, Communication, and Freedom of Access to Knowledge and Society*. New Jersey: Alex, 1997.

BROWN, George & YULE, Gillian. *Discourse Analysis*. Cambridge: Cambridge University Press, 1983.

CONTE, Maria-Elisabeth. "Anaphoric Encapsulation". In: *Belgian Journal of Linguistics* 10, 1996, p. 1-10.

DANEŠ, Frantisek. *Papers on Functional Sentence Perspective*. Praga: Editora da Academia Tcheco-eslovaca de Ciências, 1974.

DASCAL, Marcelo & KATRIEL, Tamar. "Digressions: a Study in Conversational Coherence". In: PETÖFI, Janos (ed.). *Text vs Sentence*. Hamburg: Buske, 1979, p. 76-95.

FRANCK, Dorothea (1980). *Grammatik und Konversation*. Königstein: Scriptor, 1980.

FRANCIS, Gill. "Labelling Discourse: an Aspect of Nominal-Group Lexical Cohesion". In: COULTHARD, Malcolm (ed.). *Advances in Written Text Analysis*. London: Routledge, 1994, p. 83-101.

FRIES, Peter. "On Theme, Rheme, and Discourse Goals". In: COULTHARD, Malcolm (ed.). *Advances in Written Text Analysis*. London: Routledge, 1994, p. 250-265.

GIORA, Rachel. "Segmentation and Segment Cohesion: on the Thematic Organization of Text". In: *Text* 3/2, 1983, p. 155-181.

GOUTSOS, Dionisos. "A Model of Sequencial Relations in Expository Text". In: *Text* 16/4, 1996, p. 501-503.

HALLIDAY, Michael A.K. & HASAN, Ruqaiya. *Cohesion in English*. London: Longman, 1976.

HASAN, Ruqaiya. "Coherence and Cohesive Harmony". In: FLOOD, John (ed.). *Understanding Reading Comprehension*. Delaware: International Reading Ass, 1984, p. 181-219.

JUBRAN, C.A.C.; URBANO, H.; KOCH, I.G.V.; FÁVERO, L.L.; MARCUSCHI, L.A.; TRAVAGLIA, L.C.; SOUZA E SILVA, M.C.; SANTOS, M.C.; ANDRADE, M.L.V.O.; RISSO, M.S. & AQUINO, Z. "Organização tópica da conversação". In: ILARI, Rodolfo (ed.). Gramática do português falado: níveis de análise linguística, v. 2. Campinas: Ed. da Unicamp, 1992, p. 358-439.

KOCH, Ingedore G. Villaça. *A coesão textual*. São Paulo: Contexto, 1989.

______. *A inter-ação pela linguagem*. São Paulo: Contexto, 1992.

______. "Expressões referenciais definidas e sua função textual". In: DUARTE, Leila Parreira (ed.). *Para sempre em mim: homenagem a Ângela Vaz Leão*. Belo Horizonte: CESPUC, 1999a, p. 138-150.

______. "A referenciação textual como estratégia cognitivo-interacional". In: BARROS, Kazue Saito Monteiro. *Produção textual: interação, processamento, variação*. Natal: EDUFURN, 1999b [1996], p. 69-80.

______. "Referenciação: construção discursiva", ensaio apresentado por ocasião do concurso para Titular em Análise do Discurso do Instituto de Estudos da Linguagem, UNICAMP, dezembro de 1999c, tiposcrito.

______. "Digressão e relevância conversacional". In: *Cadernos de Estudos Linguísticos* 37, 1999d, p. 81-92.

______ & MARCUSCHI, Luiz Antônio. "Processos de referenciação na produção discursiva", In: *D.E.L.T.A.*, 14 (número especial), 1998, p. 169-190.

MAINGUENEAU, Dominique. *Elementos de linguística para o texto literário*. Trad. brasileira. São Paulo: Martins Fontes, 1996 (*Éléments de linguistique pour le texte littéraire*. Paris: Bordas).

MARSLEN-WILSON, W.; LEVY, E. & TYLER, L.K. "Producing Interpretable Discourse: the Establishment and Maintenance of Reference". In: JARVELLA, R. & KLEIN, W. (eds.). *Speech, Place, and Action*. Chichester, New York: J. Wiley and Sons, 1992 [1982], p. 339-378.

MONDADA, Lorenza & DUBOIS, Daniele. "Construction des objets de discours et catégorisation: une approche des processus de référenciation". In: BERRENDONNER & REICHLER-BÉGUELIN. *Du syntagme nominal aux objets-de-discours. SN complexes, nominalisations, anaphores*. (*Tranel 23*, dezembro de 1995), p. 273-302.

SCHWARZ, Monika. *Indirekte Anaphern in Texten*. Tübingen: Niemeyer, 2000.

(1ª versão em "Progressão referencial, progressão temática e progressão tópica". In: GROSSE, S. & SCHÖNBERGER, A. *Ex Oriente Lux: Festschrift für Eberhard Gärtner zu seinem 60. Geburtstag*. Frankfurt am Main: Valentia, 2002, p. 443-455.)

9. A PRODUÇÃO DE INFERÊNCIAS E SUA CONTRIBUIÇÃO NA CONSTRUÇÃO DO SENTIDO

1. INTRODUÇÃO

"O homem não organiza o mundo dos textos verbais sem inferenciamento." São palavras de van der Velde, um dos teóricos que mais se têm dedicado ao estudo das inferências e dos modos como o inferenciamento está envolvido/é necessário na identificação/reconhecimento/construção da organização textual, bem como nas elaborações interpretativas de textos verbais. Contudo, mesmo existindo, atualmente, um grande número de pesquisas em diversas áreas (psicologia, lógica, linguística, inteligência artificial) voltadas para a questão, ainda não se conhece suficientemente esse poderoso mecanismo cognitivo indispensável ao processamento textual e à construção da coerência. Meu objetivo é trazer contribuições para sua melhor compreensão.

2. CONCEITUAÇÃO

Um dos problemas centrais na conceituação da inferência é a distinção entre inferência e compreensão, que, muitas vezes, são tomadas como intercambiáveis. Um segundo ponto importante é a necessidade de delimitação das inferências a uma parte de um complexo sistema de compreensão do discurso, isto é, à parte semântica do processo de compreensão. Assim, Rickheit & Strohner (1985: 8) definem a inferência como "a geração de informação semântica nova a partir de informação semântica dada em certo contexto", definição que pode ser representada pela fórmula:

$$\text{Inferência} = \underset{C}{A \rightarrow B}$$

cujas partes seriam:

a) a representação psicológica da informação A e B;
b) o processo de inferir B de A;
c) a noção de contexto C e seu efeito sobre o inferenciamento.

Um dos pontos proeminentes dessa definição é a influência interativa entre texto e contexto, permitindo diferenciar inferências psicolinguísticas, que são altamente dependentes do contexto, de inferências lógicas, que são as mesmas em todo e qualquer contexto.

Questão importante na conceituação das inferências é a das representações mentais. Tal questão diz respeito às relações entre inferências e essas representações, ou seja, as estruturas cognitivas ativadas pelo texto em processamento, bem como os tipos de relação existentes entre as inferências que são produzidas e a representação mental construída pelo interlocutor durante a compreensão. Tal representação pode ser vista como um conjunto de traços consistentes de diversos níveis, que incluem unidades conceituais, unidades proposicionais, modelos mentais e um nível superestrutural. Visto que a informação dos vários níveis é apenas em parte explicitada no texto, ficando a maior parte implícita, as inferências podem ser vistas como processos cognitivos através dos quais o ouvinte ou leitor, partindo da informação textual explicitamente veiculada e levando em conta o contexto, constrói novas representações semânticas.

3. PROCESSAMENTO

Sob o aspecto do processamento, uma questão central é o momento em que se inicia o processo inferencial, já que este se desenrola num certo lapso de tempo, durante o qual um estado inicial de representação mental transforma-se em outro. Tal processo pode ser automático ou controlado pela atenção. Segundo van Dijk & Kintsch (1983: 65), o processamento cognitivo consiste de diferentes estratégias processuais, entendendo-se estratégia como "uma instrução global para cada escolha necessária a ser feita ao longo do curso da ação". O processamento se dá simultaneamente em diversos níveis (proposições atômicas, proposições complexas, coerência local, macroestrutura e superestrutura), ocorrendo, ainda, o processamento estratégico nos níveis estilístico, retórico e não verbal. Além disso, o processamento se dá sobre pequenas porções da informação global disponível – a memória ativa (*working memory*), onde têm lugar os processos inferenciais. Como tal memória é limitada, apenas as inferências mais importantes podem ser realizadas no espaço de tempo disponível. Cabe, pois, à pesquisa sobre memória ativa e inferências responder a questões como: qual informação é mais importante? como essa importância pode ser computada tão rapidamente? quais os mecanismos e estratégias que integram a informação textual nova ao conhecimento textual e enciclopédico?

Supõe-se que na memória ativa se encontre não só uma seleção bastante acurada (em termos macroestruturais) da informação textual já processada, mas também de informação nova constante de cerca de duas orações. Presume-se que tal informação é processada semanticamente, de maneira seletiva. As inferências, tanto no nível da coerência local como global, devem tomar por base as informações velha e nova disponíveis.

Quanto ao momento em que se fazem as inferências, discute-se se isso pode ocorrer em qualquer ponto do processamento, ou se elas só se realizam quando forem necessárias para recobrir uma lacuna do texto.

Outra questão – visto que se vem concebendo a compreensão de linguagem como uma atividade de solução de problemas – é que podem ocorrer problemas de compreensão se o ouvinte/leitor não estabelecer as inferências desejadas pelo falante/escritor, ou, ao contrário, se o leitor/ouvinte fizer inferências não intentadas pelo falante/escritor. Em ambos os casos, o engano pode ser reconhecido obrigando, então, o ouvinte/leitor a uma reanálise da parte do texto que foi mal compreendida. A questão do mal-entendido está, em grande parte, ligada ao estabelecimento de inferências "não desejadas". Além disso, cabe mais uma vez ressaltar a importância do contexto para a construção do sentido. Contudo, não há, até hoje, consenso quanto ao uso do termo "contexto". Podem-se distinguir diversos tipos de contexto, como o cultural, o situacional, a modalidade, o verbal e o pessoal.

O contexto cultural é a base do entendimento. Os esquemas culturais específicos ajudam a compreender os textos de cada cultura, fornecendo o conhecimento necessário para a produção das inferências exigidas para a compreensão. Também o contexto situacional fornece pistas indispensáveis para os processos inferenciais.

A modalidade (oral ou escrita) tem reflexos importantes no processamento textual: especifica diferenças de memória (é provável que a estocagem através de uma das modalidades seja mais persistente que através da outra); no controle do processamento (o leitor é possivelmente mais livre na busca de informações que o ouvinte, em termos de tempo para compreensão, voltas e reanálises); de atenção (o leitor deve ignorar estímulos visuais e auditivos do contexto). Ler e ouvir operam com estratégias de processamento diferentes: o ouvinte não pode controlar a sequência temporal do texto, não fica visual e motoramente inativo durante o processamento, não tem sua atenção inteiramente focalizada no texto, e assim por diante. Embora todas essas diferenças devam ter reflexos na produção de inferências, por ocasião do processamento textual, os efeitos da modalidade sobre o inferenciamento e os tipos de inferências preferíveis em cada caso parecem não ter sido ainda suficientemente explorados. Voltarei mais adiante a essa questão.

O contexto verbal (cotexto) tem papel decisivo na elaboração de inferências. As partes de um texto estão intimamente relacionadas: os enunciados anteriores estabelecem o contexto dos subsequentes. Propriedades linguísticas do texto como referência pronominal, acarretamentos lexicais, marcadores de tópico, conectores, etc., influenciam a compreensão do texto. Uma sequência desordenada de enunciados causa dificuldades na compreensão e recordação do texto. O título ou tema da conversação desempenham importante papel sobre a produção de inferências.

O contexto pessoal, por seu turno, inclui conhecimentos, atitudes, metas e fatores emocionais dos interlocutores, exercendo influência decisiva no processo de compreensão. As inferências feitas durante a recepção são, em grande parte, determinadas pelo conhecimento, crenças, convicções e atitudes do receptor.

4. CLASSIFICAÇÃO DAS INFERÊNCIAS

Uma das dificuldades na classificação das inferências tem sido a falta de critérios comuns. Garrod (1985) sugere que é útil distinguir entre dois tipos de inferências: as verdadeiras e as pseudoinferências. As primeiras são efetuadas quando se aplica um esquema inferencial a um conjunto de premissas discretas, isto é, são derivadas de um substrato proposicional tendo, pois, alto custo computacional, ao passo que as segundas originam-se de um modelo mental da situação ao qual o processador tem acesso, tendo custo computacional baixo. Assim sendo, propõe que, durante um processamento inicial ou primário, o sistema tem acesso a todas as pseudoinferências passíveis de serem efetuadas, pois elas dependem simplesmente de se interpretarem expressões com base no modelo, enquanto as verdadeiras inferências requerem processamento secundário, o qual pode ocorrer no final da oração. Falhas no processamento primário poderiam, pois, iniciar uma forma de processamento menos eficiente que poria em ação mecanismos destinados a modificar o modelo em curso. Inferências desse tipo são computadas apenas raramente e não entram diretamente na representação inicial. Tal distinção permitiria explicar a ubiquidade de certos tipos de inferências baseadas no conhecimento e a menor frequência de outras.

Crothers (1979) distingue inferências *a posteriori*, deduzidas do texto precedente, de inferências *a priori*, baseadas no conhecimento enciclopédico do leitor/ouvinte e, segundo ele, apenas as primeiras contribuiriam para a coerência.

Rehder (1980) diferencia inferências obrigatórias (desejadas pelo autor do texto) de facultativas (não intentadas pelo produtor). Para ele, também, somente as primeiras seriam necessárias à coerência por preencherem os vazios do texto, enquanto as segundas consistiriam em elaborações adicionais que, embora enriqueçam o conteúdo do texto, não contribuem para a coerência.

Tais afirmações quanto à coerência não se sustentam por razões várias: a) de acordo com a teoria dos esquemas, cada inferência é devida à ativação de esquemas cognitivos, de modo que tanto inferências *a priori* e facultativas, quanto inferências *a posteriori* e obrigatórias relacionam a informação textual com itens do conhecimento prévio do ouvinte/leitor; b) durante o processo de compreensão não há uma divisão nítida entre conhecimento prévio e informação textual: o texto que, em dado ponto do processo, já se encontra processado, ou sua representação mental já constitui parte do conhecimento prévio global com relação ao texto subsequente; c) não se conhece a quantidade exata de inferências esperadas do ouvinte/leitor pelo autor do texto, e é altamente provável que, para o mesmo texto, ele espere um número variável de inferências, de diferentes grupos de destinatários. É, pois, muito difícil traçar o limite entre inferências intentadas e não intentadas. E mesmo que um autor especificasse exatamente quais são as inferências esperadas, o fato de o destinatário inferir algo que não tenha sido pretendido não prova automaticamente que tal inferência em nada contribua para o estabelecimento da coerência.

Van der Velde (1989: 551) distingue quatro tipos particulares de inferências que, por um lado, convergem com as inferências lógicas, mas, por outro, delas divergem na medida em que se ligam a regras de línguas humanas naturais particulares e a convenções/máximas/princípios cooperativos da comunicação verbal: inferências sintáticas, inferências ILRRR, inferências lógico-semânticas e inferências orientadas pela ação (*action-oriented*).

As inferências sintáticas servem para lidar com a informação gramatical dos textos. Sendo a sintaxe parte da gramática, as inferências sintáticas dependem do conhecimento das regras gramaticais, e podem ter por função identificar os constituintes sintáticos e suas relações/funções (casos ou papéis temáticos). As inferências ILRRR são responsáveis pela identificação das características e conexões de sentido carreadas juntamente com as palavras de conteúdo e as palavras funcionais. Para o autor, ILRRR é simultaneamente o léxico interno (IL) e a representação cognitivamente refletida da realidade (RRR). Assim, o conjunto ILRRR designa a memória semântica de um indivíduo que sabe o que significam as palavras – de conteúdo e funcionais – de uma língua natural humana e conhece as partes da realidade denotadas por/relacionadas a elas. As inferências lógico-semânticas são de natureza semântica na medida em que trabalham com a informação semântica ILRRR, carreadas juntamente com os predicados/argumentos/proposições de um texto; e são de natureza lógica na medida em que são regidas por regras de inferência lógica (*modus ponens*, *modus tollens*, silogismos disjuntivos e hipotéticos, entre outras). Elas podem ter também a função de controlar/verificar se os enunciados ou sequências de enunciados são (parte de) uma argumentação válida.

As inferências orientadas pela ação têm a ver com a informação semântica TLRRR, visto que o significado de verbos de ação, "*nomina actionis*", "*nomina agentis*" etc., pertencem à memória semântica de um indivíduo. Com base na informação semântica expressa por verbos de ação, seus derivados e compostos, o receptor pode inferir que (sub)ações devem ter sido efetuadas, como devem ter sido realizadas em um discurso de descrição da ação, etc. Podem contribuir também para a identificação de relações casuais e, ainda, estar relacionadas com atividades cognitivas/afetivas/conativas subjacentes às ações denotadas.

Tomando como critério as estratégias de processamento, van der Velde refere o inferenciamento para a frente – quando o receptor tira conclusões do enunciado sob processamento e, ao mesmo tempo, formula uma ou mais hipóteses sobre o que vem a seguir no texto; e para trás – quando, a partir de conexão entre dois enunciados, ele raciocina no sentido inverso.

Concebendo as inferências como processos atualizados de pensamento ou raciocínio necessários para: 1) identificar as partes da informação no interior/entre/por trás de textos verbais; 2) decompor tais partes de informação em seus constituintes; 3) conectar a informação entre (os constituintes de) textos verbais; 4) extrair informações destes; 5) invocar informação que a eles deve ser acrescentada; 6) compor a informação necessária para completá-los, o autor defende a posição de que é impossível ao ser humano organizar o mundo textual sem recorrer aos processos inferenciais.

Tendo-se em vista os níveis de representação mental até aqui esboçados, podem-se diferenciar, por exemplo, as inferências que se dão no nível lexical ou conceitual, no nível sintático-semântico, no nível microestrutural, no nível macroestrutural e no nível superestrutural. Também é possível classificar as inferências de acordo com a contribuição específica que trazem para a representação mental do texto, focalizando para tanto: a) o tipo de unidade semântica no interior da representação mental gerada pelo processo inferencial; b) o tipo de conhecimento prévio ativado; c) a direção da formação da inferência.

5. FUNÇÕES DAS INFERÊNCIAS

Schnotz (1985) refere dois modelos básicos de compreensão textual, tomando como base os processos inferenciais. Num primeiro modelo, consideram-se as inferências meios de recobrir (*bridging*) lacunas de coerência – o leitor/ouvinte transforma cada oração do texto em proposições e interconecta tais proposições formando uma rede coerente. Quando determinadas proposições não podem ser diretamente conectadas umas com as outras, cabe-lhe preencher as lacunas por meio de inferências, para manter a coerência, isto é, acrescentar novas proposições àquelas existentes no texto para cobrir essas lacunas de coerência. Entre os defensores mais importantes desse modelo estão Kintsch & van Dijk (1978) e Clark (1975), a quem se deve a denominação "*bridging inferences*". No segundo modelo, as inferências são vistas como meios de elaboração de representações mentais, sendo o preenchimento de lacunas de coerência apenas uma função subordinada. A formação de inferências não é limitada a um mínimo necessário para o estabelecimento da coerência: em geral, há muitas oportunidades de conectar uma informação textual que acaba de ser captada com a informação precedente do texto e assim construir inferências conectivas. Essas possibilidades, contudo, são utilizadas apenas seletivamente devido à disponibilidade desigual da informação textual já processada: dependendo de quanta e que parte da informação já processada está cognitivamente disponível no momento específico, o número de conexões potenciais entre a informação nova e aquela já processada que chega à atenção do leitor/ouvinte pode diferir, de modo que diferentes quantidades de inferências serão efetuadas. Em vez de assumir a existência de uma memória de curto termo, com capacidade constante (como ocorre no primeiro modelo), postula-se que a disponibilidade cognitiva de informação já processada não é a mesma durante a compreensão do texto, já que, em diferentes pontos do texto, a informação cognitivamente disponível varia tanto em qualidade, quanto em quantidade. Assim sendo – e esta é a proposição de Schnotz –, a organização do texto tem um efeito sobre a disponibilidade da informação textual já processada e, portanto, sobre a produção de inferências, não só quanto à facilidade de seu processamento, mas também quanto ao número e ao tipo de inferências a serem feitas. Tais inferências, que nada mais seriam que respostas às perguntas que o leitor faz ao texto, têm a função de elaborar a representação cognitiva do texto.

6. DIFERENÇAS NO PROCESSAMENTO DE INFERÊNCIAS EM SITUAÇÕES DE ESCRITA E DE FALA

Algumas conclusões a que Schnotz (1985) chega são extremamente interessantes para a descrição do processamento de inferências em textos falados que, como já se demonstrou (Jubran *et al.*, 1992), possuem uma organização tópica vertical hierarquizada. O experimento de Schnotz comprova: 1) que o número total de inferências é maior em textos que possuem uma organização extremamente horizontal – que apresentam um curso de linearização tematicamente contínua – do que em textos com organização extremamente vertical – isto é, que têm um modo descontínuo de apresentação; 2) que a proporção de conexões intertemáticas, porcentualmente ao número total de inferências, cresce à proporção que o texto é organizado verticalmente e decresce quanto mais o texto é organizado horizontalmente; 3) que a organização textual tem um efeito sobre aquelas inferências mais prováveis de serem feitas a partir do respectivo segmento textual e que são menos prováveis de serem efetuadas devido a acentuações diferentes dos vários tópicos no fluxo atual de consciência. Portanto, o tipo de organização textual não só afeta a fluência no processamento, como também determina o tipo e a quantidade de inferências feitas pelo leitor/ouvinte.

Tais resultados confirmam também a hipótese de que as possibilidades existentes para a realização de inferências que se referem à informação textual prévia (*back*), são utilizadas apenas seletivamente, seletividade que parece ser mediada em larga escala pela diferente disponibilidade cognitiva da informação já processada. Isto é, quanto maior a quantidade de informação textual precedente cognitivamente disponível, mais pontos de referência se terá para a realização de inferências e, consequentemente, um número maior de inferências será feito. Dada essa influência, a organização textual tem também um efeito sobre o nível de compreensão a ser atingido no processamento, isto é, o grau de coerência que será atingido na construção da representação mental.

Importante, também, é levar em conta o *framework* comunicativo em que se processam as inferências, como tem ocorrido na pesquisa etnolinguística (cf. por ex., Gumperz, 1977; Enninger & Haynes, 1984).

Hron *et al.* (1985) dedicaram-se ao estudo das inferências durante a leitura e a audição, tendo estabelecido algumas diferenças significativas:

Quando se ouve, o texto é apresentado em velocidade pré-programada, à qual o ouvinte precisa ajustar o seu processamento cognitivo. A informação acústica só fica disponível por um curto lapso de tempo. Devido ao fluxo constante de informação nova, na apresentação do texto oral, o ouvinte é incapaz de reter a informação de que dispõe durante longo tempo, tendo, pois, de processá-la imediatamente para ser capaz de receber a informação subsequente. Na leitura, a informação oferecida tem um caráter mais estático. Apresentam-se ao leitor segmentos textuais e ele pode monitorar sua própria atenção no interior desse quadro. O perigo de sobrecarga da capacidade cognitiva é bem menor na leitura que na audição, porque o leitor pode escolher a quantidade de informação que deseja decodificar, pode parar a qualquer momento durante a leitura e, assim, dirigir seu próprio progresso na leitura. Tem, ainda, a possibilidade de rever o texto, quando surgem dificuldades de compreensão e não está – como é o caso do ouvinte – preso a fatias específicas de informação que são apresentadas naquele momento.

Processos comuns à leitura e à audição (com base na teoria construtivista) seriam: a compreensão textual é resultante de uma construção ativa de uma estrutura coerente de conhecimento, através da qual a informação do texto e o conhecimento prévio do receptor são integrados, sob o controle de seus objetivos (Mandl, Stein & Trabasso, 1984). Ouvintes e leitores constroem uma representação cognitiva do texto ouvido ou lido, na forma de uma estrutura integrada hierarquicamente organizada, composta de unidades semânticas de baixo nível hierárquico (microproposições) e de alto nível hierárquico (macroproposições), obtidas pela condensação dedutiva da informação do texto (van Dijk, 1980).

Um pré-requisito para a formação de macroestruturas semânticas é que o ouvinte/leitor divida os segmentos do texto em seções homogêneas e analise a construção formal da manifestação (a superestrutura específica). Frederiksen (1981) chama a esses processos cognitivos de interferências estruturais que desempenham papel essencial no macroprocessamento, isto é, na construção de uma representação cognitiva, bem como da estrutura total compreensiva do texto. Musseler, Rickheit & Strohner (1985) mostram que, com relação às diferenças estruturais, existem condições diferentes para leitura e audição. O macroprocessamento ocorreria mais facilmente em textos escritos que orais, devido às características específicas da leitura já descritas. A formação de macroestruturas semânticas poderia ser realizada mais facilmente na leitura, porque o leitor pode construir os processos inferenciais de forma muito mais independente e diferenciada, já que pode determinar seus próprios padrões, selecionando aqueles aspectos do texto que considera importantes.

O ouvinte, por sua vez, está sob constante pressão devido à informação "entrante" (*incoming*) e tem de concentrar-se sobretudo na informação mais relevante. Se entender mal (*misunderstand*), correrá o risco de processar incorretamente toda a informação subsequente. Assim, pode-se esperar que a leitura facilite a formação de macroestruturas e leve a uma rede mais intrincada de estruturas cognitivas. Rickheit & Koch (1983), por exemplo, comprovaram que reproduções feitas imediatamente após a escuta ou leitura de um texto mostraram que as performances de reprodução da leitura foram melhores que as da escuta. Contudo, não foram encontradas diferenças de performance entre as duas modalidades após um longo intervalo de tempo.

Não se conhecem bem ainda os efeitos de condições perceptuais diferentes no que diz respeito ao macroprocessamento. Pode-se assumir, contudo, que o macroprocessamento é, geralmente, importante para a audição e a leitura, especialmente em se tratando de textos difíceis. Devido à carga adicional no processamento cognitivo do ouvinte, a formação de macroestruturas durante a compreensão exerce papel de relevância, garantindo que a entrada contínua de informação seja adequadamente codificada e processada. Alguns estudos (Larsen, 1983; Findahl & Hoyer, 1982) sobre compreensão na comunicação oral mostraram que as estratégias dos ouvintes são determinadas pela identificação das macroestruturas. Haveria um processamento *top-down*, visto que um esquema já exerce um forte efeito na fase final do processamento. Supõe-se, portanto, que procedimentos de acentuação textual poderiam facilitar o macroprocessamento, aliviando os ouvintes de uma sobrecarga potencial e incrementando, assim, o processamento. Um desses procedimentos auxiliadores seria a sinalização (Meyer, 1975), uma forma específica de acentuação, através da qual certos conteúdos e relações textuais específicos são enfatizados no intuito de clarificar a estrutura global do texto. Como a sinalização enfatiza aspectos centrais do texto, poder-se-ia assumir que a formação de inferências estruturais e o macroprocessamento ocorrem também durante a junção e que a compreensão e retenção aumentam em virtude dela, isto é, a sinalização incrementa a reprodução de asserções centrais do texto (macroproposições), tanto na modalidade escrita como na oral.

Em diversos experimentos, sujeitos que leram ou ouviram uma versão acentuada de um texto reproduziram de forma significativa mais macroproposições que aqueles que receberam uma versão não acentuada. Contudo, um incremento da compreensão foi atestado somente após a testagem imediata à apresentação do texto. Tal efeito desaparece se o lapso de tempo é maior.

Muitos estudos mostraram que a leitura, muitas vezes, resulta em mais reproduções que a audição, especialmente com textos difíceis (Hildyard & Olson, 1978; Kintsch *et al.*, 1975; Rickheit & Strohner, 1985, entre outros), e que, frequentemente, produzem-se mais inferências na audição que na leitura (Hildyard & Olson, 1978, 1982; Harris, 1981). Segundo Hildyard & Olson (1982: 31ss.),

> *it appears that readers and listeners do adapt somewhat different strategies in comprehending narrative discourse. The listeners pay primary attention to the theme of the story, building a coherent representation of what was meant. The readers, on the other hand, are able to pay closer attention to the meaning of the sentences per se, recalling more incidental but mentioned details, and being more accurate in their judgments of what was in fact stated in the text.*

Assim, os sujeitos que ouviram os textos revelaram menos consciência do que foi apresentado explicitamente e do que foi inferido.

Harris (1981), comparando o processamento de versões escritas e orais de vários tipos textuais, apresentou aos sujeitos asserções do texto para que as julgassem como verdadeiras, verdadeiras por implicação, falsas ou indeterminadas. As passagens orais apresentaram maior dificuldade que as escritas e os sujeitos consideraram orações falsas e indeterminadas como mais compatíveis com a passagem após a audição do que após a leitura. Isso revela que o ouvir resulta numa representação relativamente global e superficial do conteúdo do texto.

Os experimentos de Musseler, Rickheit & Strohner (1985) mostraram que, na recordação de um texto fácil, os ouvintes fizeram mais inferências elaborativas que os leitores; no caso de textos difíceis, ocorreu exatamente o oposto.

Para efeito desse experimento, os autores classificaram as inferências em: *text-text inference* (uma proposição que no predicado e argumento (ou seus sinônimos) origina-se de no mínimo duas proposições originais da base textual); *text-word knowledge inference* (que contém uma ou mais partes (ou sinônimos) originadas de uma ou mais proposições originais e, em acréscimo pelo menos uma parte do conhecimento de mundo dos sujeitos); *world knowledge inference* (proposição que contém exclusivamente conhecimento de mundo do sujeito). Os resultados obtidos foram: a) foi observada a interação esperada entre modalidade e dificuldade do texto para a reprodução. Para uma versão fácil do texto, não houve diferenças de modalidade, ao passo que, para a versão difícil, os escores de reprodução foram mais altos na leitura que na escrita; b) não houve diferenças de modalidade para reproduções parciais e inferências texto-texto; c) as inferências texto-conhecimento de mundo mostraram diferenças de modalidade significativas. Os sujeitos fizeram mais inferências desse tipo após a leitura do texto difícil que depois do texto fácil; por outro lado, houve mais inferências após a audição do texto fácil do que do texto difícil; d) as inferências de conhecimento de mundo foram significativamente mais baixas após a leitura do texto palavra por palavra do que após a leitura normal ou a audição do texto.

Os autores concluíram que a facilitação de inferências estruturais por meio de "ajudas" apropriadas é extremamente importante tanto para a audição como para a leitura. Todavia, tais "apoios" devem ser construídos diferentemente para um texto escrito e para um texto oral. Mesmo que os resultados finais sejam semelhantes com respeito ao processamento cognitivo, supostamente devido à modalidade específica, textos orais bem preparados diferem de textos escritos bem preparados com relação a seus atributos estruturais.

Assim, cabe à pesquisa futura sobre inferências questionar quais as condições necessárias para elicitar diferentes tipos de inferências e como elas podem ser fomentadas; e como "apoios" estruturais podem ser projetados para produção de inferências estruturais, em se tratando de situações de interação oral.

7. INFERÊNCIAS E COGNIÇÃO SOCIAL

"*Last but not least*" é preciso considerar a importância da cognição social para o processamento inferencial. Uma teoria adequada do processamento de inferências na compreensão textual necessita, em primeiro lugar, incorporar o conhecimento enciclopédico e o conhecimento pragmático (Graesser & Clark, 1985; Schank & Abelson, 1977); em segundo lugar, uma teoria adequada do conhecimento enciclopédico e pragmático deve, necessariamente, abarcar o conhecimento social (Graesser & Clark, 1985). Dessa forma, uma teoria adequada do processamento de inferências precisa considerar a cognição social, que constitui uma parte relevante das estruturas cognitivas armazenadas na memória. É esta razão que leva van Dijk (1989, 1990, 1992) a denominar a memória semântica de memória social.

Neste domínio – como em muitos outros –, notam-se correspondências interessantes entre a pesquisa sobre processamento discursivo e a pesquisa que se vem realizando em psicologia social. Entre os mecanismos inferenciais em que intervêm fatores sociais podem citar-se: a) conhecimento partilhado e base de conhecimento comum; b) atribuições de causas; c) estruturas cognitivas para diferentes classes de pessoas; d) interação social; e) afeto, etc.

Pesquisas já efetuadas (cf. Clark, 1985) permitem antecipar algumas generalizações:

1) As inferências na compreensão textual fundamentam-se no conhecimento partilhado, grande parte do qual é social.
2) Muitas inferências envolvem processos atribucionais, ou seja, aqueles processos em que produzimos inferências concernentes às causas de *certas condições.*
3) As inferências são frequentemente extraídas de estruturas gerais de conhecimento de mundo associadas com diferentes classes de pessoas, incluindo-se, aqui, a representação cognitiva de estereótipos (Hamilton, 1981; Fiske & Taylor, 1984; Wyer & Gordon, 1982, entre outros) e, também, de preconceitos (van Dijk, 1988, 1989, 1990, 1993; Dovidio & Gaertner, 1986). Os estereótipos permitem-nos acomodar e organizar a informação que recebemos sobre indivíduos e situações, bem como exercem a função de passar informações de nosso conhecimento geral à compreensão de instâncias específicas, ou seja, a produzir inferências.

4) Os indivíduos utilizam um princípio de reciprocidade em sua compreensão da interação social. Tal reciprocidade é constantemente baseada em processos de atribuição moral. A atribuição de causas a condutas e a conflitos pode auxiliar a negociação ou, quando feita de forma equivocada, aprofundar mal-entendidos.
5) Há mecanismos inferenciais que envolvem a percepção de afeto bem como suas consequências. Questões de afeto e emoção vêm sendo incorporadas à pesquisa linguística sobre interação social (Fiehler, 1990).

Van Dijk (1992) entende por cognição social o sistema de estratégias e estruturas mentais partilhadas pelos membros de um grupo e, em particular, aquelas envolvidas na compreensão, produção ou representação de "objetos" sociais, tais como situações, interações, grupos e instituições.

O conhecimento social, segundo ele, é o tipo de conhecimento mais geral e abstrato sobre o mundo, partilhado pelos membros da sociedade. Trata-se não só de conhecimentos sobre a língua, o discurso e a comunicação, mas do conhecimento social representado em *scripts* sobre episódios sociais estereotípicos, que se forma por inferenciação a partir de modelos repetidamente partilhados. Por outro lado, os *scripts* são usados para compreender novos episódios através de instanciações parciais em modelos de tais episódios.

É evidente que não se pode explicar a produção, a compreensão e o funcionamento social dos discursos sem levar em conta esses fatos. Isto é, se quisermos explicar adequadamente o funcionamento das inferências na produção do sentido, teremos de levar em conta, além dos fatores linguístico-discursivos, fatores de ordem cognitiva, sociocultural e interacional.

BIBLIOGRAFIA

CLARK, H.H. "Bridging". In: SCHANK, R.E. & NASCHWEBER, B.L. (eds.). *Theoretical Issues in Natural Language Processing*. Cambridge, Mass: Reprints of a conference at MIT, 1975.

CLARK, L.F. "Social knowledge and inference processing in text comprehension". In: G. RICKHEIT & STROHNER, H. *Inferences in Text Processing*. Amsterdam: North-Holland, 1985, p. 95-114.

CROTHERS, E.T. *Paragraph Structure Inference.* Norwood, N.J.: Ablex, 1979.
DOVIDIO, J.F. & GAERTNER, S.L. (eds.). *Prejudice Discrimination and Racism.* New York: Academic Press, 1986.
ENNINGER, W. & HAYNES, L.M. *Studies in Language Ecology.* Wiesbaden: Steiner, 1984.
FIEHLER, R. *Kommunication und Emotion.* Berlin: de Gruyter, 1990.
FINDAHL, O. & HOYER, B. "The problem of comprehension and recall of broadcast news". In: Le NY, J.F. & KINTSCH, W. (eds.). *Language and Comprehension.* Amsterdam: North-Holland, 1982.
FISKE, S.T. & TAYLOR, S.E. *Social Cognition.* Reading, MA: Addison-Wesley, 1984.
FREDERIKSEN, C.H. "Inference in preschool children's conversation a cognitive perspective". In: J.L. GREEN & WALLAT, C. (eds.). *Ethnography and Language in Educational Settings.* Norwood, N.J.: Ablex, 1981.
GARROD, S. "Incremental pragmatic interpretation versus occasional inferences during fluent reading". In: RICKHEIT, G. & STROHNER, H. *Inferences Text Processing.* Amsterdam: North Holland, 1985.
GRAESSER, A.E. & CLARK, L.F. "The generation of knowledge-based inferences during narrative comprehension". In: RICKHEIT & STROHNER, 1985, p. 53-94.

GUMPERZ, J.C. "Sociocultural knowledge in conversational inference". In: SAVILLE-TROIKE, M. (ed). *Linguistics and Anthropology.* Washington, DC: Georgetown University Press, 1977.
HAMILTON, D.L. (ed.). *Cognitive Processes in Stereotyping and Intergroup Behavior.* Hillsdale, Mass: Erlbaum, 1981.
HARRIS, R.J. "Inferences in information processing". In: BOWER, G.H. (ed.). *The Psychology of Learning and Motivation,* v. 15. New York: Academic Press, 1981.
HILDYARD, A. & OLSON, D.R. (1978) "Memory and inference in the comprehension of oral and written discourse". *Discourse processes,* 1: 91-117. (1982) On the comprehension of oral VS. written discourse. In: TANNEN, D. (ed.). *Spoken and Written Language. Exploring Orality and Literacy.* Norwood, N.J.: Ablex.
HRON, A; KURBJUHN, I.; MANDL, H. & SCHNOTZ, W. "Structural inferences in reading and listening". In: RICKHEIT & STROHNER. *Inferences in Text Processing.* Amsterdam: North-Holland, 1985, p. 221-246.
JUBRAN, CLÉLIA C. ABREU SPINARDI, C.C.A.S. et al. "A organização tópica do português falado". In: ILARI, R. (org.). Gramática do português falado, v. 2. Campinas: Ed. da Unicamp, 1992.
KINTSCH, W.; KOSMINSKY; STREBY, W.J.; MCKOON, G. & KEENAN, J. M. "Comprehension and recall of text as a function of content variables". In: *Journal of Verbal Learning and Verbal Behavior,* 1975, 14: 196-214.
KINTSCH, W. & VAN DIJK, T.A. "Toward a model of discourse comprehension". In: *Psychological* Review, 1978, 85, p. 368-394.
LARSEN, S.F. "Text processing and knowledge updating in memory for radio news". In: *Discourse Processes,* 1983, 6, p. 21-38.
MANDL, H.; STEIN N.L. & TRABASSO T. (eds.). *Learning and Comprehension of Text.* Hilsdale, N.J.: Erlbaum, 1984.
MEYER, B.J.F. *The Organization of Prose and its Effects on Memory.* Amsterdam: North-Holland, 1975.
MUSSELER, J.; RICKHEIT, G. & STROHNER, H. "Interferences of modality, text difficulty, and processing control on inferences in text processing". In: RICKHEIT & STROHNER. *Inferences in Text Processing.* Amsterdam: North-Holland, 1985, p. 247-272.
REHDER, L.M. "The role of elaboration in the comprehension and retention of prose. A critical review". In: *Review of Educational Research,* 50, 5-53, 1980.

RICKHEIT, G. & KOCK, H. "Inference processes in text comprehension". In: RICKHEIT & KOCK (eds.). *Psycholinguistic Studies in Language Processing.* Berlin: de Gruyter, 1983.
RICKHEIT, G. & STROHNER, H. (eds.). *Inferences in Text Processing.* Amsterdam: North-Holland, 1985.
SCHANK, R.C. & ABELSON, R.P. *Scripts, Plans, Goals and Understanding.* Hillsdale, N.J.: Erlbaum, 1977.
SCHNOTZ, W. "Selectivity in drawing inferences". In: RICKHEIT & STROHNER. *Inferences in Text Processing.* Amsterdam: North-Holland, 1985, p. 287-326.
VAN DER VELDE, R. "The role of inference in text organization". In: CONTE, M.L.; PETÖFI, J.S. & SOZER, E. (eds.). *Text and Discourse Connectedness.* Amsterdam: North-Holland, 1989, p. 543-562.
VAN DIJK, T.A. *Macrostructures.* Hillsdale, N.J.: Erlbaum, 1980.
______. *Prejudice in Discourse.* Amsterdam: Benjamins, 1989.
______. "Models in memory", 1988 (mimeo).
______. "Social cognition and discourse". In: GILES, H. & ROBINSON, R.P. (orgs.). *Handbook of Social Psychology.* Chichester: Wiley, 1990, p. 163-183.
______. "Discourse and cognition in society". A ser publicado em CROWLEY, D. & MITCHELL, D. *Communication Theory Today.* Oxford: Blackwell, 1992.
______. *Discourse, Power and Access,* 1993.
______ & KINTSCH, W. *Strategies of Discourse Comprehension.* New York: Academic Press, 1983.
WYER, R.S. & GORDON, S.E. "The recall of information about persons and groups". *Journal of Experimental Social Psychology,* 1982,18: 128-164.

(1ª versão em "A produção de inferências e sua contribuição na construção do sentido". In: Revista *D.E.L.T.A.*, 9 (número especial), 1993, p. 399-416.)

10.
AQUISIÇÃO DA ESCRITA E TEXTUALIDADE

1. INTRODUÇÃO

Meu objetivo neste capítulo é refletir sobre a questão da aquisição da escrita, sob o "olhar" da Linguística Textual. Apresentarei, primeiramente, algumas considerações a respeito da concepção de texto que a criança possui na fase de alfabetização e da influência que tem tal concepção na forma como estrutura seus textos; a seguir, examinarei aspectos relativos à coesão e à coerência textuais, a partir de material (redações) cedido pela escola particular "Balão Vermelho", de Belo Horizonte (MG).

2. CONCEPÇÃO DE TEXTO

Quais são os modelos de texto de que dispõe a criança nas séries iniciais de escolarização?

Podemos desdobrar essa questão em duas: a) quanto à forma de estruturação; b) quanto à superestrutura ou esquema textual e à macroestrutura ou conteúdo semântico global.

a) Quanto à forma de estruturação:

Em um primeiro momento, o modelo intuitivo de texto da criança é, evidentemente, o do texto oral: não só o texto conversacional, como também textos narrativos (estórias, "casos", relatos, etc.);

algumas crianças têm, ao lado deste, o modelo de narrativas escritas lidas pelo adulto ou por uma criança maior. Nesta fase, a criança é, em geral, bastante criativa, capaz de "inventar" histórias originais ou "adaptar" aquelas que conhece.

Ao entrar na fase de alfabetização, esse primeiro modelo é acrescido – ou simplesmente substituído – pelo da cartilha.

Ao defrontar-se com um tipo de texto bem diferente daquele que conhece, a criança reformula a sua hipótese a respeito do que seja um texto: parece-lhe, agora, que o modelo "correto" de texto é aquele apresentado pela cartilha, que ela, então, tenta parodiar. Verifica-se que seus textos vão se tornando não só mais artificiais, como também perdem muito da riqueza e criatividade que caracteriza os primeiros textos espontâneos. Para produzir frases curtas, em geral com a repetição, no início de cada uma, do mesmo sintagma nominal, não estabelece, muitas vezes, qualquer tipo de relação semântica entre as várias frases, por meio de conectores ou outros elementos de ligação – algo que, em parte, fazia anteriormente, mas que normalmente não encontra nos textos da cartilha, que toma por modelo.

Mais adiante – e por vezes simultaneamente –, ela é exposta a outros modelos de texto, como os dos quadrinhos, dos livros de literatura infantil, do livro de leitura, juntamente com aqueles que lhe são apresentados como modelos para a redação em classe. Dessa forma, aos poucos, a criança vai construindo, intuitivamente, um novo modelo de texto escrito. De um modo geral, contudo, em decorrência da falta de conscientização da criança, por parte do professor, relativamente às diferenças entre fala e escrita, seu texto continua eivado de marcas de oralidade, conforme mostrarei mais adiante. Dependendo do tipo de texto, tais marcas deverão ser paulatinamente eliminadas, por meio da intervenção do professor.

b) Quanto à superestrutura ou esquema textual e à macroestrutura ou conteúdo semântico global:

Em se tratando de narrativas, o esquema textual mais frequentemente utilizado pela criança é o dos contos de fadas, das histórias tradicionais. Em geral, seus textos apresentam, das (macro)categorias narrativas postuladas por Labov & Waletsky (1967), a situação, a complicação, a resolução e a coda, no caso representada pelo fecho "E viveram felizes para sempre", deixando de conter apenas, sobretudo na fase inicial de aprendizagem, a avaliação (reflexões do narrador e/ou dos personagens).

Vejam-se os seguintes exemplos de referência ambígua:

> pouco depois quando acabou com todos eles foi emor no caminho ele encontrou a princesa de seus sonhos presa em uma jaula, e quando ele vai quebrar a jaula o rei dos gorilas avaça e começa a luta depois de acabar com *ele, ele* a soutou se casaram e viveram felizes para sempre. (Felipe, 2a série)

> ... Certo dia um homem muito rico mudou-se, para perto da fazenda do pobre homem. *Ese homem* era mau i iguinorante. Assim que soube de *sua* existencia, dia e noite não parava de atonnenta-lo, então ele disse.
> – Homens conhecem o moleiro que vive aqui perto? e eles responderam:
> – Sim
> Envenem o rio, matem o gado, sujem a casa roubem o alimento dos animais, quemem a plantação e enterrem o ouro.
> E eles responderam:
> – Sim!
> E eles fizeram tudo de acordo então *eles* caminhavam 2 km por dia para sobreviver... (Flávia, 2ª série)

c) Tempo verbal inadequado:

Em todas as séries, praticamente, tem-se casos de emprego inadequado de tempos verbais. Apenas as amostras de 4a série não apresentam tal problema, fato que pode ser motivado pelo tipo de texto produzido, ou seja, uma autobiografia, em que o presente é o tempo absolutamente predominante. De qualquer maneira, cabe frisar que a maior parte das dificuldades acima apontadas vão diminuindo sensivelmente na 3a e 4a séries. Exemplo de emprego inadequado do tempo verbal encontra-se no exemplo (9), mais adiante.

3. ASPECTOS RELATIVOS À COESÃO E À COERÊNCIA

Vejamos, agora, como a concepção de texto que a criança possui tem reflexos na escrita, em termos da coesão e da coerência do texto. Note-se que se trata de pontos interessantes para serem trabalhados com os alunos pelo professor.

3.1. Coesão

A coesão, como venho postulando (cf. Koch, 1989a, entre outros), diz respeito ao modo como os constituintes textuais se encontram explicitamente interligados. Verifica-se que a coesão, principalmente nas 1ª e 2ª séries, é bastante próxima daquela da oralidade – modalidade que a criança já domina, quando vem para a escola. No *corpus* examinado, destacam-se os seguintes pontos:

a) a conexão entre enunciados faz-se por simples justaposição ou, então, por meio de sequenciadores típicos do texto oral, como *aí, daí, então, e*:

> (1) Era uma ves um castelo abandonado *e* um dia 2 mininos pobres que tinham passado por lá. comesaram a reformar o castelo *e* o tempo foi pasando *e* a noticia se espahol *e* os mininos creseram *e* finalmente o castelo ficol pronto os mininos foram entrando *e* lá dentro tinha 8 cuartos. (Júlia, 1ª série)

b) encontram-se, também, várias ocorrências de *mas*, algumas com função adversativa, outras, porém, com função meramente continuativa:

> (2) Era uma vez en um bosque en con tado via um rei e uma rainha e o filho dele *mas* ele desejava ter uma noiva *mas* mão sabiacomoaramjar... (Ada, 1ª série)

Verifica-se, no exemplo anterior, que o primeiro *mas* funciona como simples continuador, ao passo que o segundo apresenta verdadeiro valor adversativo.

(3) Quase Chorei quando a fatina disse pra gente O que aconteceu com você meu olho ficol cheio de lagrimas. *mas* fiquei com muita pena de você *mas* não se preocupe porque nos todos sabemos que você vai melhorar o mais rapido posiveu...

Repete-se aqui o mesmo que ocorre no exemplo (2): um primeiro *mas* continuador e um segundo adversativo.

Há, também, alguns casos em que o *mas* parece mal empregado (ou, pelo menos, de emprego duvidoso):

(4) Era uma vez um Rei e uma Rainha que moravam numa linda Cidade que tinhan un palacio Maravilhoso e um filho eles Desejavan ter uma filha *mais* eles tinhan uma tristesa porque seu filho Era triste... (Adriano, 3ª série)

Estas dificuldades, nos textos do *corpus* analisado, desaparecem a partir da 3ª série.

c) abundância de repetições:

(5) ... apareu uma fada a arainha dice gen e voce o geger calma eu so gero ajudar galma minha rainha eu so guerro ajudar para o seu filho conseguir o guer ele tera queir agora para con seguir oguer porisso deeste medalhão... (Ada, 3ª série)

(6) No dia seguinte maria falou que teve um pesadelo Juliana tanbem falou juju tambem falou Mas nem uma das 3 se portaram por que tambem era só um pesadelo então as três viveram felizes pra a sempre. (Maria Corina, 2ª série)

d) referência ambígua:

(7) No dia seguinte, a princesa não estava se sentindo bem, 1 semana depois, que seus pais descobriram que sua duença era quase incurável, só podia ser curada se ela *beber* de um vinho, chamado: Vinho de Maria, por quê fazia milagres. (Clarice, 2ª série)

3.2. Coerência

A coerência diz respeito ao modo como os elementos expressos na superfície textual e aqueles que se encontram implicitados vêm a permitir aos usuários do texto a construção de um sentido, devido à atuação de uma série de fatores de ordem cognitiva, sociocultural, situacional, interacional, para citar os mais importantes (cf. Koch, 1989b, 1990).

Pode-se falar em diversos tipos (parciais) de coerência, que concorrem todos para o estabelecimento da coerência global, tal como acima definida, entre os quais destacarei os seguintes:

Coerência semântica – que se refere à relação entre os significados dos enunciados do texto ou de seus constituintes, que devem ser consistentes entre si, obedecendo ao princípio da "não contradição".

Coerência sintática – que se refere à adequação dos elementos linguísticos utilizados para expressar a coerência semântica, tais como os conectivos, os elementos anafóricos ou catafóricos, enfim, os recursos de coesão em geral.

Coerência temática – que exige a obediência ao princípio da relevância, isto é, que os enunciados do texto sejam relevantes, de algum modo, para o tema em desenvolvimento.

Coerência superestrutural – que se refere à adequação ao tipo de texto e, portanto, ao esquema textual pertinente.

Coerência temporal – que diz respeito ao modo como os fatos referidos no texto coocorrem ou evoluem no tempo sem "saltos" excessivamente longos, não justificados pelo narrador, ou, ao contrário, com excessiva fragmentação temporal, a não ser quando exigida pelo desenvolvimento do enredo narrativo.

3.2.1. Causam prejuízo à coerência sintática todos os problemas de coesão anteriormente discutidos.

3.2.2. Os textos a seguir apresentam problemas de coerência temática:

(8) Era uma ves um principe *que gostava muito das moças do reino* e na corte avia 1 fada tudo que Avia de errado eles chamavam a fada. o castelo era muito Bonito mas tinha um problema a Bruxa que morava em uma caverna roubou todo o outro do rei, um dia o rei teve uma ideia. chamou todos os guardas e a fada para pegar o tesouro eles pegaram o tesouro e ficaram felizes para sempre. (Ana Cristina, 1ª série)

(9) *Era uma vez uma menininha abandonada com apenas* 1 *mês.* Lá perto tinIa um castelo. com um labirinto imenso. Lá dentro tinha muitas armadilhas. Depois do labirinto tinha uma porta, Lá dentro tinha uma rainha muito bonita, má. Ela possuía um espelho mágico.

Um dia passou um príncipi catando: Lalala Ia Ia Ia um tum dois tum tum. E asim viu o castelo e entrou e disse: tem algemai! !

– Quem é? disseram os guardas.

– Um viagante.

– Só entra se tiver 100 prata ou contar 10 Historias.

A rainha adorava Historia por isso tinha pedio para o quarda falar isso: *Passou* 2 *anos e á meninia creceu* 2 *e* 1 *mes e ja falava mas não andava.* (fim) (Guilherme, 2ª série)

3.2.3. Nos textos com superestrutura narrativa (que constituem a grande maioria do *corpus* sob análise), encontram-se, entre outros, os problemas seguintes, com relação à coerência superestrutural:

– Falta da categoria "complicação" (embora a professora, nas instruções, tenha frisado que deveria ocorrer **um** "problema"). É o caso dos exemplos (1), (9) e do exemplo (10) a seguir:

(10) Era uma vez um Rei solitário que Morava no seu Lindo e maravilhoso castelo. Um belo dia ele viu uma Rainha e se apaixonou pela Rainha. um dia o Rei e a Rainha se encontrarão Novamente marcarão o casamento casarão E viverão felises para sempri. (Pedro, 1ª série)

– Resolução "desvinculada" da complicação – Numa das propostas de trabalho sobre a narrativa, o roteiro continha as seguintes sugestões:

1) Início: lugar – floresta, deserto, ilha, praia personagens – Turma da Ecologia.
2) Um problema: enfrentam um perigo – animais perigosos, grutas, cavernas, vulcões, tornados, canibais.
3) O problema é resolvido: alguém aparece para salvá-los, encontram um barco, encontram um tesouro.
4) Final feliz com a turma voltando para casa.

Do lado direito desse roteiro estava escrito:

Descrever o lugar onde acontece a história.

As crianças enfrentam um perigo.

O problema é resolvido e as crianças podem até encontrar tesouros.

Final feliz com a turma voltando para casa.

Ocorre que, em várias redações, o fato de encontrarem o tesouro fica praticamente desvinculado do restante da história, e acaba sendo incorporado como algo que deveria necessariamente acontecer – e não como algo que ocorre em dados tipos de situação. Veja o exemplo (11):

> (11) Um dia numa bela manhã a turma da ecologia resolveu viajar para uma floresta. Chegaram -lá e viram uma gruta cheia de armadílias cobras leôes tigres onças, etc. ... entraram -na gruta com lanterna primeiro foi o leão muitos tigres e onças depois foi milhares de cobras e serpente e la no teto e cheio de morcegos ja estavam chegando no final da gruta andaram andaram-andaram chegaram no final da gruta virão o baú cheio de joias moedas voutaram para casa e ficarão muito felizes. (Ana Cristina, 1ª série)

– Coda dos contos de fadas em textos que não a comportam – vejam-se os exemplos (6) e (11) – com cortes abruptos da narrativa, que fica sem resolução ou com a resolução comprometida – exemplos (12) e (13):

(12) ... no curto do rei avia um baú os dois mininos qero diser os prisipes porque tinham colocado as roupas encantadas porque tinham posto roupas encatadas. fim [final do texto do exemplo (1)] (Júlia, 1ª série)

(13) No dia seguinte, a princesa não estava se sentindo bem, 1 semana depois, que seus pais descobriram que sua duença era quase incurável, só podia ser curada se ela beber de um vinho, chamado Vinho de Maria, po quê fazia milagres. (Clarice, 2ª série)

3.2.4. No tocante à coerência semântica, ocorre, frequentemente, falta de consistência entre os fatos narrados:

(14) ... E Fatima vai dar um passeio de canoa *infelismente vira mas sã e salva ela encontra uma ilha e fica por lá* Fatima encomtra um coco e faminta come e bebe o coco a Fatima e sai para conhecer a ilha mas emcontra barulhos estranhos tipo eses ó bum bum bum e corre para ver o que e era canibais que tentaram pegar a Fatima *mas sei irmão que foi sal-vala e mata os canibais – Fatima diz como comsigil chegar aque – Filipe diz. com uma inchente como vamos sair da que? não sei mas Fatima lembra tenho uma canoa vamos pega-lá. E cuando estavam no meio do caminha canoa afunda e 2 sereias salva ele e levando eles para casa. E sua mãe agradesida oferese as sereias para morar na cascata as sereia moram e viveram felizes para sempre ou sera a eternidade?* (Júlia, 1ª série)

3.2.5. Prejudicam a coerência temporal, fatos como:

a) "Saltos" muito grandes no tempo, por vezes com omissão de fatos importantes para a compreensão da trama, muitas vezes seguidos de relatos pormenorizados de sequências de fatos ocorridos em curto lapso de tempo:

(15) Era uma vez um Rei e uma Rainha que moravam numa linda Cidade que tinhan um palacio Maravilhoso e um filho eles Desjavan ter uma filha mais eles tinhan uma tristesa pQrque seu

filho Era triste depois que Pasou muito anos O principe Completo 20 Anos ele partio pronto o principe Chegou. Ai passou 1 Anoque ele estava Ia O principe teve que conbater um dragão Que era Muito Mau... (Adriano, 1ª série)

b) Inconsistência nas indicações temporais:

(16) *Uma vez um Principe que estava cavalgangando por uma floresta todo feliz. Outro dia* quando o Principe poi cavalgar Encontrou um baita gorilão com sua gangue de macacos dente de sabre. (Felipe, 2ª série)

3.2.6. Pode, ainda, dificultar a construção do sentido e, portanto, prejudicar a coerência a dificuldade que a criança encontra em reproduzir adequadamente, de acordo com as normas da escrita, os diálogos entre os personagens de suas histórias, ou seja, de utilizar a pontuação adequada em se tratando de discurso citado. Este é apresentado quase exclusivamente em estilo direto, sucedendo-se as falas como se os interlocutores se encontrassem frente a frente ("encenação das falas") ou com corte apenas para a indicação, pelo narrador, de mudanças no espaço ou no tempo, como ocorre nas histórias em quadrinhos. Veja-se o exemplo (16) e também os exemplos que seguem:

(17) ... eopricipi fes desoito anos e teve gue irr pa aguera masantesdiso *gurido filho – leveste – medalhão convoce masnã dalhã. ele parti!...* (Ada, 1ª série)

(18) Dez oras depois o Lucas vil um navio pirata elegrito *gente vamos nos conder um navio pirata sea prosima vamo logo ja sei vamos nos esconder na quela caverna certo* ***elá atras*** *sera que é perigos* ***ela fora*** *rárá vamos ficaricos maos pirtas não acharão droga vam em bora viva camos ricos e turma vou tá para casa. Fim.* (Ada, 1ª série)

Também esses problemas vão sendo sanados pouco a pouco, através da interferência do professor: nos textos da 3ª série do *corpus* em exame já se encontram praticamente eliminados.

4. CONCLUSÃO

Por tudo o que foi aqui discutido, pode-se verificar que a criança, na fase inicial de aquisição da escrita, transpõe para o texto escrito os procedimentos que está habituada a usar na fala. Somente com o decorrer do tempo e com a intervenção oportuna e paciente do professor é que ela vai construir seu modelo de texto escrito. Como isso não acontece da noite para o dia, ela continua a empregar em suas produções os recursos próprios da oralidade: por exemplo, não atina, ainda, com a necessidade de representar verbalmente tudo o que está presente ou implicado na situação comunicativa, com o fato de não ter o interlocutor diante de si e/ou de que o leitor de seu texto não é um observador copresente ao desenrolar dos fatos.

Além disso, a criança continua a recorrer aos recursos coesivos típicos do texto oral, que deverão, paulatinamente, ser substituídos pelos que são próprios do escrito, através da conscientização da criança pelo professor quanto às diferenças entre as duas modalidades.

No que diz respeito aos problemas de coerência, pode-se dizer que decorrem, uns do próprio estágio de desenvolvimento mental em que a criança se encontra, outros da novidade da situação de produção textual em sala de aula – que é sempre, por mais que se tente "dourar a pílula", uma situação artificial de comunicação, muito diferente daquelas a que está acostumada, vendo-se na obrigação de "atender" às instruções e de corresponder às expectativas do professor. Muitas das dificuldades que a criança encontra derivam, sem dúvida, desse fato.

É por essa razão que o trabalho do professor revela-se de enorme importância nesse momento, não só no sentido de conscientizar a criança das peculiaridades da situação de produção escrita e das exigências e recursos que lhe são próprios, como no de criar um ambiente em que tal produção lhe pareça menos artificial e mais próxima da realidade em que vive e na qual necessita, em muitas ocasiões, recorrer a produções escritas na interação com seus semelhantes.

BIBLIOGRAFIA

KOCH, Ingedore G. Villaça. *A coesão textual.* São Paulo: Contexto, 1989a.

______ & TRAVAGLIA, L.C. *A coerência textual.* São Paulo: Contexto, 1989b.

______. *Texto e coerência.* São Paulo: Cortez, 1990.

LABOV, W. & WALETSKY, J. "Narrative Analysis: Oral Versions of Personal Experience". In: HELM, J. (ed.). *Essays on Verbal and Visual Arts.* Seattle and Condon, 1967, p. 12-44.

(1ª versão em "Aquisição da escrita e textualidade". In: *Cadernos de Estudos Linguísticos,* nº 29. Campinas, SP, jul/dez 1995, p. 109-117.)

11.
LINGUÍSTICA TEXTUAL E ENSINO DE PORTUGUÊS

1. O QUE PRECONIZAM OS PCNs EM TERMOS DO ENSINO DE LÍNGUA PORTUGUESA?

Tomando-se a linguagem como atividade discursiva, o texto como unidade de ensino e a noção de gramática como relativa ao conhecimento linguístico, que há de compreender e expandir como instrumento de adequação do texto à sua finalidade e destinação, as atividades curriculares em Língua Portuguesa correspondem, principalmente, a atividades linguísticas: uma rica e diversificada interação dialogal, uma prática constante de leitura e produção de textos (PCNs, 1998).

O ensino de Língua Portuguesa deve ter como objeto central o texto:

> Se o objetivo é que o aluno aprenda a produzir e interpretar textos, não é possível tomar como unidade básica de ensino nem a letra, nem a sílaba, nem a palavra, nem a frase que, descontextualizadas, pouco têm a ver com a competência discursiva, que é a questão central. Dentro desse marco, a unidade básica de ensino só pode ser o texto. Priorizar o texto não significa que não se enfoquem palavras ou frases nas situações didáticas específicas que o exijam. (PCNs, 1998)

Se assim é, o professor precisa de subsídios que lhe permitam trabalhar com o texto em sala de aula, de maneira não intuitiva. E esses lhe serão, em grande parte, fornecidos pela Linguística Textual.

Evidentemente, os PCNs traçam as diretrizes gerais para tanto, mas não lhes caberia ir a fundo nessas questões que tanto angustiam os professores de português.

Mas o que é um texto?

O conceito de texto depende, evidentemente, das concepções que se tenha de língua e de sujeito.

Na concepção de língua como representação do pensamento e de sujeito como senhor absoluto de suas ações e de seu dizer, o texto é visto como um produto – lógico – do pensamento (uma representação mental) do autor, nada mais cabendo ao leitor/ouvinte senão "captar" essa representação mental, juntamente com as intenções (psicológicas) do produtor. Dessa forma, o ouvinte exerce um papel essencialmente passivo.

Na concepção de língua como código – portanto, como mero *instrumento* de comunicação – e de sujeito como (pré)determinado pelo sistema, o texto é visto como simples produto da codificação de um emissor a ser decodificado pelo leitor/ouvinte. Para tanto, basta o conhecimento do código – já que o texto, uma vez codificado, é totalmente explícito. Também nessa concepção o papel do "decodificador" é essencialmente passivo.

Já na concepção interacional (dialógica) da língua, na qual os sujeitos são vistos como atores/construtores sociais, o texto passa a ser considerado o próprio *lugar* da interação e os interlocutores, como sujeitos ativos que dialogicamente – nele se constroem e são construídos. Dessa forma há lugar, no texto, para toda uma gama de implícitos, dos mais variados tipos, somente detectáveis quando se tem, como pano de fundo, o contexto sociocognitivo dos participantes da interação.

É preciso, então – como defendo em Koch (2002) –, pensar o texto como lugar de constituição e de interação de sujeitos sociais, como um evento, portanto, em que, conforme Beaugrande (1981), convergem ações linguísticas, cognitivas e sociais, ações por meio das quais se constroem interativamente os objetos de discurso e as múltiplas propostas de sentidos, como função de escolhas operadas pelos coenunciadores, entre as inumeráveis possibilidades de organização textual que cada língua lhes oferece; ver o texto como um construto histórico e social, extremamente complexo e multifacetado, cujos segredos é preciso desvendar para compreender melhor esse "milagre" que se repete a cada nova interlocução – a interação pela linguagem, linguagem que, como dizia Carlos Franchi, é *atividade construtiva.*

Vejamos agora o que dizem a respeito do texto os PCNs:

> Podemos afirmar que o texto é o produto da atividade verbal oral ou escrita que forma um todo significativo e acabado, qualquer que seja a sua extensão. É uma sequência verbal constituída por um conjunto de relações que se estabelecem a partir da coesão e da coerência. Esse conjunto de relações tem sido chamado de textualidade. Dessa forma, um texto só é um texto quando pode ser compreendido como unidade significativa global, quando possui textualidade. (PCNs, 1998)

Pode-se dizer, portanto, que a maior "novidade" no ensino de língua materna – se realmente o for – seria o deslocamento que se vem operando, já há alguns anos, do foco na gramática normativa para o foco no texto. Contudo, é preciso entender bem o que isso significa:

1) Não quer dizer que a gramática seja inútil e não deva ser ensinada, mas, sim, que é possível ensinar a gramática dentro de práticas concretas de linguagem;
2) Também não significa fazer do texto um simples pretexto para ensinar a gramática;
3) Nem significa que se deva inculcar, na mente dos alunos, complicados conceitos linguísticos recém aprendidos na Universidade;
4) Significa, sim, levar o aluno a uma reflexão sobre como se produzem sentidos na interação por meio da língua, ou seja, por intermédio de textos.

Em um texto denominado "Modelos de Interpretação", Dascal (1992) escreve que, talvez, a melhor caracterização da espécie *Homo sapiens* repouse no anseio de seus membros pelo sentido. O homem, seria, assim, um "caçador de sentido", um bem precioso, que se encontra para sempre, de certa forma, "escondido".

Essa metáfora de Dascal é bastante útil para uma reflexão sobre a leitura e a produção de sentido. Em sua constante busca, o ouvinte/leitor de um texto mobilizará todos os componentes do conhecimento e as estratégias cognitivas que tem ao seu alcance para ser capaz de interpretar o texto como dotado de sentido. Isto é, esperamos sempre um texto para o qual possamos produzir sentidos e procuramos, a partir da forma como ele se encontra linguisticamente organizado, construir uma representação coerente, ativando, para tanto, os conhecimentos prévios e/ou tirando as possíveis conclusões para as quais o texto aponta. O processamento textual, quer em termos de produção quer de compreensão, depende, assim, essencialmente, de uma interação – ainda que latente – entre produtor e interpretador. Como bem diz Geraldi (1991: 9), "o falar depende não só de um saber prévio de recursos expressivos disponíveis, mas de operações de construção de sentidos dessas expressões no próprio momento da interlocução".

É claro que esta atividade compreende, da parte do produtor do texto, um "projeto de dizer" e, da parte do interpretador (leitor/ouvinte), uma participação ativa na construção do sentido, por meio da mobilização do contexto (em sentido amplo), a partir das pistas e sinalizações que o texto lhe oferece. Produtor e interpretador do texto são, portanto, "estrategistas", na medida em que, ao jogarem o "jogo da linguagem", mobilizam uma série de estratégias – de ordem sociocognitiva, interacional e textual – com vistas à produção do sentido.

Dessa forma, adotando-se a concepção sociointeracional – de língua, de sujeito, de texto –, a compreensão deixa de ser entendida como simples "captação" de uma representação mental ou como mera decodificação de mensagem resultante da codificação de um emissor. Ela é, isto sim, uma atividade interativa, altamente complexa, de produção de sentidos, que se realiza, evidentemente, com base nos elementos linguísticos presentes na superfície textual e na sua forma de organização, mas que requer a mobilização de um vasto conjunto de saberes (enciclopédia) e a reconstrução deles no interior do evento comunicativo.

2. AS CONTRIBUIÇÕES DA LINGUÍSTICA TEXTUAL

Como se vê, cabe à Linguística Textual oferecer ao professor os subsídios indispensáveis para a realização do trabalho com o texto: a ela compete o estudo dos recursos linguísticos e das condições discursivas que presidem à construção da textualidade e, em decorrência, à produção textual dos sentidos. Isso significa, inclusive, uma revitalização do estudo da gramática; não, é claro, como um fim em si mesma, mas no sentido de evidenciar de que modo o trabalho de seleção e combinação dos elementos, dentro das inúmeras possibilidades que a gramática da língua nos põe à disposição, nos textos que lemos ou produzimos, constitui um conjunto de decisões motivadas que vão funcionar como instruções ou sinalizações a orientar a busca pelo sentido.

As postulações dos PCNs deixam clara a necessidade do recurso ao contexto na produção de linguagem, quer se trate de leitura quer de escrita. Todavia, faz-se necessário explicitar o que se entende por contexto.

O contexto, da forma como é hoje entendido pela Linguística Textual, abrange não só o cotexto, situação de interação imediata e mediata (entorno social, político e cultural), mas também o contexto sociocognitivo dos interlocutores, o que, na verdade, subsume os demais. O contexto sociocognitivo engloba todos os tipos de conhecimentos arquivados na memória dos actantes sociais, conhecimentos que necessitam ser mobilizados por ocasião do intercâmbio verbal (Koch, 1997): o conhecimento linguístico propriamente dito, o conhecimento enciclopédico, quer declarativo quer episódico (*frames, scripts*), o conhecimento da situação comunicativa e de suas "regras" (situacionalidade), o conhecimento superestrutural (tipos textuais), o conhecimento estilístico (registros, variedades de língua e sua adequação às situações comunicativas), o conhecimento sobre os variados gêneros adequados às diversas práticas sociais, bem como o conhecimento de outros textos que permeiam nossa cultura (intertextualidade).

Nessa acepção, portanto, vê-se o contexto como constitutivo da própria ocorrência linguística. É nesse sentido que se pode dizer que certos enunciados são gramaticalmente ambíguos, mas que o discurso se encarrega de fornecer condições para sua interpretação unívoca. Aqui se concebem as línguas em si como indeterminadas, como não fornecendo, eventualmente, todas as condições para sua interpretação (Koch, 2002), isto é, admite-se ou que o contexto permite preencher as lacunas do texto ("o contexto completa" – Dascal & Weizman (1987) e Clark (1977) estabelecem os "elos faltantes" – *missing links* – por meio de inferências-ponte) ou, então, que os fatores contextuais podem alterar o que se diz ("o contexto modifica" – ironia, etc.) ou, ainda, que tais fatores se incluem entre aqueles que permitem explicar por que se disse isso e não aquilo ("o contexto justifica"). De qualquer maneira, sob essa perspectiva, falar de discurso implica considerar fatores externos à língua, alguma coisa do seu exterior, para entender o que nela é dito, que por si só seria insuficiente.

As abordagens sociocognitivas do processamento textual vêm postulando que o contexto físico não afeta a linguagem diretamente, mas sempre por intermédio dos conhecimentos (enciclopédia, memória discursiva) do falante e do ouvinte, de modo que a maior parte das assunções contextuais é recuperada da memória, isto é, do contexto cognitivo dos interlocutores, contexto que é um conjunto de suposições trazidas para a interpretação de um enunciado. Desse modo, torna-se necessário proceder à seleção adequada do contexto necessário à interpretação.

De qualquer forma, pode-se dizer que relações entre informação explícita e conhecimentos pressupostos como partilhados podem ser estabelecidas por meio de estratégias de "sinalização textual", por intermédio das quais o locutor, por ocasião do processamento textual, procura levar o interlocutor a recorrer de forma adequada ao contexto sociocognitivo (situação comunicativa, *scripts* sociais, conhecimentos intertextuais e assim por diante). Dascal & Weizman (1987) postulam que um texto pode ser opaco de duas formas: por *incompletude*, ao exigir o recurso ao cotexto e ao contexto para o preenchimento de lacunas (*gaps*), isto é, para introduzir informações faltantes no texto, e por *indiretude*, responsável pelo desalinhamento (*mismatch*) entre o expresso (*utterance-meaning*) e o pretendido (*speaker's meaning*, de acordo com Grice (1975)), ou seja, o descompasso entre a informação explícita e fatores como conhecimento de mundo, princípios comunicativos, condições de adequação e outros. Segundo eles, o texto fornece pistas (*clues*) para a identificação da necessidade de preenchimento de lacunas e para a distinção entre opacidade e indiretude, e indícios (*clues*), quer cotextuais quer contextuais, para a depreensão da significação pretendida pelo autor.

Assim, é patente que o sentido de um texto, qualquer que seja a situação comunicativa, não depende tão somente da estrutura textual em si mesma (daí a metáfora do texto como um *iceberg*). Os objetos de discurso a que o texto faz referência são apresentados, em grande parte, de forma lacunar, permanecendo muita coisa implícita. O produtor do texto pressupõe, por parte do leitor/ouvinte, conhecimentos textuais, situacionais e enciclopédicos, dado que se orientando pelo *Princípio da Economia*, não explicita as informações consideradas redundantes. Ou seja, como não existem textos totalmente explícitos, o produtor de um texto necessita proceder ao "balanceamento" do que precisa ser explicitado textualmente e do que pode permanecer implícito, por ser recuperável via inferenciação (Nystrand & Weimelt, 1991; Marcuschi, 1994). Na verdade, é esse o grande segredo do locutor competente.

O leitor/ouvinte, por sua vez, espera sempre um texto dotado de sentido e procura, a partir da informação contextualmente dada, construir uma representação coerente, por meio da ativação de seu conhecimento de mundo e/ou de deduções que o levam a estabelecer relações de causalidade, etc. Levado pelo *Princípio da Continuidade de Sentido* (Hormann, 1976), ele põe em funcionamento todos os componentes e estratégias cognitivas que tem à disposição para dar ao texto uma interpretação dotada de sentido. Esse princípio se manifesta como uma atitude de expectativa do interlocutor de que uma sequência linguística, produzida pelo falante/escritor, seja coerente.

Portanto, o tratamento da linguagem, quer em termos de produção quer de recepção, repousa visceralmente na interação produtor-ouvinte/leitor, que se manifesta por uma antecipação e coordenação recíprocas, em dado contexto, de conhecimentos e estratégias cognitivas.

A explicitude de um texto deve, portanto, ser avaliada em termos da interação entre produtor e leitor/ouvinte, tal como mediada pelo texto (Nystrand & Weimelt, 1991).

No momento da interação, como acabo de dizer, cabe ao interlocutor proceder a uma *seleção do contexto* adequado à construção do sentido do texto. Em obediência à *Máxima da Relevância* (Grice, 1975) e com base em seu modelo de interlocutor, o falante/escritor verbaliza somente as unidades referenciais e as representações necessárias à compreensão, que não possam ser deduzidas, sem esforço, pelo leitor/ouvinte, por meio de informações contextuais e/ou conceituais (*Princípio da Seletividade*).

Postula-se que os interactantes desenvolvem estratégias para o processamento eficaz do texto e, em particular, para a seleção apropriada do contexto. A investigação de tais estratégias, que é uma das tarefas a que se propõe a Linguística Textual, traz, sem dúvida, subsídios importantes quer para a produção quer para a compreensão de textos.

Os produtores de textos pressupõem sempre determinados conhecimentos contextuais, situacionais ou enciclopédicos por parte do interlocutor, de modo que deixam implícitas informações que consideram redundantes, coordenando o Princípio da Economia com o Princípio da Explicitude. Ou seja: os significados que devem ser tornados explícitos dependem, em larga escala, do uso que o produtor do texto faz dos fatores contextuais. Em outras palavras, a tão propalada explicitude do texto escrito, em contraposição à implicitude do texto falado, não passa de um mito. Tanto num como noutro, os produtores, visando à produção de sentidos, fazem uso de uma multiplicidade de recursos, além das simples palavras que compõem as estruturas, isto é, existe o que Sanford & Garrod (1985) denominam "domínio estendido de referência".

São considerações como essas que levam Sperber & Wilson (1986) a afirmar que a informação é relevante para alguém quando interage, de certa forma, com suas suposições prévias sobre o mundo, quando tem efeitos contextuais (de reforço ou contradição) em dado contexto que lhe é acessível.

Ao interlocutor cabe, portanto, no momento da interação, proceder a uma *seleção do contexto.* Por isso, outro fator essencial para a determinação da relevância é o *esforço* (custo) *de processamento.* Para evitar o acesso indefinido do conhecimento enciclopédico e o consequente excesso de esforço de processamento, a corrente do pensamento é orientada pela busca de relevância máxima, ou seja, pela procura do melhor equilíbrio possível entre esforço e resultado. Acredita-se que os indivíduos desenvolvem estratégias para o processamento eficaz do texto e, em particular, para a seleção adequada do contexto. Para tanto, as marcas e sinalizações, colocadas no texto pelo escrevente, adquirem vital importância.

3. OS GÊNEROS DO DISCURSO

O estudo dos gêneros constitui hoje uma das preocupações centrais da Linguística Textual, particularmente no que diz respeito à sua localização no *continuum* fala/escrita, às opções estilísticas que lhe são próprias e à sua construção composicional, em termos macro e microestruturais.

Os PCNs orientam nesse sentido ao afirmarem:

> Todo texto se organiza dentro de um determinado gênero (...). Os vários gêneros existentes, por sua vez, constituem formas relativamente estáveis de enunciados, disponíveis na cultura, que são caracterizados por três elementos: conteúdo temático, estilo e construção composicional. Podemos ainda afirmar que a noção de gênero refere-se a "famílias" de textos que compartilham algumas características comuns, embora heterogêneas, como: visão geral da ação à qual o texto se articula, tipo de suporte comunicativo, extensão, grau de literariedade, por exemplo, existindo em número quase ilimitado. Os gêneros são determinados historicamente. As intenções comunicativas, como parte das condições de produção dos discursos, geram usos sociais que determinam os gêneros, os quais dão forma aos textos. (PCNs, 1998)

É em Bakhtin (1992 [1953]: 179) que encontramos esta conceituação:

> Todas as esferas da atividade humana, por mais variadas que sejam, estão relacionadas com a utilização da língua. Não é de surpreender que o caráter e os modos dessa utilização sejam tão variados como as próprias esferas da atividade humana (...). O enunciado reflete as condições específicas e as finalidades de cada uma dessas esferas, não só por seu conteúdo temático e por seu estilo verbal, ou seja, pela seleção operada nos recursos da língua – recursos lexicais, fraseológicos e gramaticais – mas também, e sobretudo, por sua construção composicional.

Assim, todos os nossos enunciados se baseiam em formas padrão, relativamente estáveis, de estruturação de um todo, os gêneros, que são marcados social e historicamente, visto que estão diretamente relacionados às diferentes situações sociais. É cada uma dessas situações que determina o gênero, com características temáticas, composicionais e estilísticas próprias. Sendo as esferas de utilização da língua extremamente heterogêneas, também os gêneros apresentam grande heterogeneidade, incluindo desde o diálogo cotidiano à tese científica. Por essa razão, Bakhtin distingue os gêneros primários dos secundários.

É importante assinalar, contudo, que a concepção de gênero de Bakhtin não é estática, como poderia parecer à primeira vista. Pelo contrário, como qualquer outro produto social, os gêneros estão sujeitos a mudanças, decorrentes não só das transformações sociais, como oriundas de novos procedimentos de organização e acabamento da arquitetura verbal, como também de modificações do lugar atribuído ao ouvinte.

Uma ação de linguagem exige do agente produtor uma série de decisões, que ele necessita ter competência para executar. Tais decisões referem-se, em primeiro lugar, à escolha do gênero mais adequado, além de outras relativas à constituição dos mundos discursivos, à organização sequencial ou linear do conteúdo temático, à seleção de mecanismos de textualização e de mecanismos enunciativos.

O agente produtor vai escolher no intertexto o gênero que lhe parece adequado. O intertexto é constituído pelo conjunto de gêneros de textos elaborados por gerações anteriores e que podem ser utilizados numa situação específica, com eventuais transformações, e ao qual se vão acrescentando novos gêneros, à medida em que surgem novas práticas sociais. Esse conjunto de gêneros constitui uma espécie de "reservatório de modelos textuais", portadores de valores de uso, determinados em uma certa formação social. A escolha do gênero é, então, uma decisão estratégica, que envolve uma confrontação entre os valores atribuídos pelo agente produtor aos parâmetros da situação (mundos físico e sociossubjetivo) e os usos atribuídos aos gêneros do intertexto. Por isso, a escolha do gênero deverá levar em conta os objetivos visados, o lugar social e os papéis dos participantes. Além disso, o agente deverá adaptar o modelo do gênero a seus valores particulares, adotando um estilo próprio, ou mesmo contribuindo para a constante transformação dos modelos.

Todo texto, por sua vez, é formado de sequências, esquemas linguísticos básicos que entram na constituição dos diversos gêneros e variam menos em função das circunstâncias sociais. Cabe ao produtor escolher, dentre as sequências disponíveis – descritiva, narrativa, injuntiva, explicativa, argumentativa, dialogal –, a que lhe parecer mais adequada, tendo em vista os parâmetros da situação.

A recomendação dos PCNs é que se trabalhe com a maior variedade possível de gêneros textuais, em particular com aqueles a que os educandos se encontram expostos no seu dia a dia e com os que eles necessitam dominar para ampliar sua competência de atuação social.

4. COESÃO E COERÊNCIA

São os recursos coesivos que permitem sinalizar os dois grandes movimentos cognitivo-discursivos que presidem à construção da trama textual: retroação (retomada de elementos previamente introduzidos no texto) e progressão (introdução de informação nova, com ancoragem nos elementos previamente introduzidos). É como ocorre na atividade de tricotar ou de tecer – daí a denominação de tessitura.

Ora, o estudo dos diversos tipos de recursos coesivos tem sido uma das tônicas das pesquisas realizadas pelos estudiosos da Linguística Textual. Esta tem, portanto, muito a dizer sobre eles e a ela compete trazer os esclarecimentos necessários para os professores de língua materna, muitas vezes ainda despreparados (embora, evidentemente, disso não lhes caiba culpa) para fazer frente às novas exigências dos documentos oficiais.

É ela ainda que pode dar respaldo aos professores no encaminhamento das atividades de análise linguística, trabalho denominado, nos PCNs, "Análise e Reflexão sobre a Língua", "*cujo objetivo principal é melhorar a compreensão e expressão dos alunos, em situações de comunicação tanto escrita como oral*".

Também quanto à coerência – ou principalmente aqui –, as contribuições da Linguística Textual são vitais, não só no que diz respeito à adequada compreensão do conceito, como para a avaliação em termos de leitura e produção textual.

O sentido de um texto é *construído* na interação texto-sujeitos (ou texto-coenunciadores) e não como algo que preexista a essa interação. Assim, a *coerência* deixa de ser vista como mera propriedade ou qualidade do texto, passando a dizer respeito ao modo como os elementos, presentes na superfície textual, aliados a todos os elementos do contexto sociocognitivo, mobilizados na interlocução, vêm constituir, em virtude de uma construção dos interlocutores, uma configuração veiculadora de sentidos. Isto é, o que se vem postulando, especialmente a partir da década de 1980, é que a coerência é construída pelos coenunciadores na interação, na dependência da intervenção de uma complexa rede de fatores de ordem cognitivo-discursiva e sociointeracional. Essa concepção é hoje de consenso entre os pesquisadores que se dedicam ao estudo da leitura/produção de textos e da construção textual do sentido.

5. O DESENVOLVIMENTO DA COMPETÊNCIA TEXTUAL – A QUESTÃO DA LEITURA E PRODUÇÃO DE TEXTOS

Retomando os PCNs:

> A leitura é um processo no qual o leitor realiza um trabalho ativo de construção do significado do texto, a partir dos seus objetivos, do conhecimento sobre o assunto, sobre o autor, de tudo o que sabe

sobre a língua: características do gênero do portador, do sistema de escrita, etc. Não se trata simplesmente de extrair informação da escrita, decodificando-a letra por letra, palavra por palavra. Trata-se de uma atividade que implica, necessariamente, compreensão. Qualquer leitor experiente que conseguir analisar sua própria leitura, constatará que a decodificação é apenas um dos procedimentos que utiliza quando lê: a leitura fluente envolve uma série de outras estratégias como seleção, antecipação, inferência e verificação, sem as quais não é possível rapidez e proficiência. É o uso de procedimentos desse tipo que permite controlar o que vai sendo lido, tomar decisões diante de dificuldades de compreensão, arriscar-se diante do desconhecido, buscar no texto a comprovação das suposições feitas, etc.

Formar um leitor competente supõe formar alguém que compreenda o que lê, que possa aprender a ler também o que não está escrito, identificando elementos implícitos, que estabeleça relações entre o texto que lê e outros textos já lidos, que saiba que vários sentidos podem ser atribuídos a um texto, que consiga justificar e validar sua leitura a partir da localização de elementos discursivos que permitam fazê-lo.

E mais adiante:

Uma prática constante de leitura na escola deve admitir "leituras". Pois outra concepção que deve ser superada é o mito da interpretação única, fruto do pressuposto de que o significado está no texto. O significado, no entanto, constrói-se pelo esforço de interpretação do leitor, a partir não só do que está escrito, mas do conhecimento que traz para o texto. É necessário que o professor tente compreender o que há por trás dos diferentes sentidos atribuídos pelos alunos aos textos; às vezes é porque o autor intencionalmente "jogou com as palavras" para provocar interpretações múltiplas; às vezes é porque o texto é difícil ou confuso; às vezes é porque o leitor tem pouco conhecimento sobre o assunto tratado e, a despeito do seu esforço, compreende mal. Há textos nos quais as diferentes interpretações fazem sentido e são necessárias: é o caso dos bons textos literários. Há outros que não: textos instrucionais, enunciados de atividades e problemas matemáticos, por exemplo, só cumprem sua função se houver compreensão do que deve ser feito. (PCNs, 1998)

Mais uma vez, fica bem claro que são os ensinamentos da Linguística Textual que respaldam as postulações dos PCNs em questões como: 1) a implicitude (não existem textos totalmente explícitos e, como mostram Nystrand & Wiemelt (1991), proceder ao balanceamento do que necessita ser explicitado e do que pode ficar implícito constitui o grande segredo do escritor competente); 2) os tipos de implícito e das formas de sua recuperação, nessa eterna "caça ao sentido" que é inerente à espécie humana (Dascal, 1992), isto é, da necessidade de ler "o que não está escrito", mas que é indispensável para a construção do sentido; 3) os tipos de inferências e de como se processam estrategicamente; 4) outras estratégias, como seleção, antecipação, verificação, nessa atividade de solução de problemas que é o processamento textual; 5) a necessidade de mobilização de conhecimentos que constituem a memória enciclopédica (enciclopédia, arquivo, biblioteca) e dos tipos de conhecimentos a serem mobilizados em função da situação, inclusive aqueles referentes aos gêneros textuais; 6) a intertextualidade, condição mesma de existência dos textos; 7) a necessidade de se admitir uma multiplicidade de leituras (desde que permitidas pela forma como o texto se encontra linguisticamente construído), "já que o mito da interpretação única é fruto do pressuposto de que o significado está no texto", o que vem fazendo parte da agenda da Linguística Textual há mais de duas décadas.

Por fim, no que diz respeito às atividades de análise e reflexão sobre a língua, quer de ordem epilinguística quer de ordem metalinguística, o documento oficial defende que, no que diz respeito à leitura, tal trabalho é importante por possibilitar a discussão sobre os diferentes sentidos atribuídos aos textos e sobre os elementos discursivos que validam ou não essas atribuições, propiciando, também, a construção de um repertório de recursos linguísticos a ser utilizado quando da produção textual.

6. PARA ENCERRAR ESTA REFLEXÃO

Por tudo o que aqui foi exposto, é fácil verificar não só a possibilidade, mas a necessidade de um estreito intercâmbio entre a Linguística Textual e o ensino de língua materna, no sentido de explicitar os princípios e as estratégias que devem orientar o trabalho com o texto nas aulas de língua materna, para que os PCNs possam ser postos em prática com os resultados esperados.

Importante, contudo, é salientar que esse intercâmbio precisa ser de mão dupla: não é somente a Linguística do Texto que deve embasar e alimentar teoricamente as práticas da sala de aula. São estas também que deverão trazer àquela o retorno necessário para a avaliação/validação de suas propostas e para a sua reformulação nos casos em que elas não se mostrarem operacionais e/ou produtivas.

Assim sendo, se ocorrer que, ao serem postos em prática os preceitos e as sugestões da Linguística Textual, no que se refere à leitura/produção de textos e à prática da análise e reflexão sobre a língua em sala de aula, os resultados não forem exatamente os esperados, esse retorno será decisivo para permitir-lhe refletir sobre os procedimentos em pauta, em busca de novas proposições teórico-metodológicas capazes de levar à produção dos efeitos desejados.

Dessa forma, não pode deixar de haver, na minha opinião, um íntimo intercâmbio entre a Linguística Textual e aqueles que se dedicam ao ensino da língua materna e/ou à elaboração de propostas ou parâmetros que visem ao seu aperfeiçoamento, em consonância com o postulado no texto dos PCNs de Língua Portuguesa.

BIBLIOGRAFIA

BAKHTIN, M. *Estética da criação verbal.* São Paulo: Martins Fontes, 1992 [1953].

BEAUGRANDE, Robert de & DRESSLER, Wolfgang U. *Introduction to Text- linguistics.* London: Longman, 1981.

CLARK, H. "Bridging". In: WASON, P. & JOHNSON-LAIRD, P. (eds). *Thinking: Readings in Cognitive Sciences.* Cambridge: Cambridge University Press, 1977, p. 407-420.

DASCAL, M. *Models of Interpretation,* 1992 (mimeo).

_______ & WEIZMAN E. "Contextual exploitation of interpretation dues in text understanding: an integrated model". In: VERSCHUEREN, J. & BERTUCELLIPAPI, M. (eds.). *The Pragmatic Perspective.* Selected papers from the 1985 International Pragmatics Conference. Amsterdam: Benjamins, 1987, p. 31-46.

GERALDI, João W. *Portos de passagem.* São Paulo: Martins Fontes, 1991.

GRICE, H.P. "Logic and conversation". In: COLE, P. & MORGAN J.L. (orgs.). *Syntax and Semantics:* Speech Acts. New York: Academic Press, v. 3, 1975.

HORMANN, H. *Meinen und Verstehen. Grunzüge ezner psychologischen Semantik.* Frankfurt: Suhrkamp, 1976.

KOCH, Ingedore G. Villaça. O *texto e a construção dos sentidos.* São Paulo: Contexto, 1997.

______. *Desvendando os segredos do texto.* São Paulo: Cortez, 2002.
MARCUSCHI, L.A. *Contextualização e explicitude na relação entre fala e escrita.* Conferência apresentada no I Encontro Nacional sobre Língua Falada e Escrita, UFAL, Maceió, 14-18 de março de 1994 (mimeo).
NYSTRAND, M. & WEIMELT, T.J. "When is a text explicit? Formalist and dialogical conceptions". In: *Text 11*, 1991, p. 25-41.
SANFORD, A.J. & GARROD S.C. "The role of background knowledge in psychological accounts of text comprehension". In: ALWOOD & HJELMQUIST (eds.). *Foregrounding Background.* Lund: Doxa, 1985.
SECRETARIA DO ENSINO FUNDAMENTAL. *Parâmetros Curriculares de Língua Portuguesa (PCNs).* Brasília: MEC, 1998.
SPERBER, D. & WILSON D. *Relevance. Communication and Cognition.* Oxford: Blackwell, 1986.

(1ª versão em "Linguística e didática: perspectivas atuais". In: Revista *Vydia*, v. 21, nº 37, Santa Maria, RS, Centro Universitário Franciscano, jan./jun., 2002, p. 9-23.)

12.
PRODUÇÃO E COMPREENSÃO DE TEXTOS: A PERSPECTIVA DA LINGUÍSTICA TEXTUAL

Minha reflexão tem por fundamento uma concepção sociointeracional de linguagem, vista como lugar de "inter-ação" entre sujeitos sociais, isto é, de sujeitos ativos, empenhados em uma atividade sociocomunicativa. Como bem diz Geraldi (1991: 9), "(...) o falar depende não só de um saber prévio de recursos disponíveis, mas de operações de construção de sentidos dessas expressões no próprio momento da interlocução".

Tal concepção está claramente presente nos Parâmetros Curriculares Nacionais de Língua Portuguesa: a produção de linguagem vista como trabalho ativo de sujeitos, empenhados interativamente na construção de sentidos, como resultado de um processamento estratégico dos recursos linguísticos, como se pode verificar nos dois excertos a seguir:

> A leitura é um processo no qual o leitor realiza um trabalho ativo de construção do significado do texto, a partir dos seus objetivos, do conhecimento sobre o assunto, sobre o autor, de tudo o que sabe sobre a língua: características do gênero, do portador, do sistema de escrita, etc. Não se trata simplesmente de "extrair informação da escrita" decodificando-a letra por letra, palavra por palavra. Trata-se de uma atividade que implica, necessariamente, compreensão. Qualquer leitor experiente que conseguir analisar sua própria leitura, constatará que a decodificação é apenas um dos procedimentos que utiliza quando lê: a leitura

fluente envolve uma série de outras estratégias como seleção, antecipação, inferência e verificação, sem as quais não é possível rapidez e proficiência. É o uso de procedimentos desse tipo que permite controlar o que vai sendo lido, tomar decisões diante de dificuldades de compreensão, arriscar-se diante do desconhecido, buscar no texto a comprovação das suposições feitas, etc.
Formar um leitor competente supõe formar alguém que compreenda o que lê: que possa aprender a ler também o que não está escrito, identificando elementos implícitos; que estabeleça relações entre o texto que lê e outros textos já lidos; que saiba que vários sentidos podem ser atribuídos a um texto, que consiga justificar e validar sua leitura a partir da localização de elementos discursivos que permitam fazê-lo [n.].
Uma prática constante de leitura na escola deve admitir "leituras". Pois *outra* concepção que deve ser superada; é o mito da interpretação única, fruto do pressuposto de que o significado está no texto. O significado, no entanto, constrói-se pelo esforço de interpretação do leitor partir não só do que está escrito, mas do conhecimento que traz para o texto. É necessário que o professor tente compreender o que há por trás dos diferentes sentidos atribuídos pelos alunos aos textos: às vezes é porque autor intencionalmente "jogou com as palavras" para provocar interpretações múltiplas; às vezes é porque o texto é difícil ou confuso; às vezes é porque o leitor ter pouco conhecimento sobre o assunto tratado e, a despeito do seu esforço, compreende mal. Há textos nos quais as diferentes interpretações fazem sentido e são necessárias: é o caso dos bons textos literários. Há outros que não: textos instrucionais, enunciados de atividades e problema matemáticos, por exemplo, só cumprem sua função se houver compreensão do que deve ser feito. (Brasil, 1998)

Verifica-se facilmente que são os ensinamentos da Linguística Textual que respaldam as postulações dos PCNs. *Compreensão, leitura do que não está escrito, construção de sentidos* são habilidades que envolvem questões como a da implicitude, já que, como sabemos, não existem textos totalmente explícitos; dos tipos de implícito e das formas de sua recuperação, nessa eterna "caça ao sentido" que é inerente à espécie humana (Dascal, 1992), isto é, da necessidade de ler "o que não está escrito", mas que é indispensável para a construção do sentido; dos tipos de inferências necessárias para fazê-lo e de como se processam estrategicamente; de outras estratégias, como seleção, antecipação, verificação, nessa atividade de solução de problemas que é o processamento textual; da necessidade de mobilização de conhecimentos que constituem a memória enciclopédica e dos diversos tipos de conhecimentos a serem mobilizados em função da situação, inclusive aqueles referentes aos gêneros textuais; da intertextualidade, condição mesma de existência dos textos; da necessidade de se admitir uma multiplicidade de leituras (desde que permitidas pela forma como o texto se encontra linguisticamente construído), "já que o mito da interpretação única é fruto do pressuposto de que o significado está no texto", questões essas que vêm fazendo parte da agenda da Linguística Textual há mais de duas décadas.

Relativamente à prática de produção de textos, podem-se destacar as seguintes afirmações:

> Um escritor competente é alguém que sabe reconhecer diferentes tipos de texto e escolher o apropriado a seus objetivos num determinado momento (...).
> Um escritor competente é, também, capaz de olhar para o próprio texto como um objeto e verificar se está confuso, ambíguo, redundante, obscuro ou incompleto. Ou seja: é capaz de revisá-lo e reescrevê-lo até considerá-lo satisfatório para o momento. É, ainda, um *leitor* competente, capaz de recorrer, com sucesso, a outros textos quando precisa utilizar fontes escritas para a sua própria produção. (Brasil, 1998)

Quanto à produção do sentido, defendem, ainda, os PCNs que o trabalho de análise epilinguística é importante por possibilitar discussão sobre os diferentes sentidos atribuídos aos textos e *sobre os elementos discursivos que validam ou não* essas atribuições, propiciando, também, *a construção de um repertório de recursos linguísticos* a ser utilizado quando da produção textual. Exemplos de tais recursos são as formas referenciais, os operadores argumentativos, os tempos verbais e os modalizadores de modo geral, cujo estudo vem sendo *um* dos objetos centrais de Linguística Textual.

Assim, a Linguística Textual poderá oferecer ao professor subsídios indispensáveis para a realização do trabalho anteriormente mencionado. A ela cabe o estudo dos recursos linguísticos e condições discursivas que presidem à construção da textualidade e, em decorrência, a produção textual dos sentidos. Isso vai significar, inclusive, uma revitalização do estudo da gramática: não, é claro, como *um* fim em si mesma, mas com o objetivo de evidenciar de que modo o trabalho de seleção e combinação dos elementos linguísticos, dentro das variadas possibilidades que a gramática da língua nos põe à disposição, no textos que lemos ou produzimos, constitui *um* conjunto de decisões que vai funcionar como instruções ou sinalizações a orientar nossa busca pelo sentido.

Passo, então, ao exame de algumas das estratégias envolvidas no processamento textual.

1. ESTRATÉGIAS COGNITIVO-TEXTUAIS

A continuidade de *um* texto resulta de *um* equilíbrio variável entre dois movimentos fundamentais: retroação e progressão. Dessa forma, a informação semântica contida no texto vai distribuir-se em (pelo menos) dois grandes blocos: o *dado* e o *novo*, cuja disposição e dosagem interferem na construção do sentido (requisito cognitivo). A informação dada (ou aquela que o produtor do texto apresenta como dada) – tem por função estabelecer os pontos de ancoragem para o aporte da informação nova. A retomada dessa informação opera-se por meio de remissão ou referência textual, que leva à formação, no texto de *cadeias referenciais coesivas.* Essas cadeias têm papel importante na organização textual, contribuindo para a produção do sentido pretendido pelo produtor do texto. Contudo, é preciso, também, considerar que a remissão nem sempre se faz a referentes textualmente expressos, mas a "conteúdos de consciência", isto é, a referentes que estão presentes na memória discursiva dos interlocutores e que, a partir de "pistas" ou "âncoras" encontradas na superfície textual, são (re)ativados, via inferenciação. É o que ocorre no exemplo (1), em que temos o que se denomina anáfora *associativa*, em que a segunda expressão referencial mantém uma relação meronímica ou de "ingrediência" com a primeira, conforme se verifica em (1), em que *vagões* e *bancos* podem ser considerados "ingredientes" de trem.

> (1) Uma das mais animadas atrações de Pernambuco é o trem do forró. Com saídas em todos os fins de semana de junho, ele liga o Recife à cidade de Cabo de Santo Agostinho, um percurso de 40 quilômetros. Os vagões, adaptados, transformam-se em verdadeiros arraiais. Bandeirinhas coloridas, fitas e balões dão o tom típico à decoração. Os bancos, colocados nas laterais, deixam o centro livre para as quadrilhas.

Já em (2), é "pichações" que vai ancorar a interpretação de "as gangues", embora não se trate aqui de uma relação léxico-estereotípica (condição estabelecida por Kleiber (1994, 2001), como também por vários outros autores, para a existência de uma anáfora associativa), mas sim de uma relação indireta que se constrói inferencialmente, a partir do cotexto, com base em nosso conhecimento de mundo. Trata-se, portanto, de uma anáfora indireta.

> (2) Há alguns anos, as pichações que passaram a borrar casas, edifícios e monumentos de São Paulo – e de outras grandes cidades brasileiras – começaram a ganhar características novas. Pode-se questionar se políticas apenas repressivas são a melhor forma de enfrentar o problema – ainda que nesse quesito elementar, o poder público pareça complacente, já que, conforme a reportagem, as gangues reúnem-se semanalmente com hora e local marcados. Merecem apoio iniciativas que possam, de forma positiva, atrair os pichadores para atividades menos predatórias.

Como podemos ver, com ancoragem na informação dada, opera-se a progressão textual, por meio da introdução de informação nova, estabelecendo-se, assim, relações de sentido entre:

a) segmentos textuais de extensões variadas;
b) segmentos textuais e conhecimentos prévios;
c) segmentos textuais e o entorno sociocultural.

Outro conjunto importante de estratégias para a interação pela linguagem é o das estratégias (meta)formulativas, frequentemente utilizadas pelo produtor com o intuito de facilitar ao interlocutor o processamento do texto e, portanto, a construção de um sentido alinhado com seu projeto de dizer. São as inserções dos mais diversos tipos (exemplo (3)), repetições (exemplos (4) e (5)), parafraseamentos, repetições, etc. (exemplo (6)):

> (3) Poder-se-ia dizer de modo esquemático que o comentário ocidental moderno (*desde, pelo menos*, o *Tratado Teológico-político de Spinosa*) se define por uma ruptura qualitativa entre o texto estudado e o texto do estudo (Bakhtin, 1992: 98).

> (4) então tudo o que a gente vai dizer a respeito desse período é baseado em pesquisas ... arqueológicas ... é baseado em pesquisas ... etnográficas ... em pesquisas
> ... no campo da arte ... mas uma série ele coisas são apenas suposições ... (NURC SP EF 405, p. 25-29).

No exemplo (4), que é extraído de uma aula de História para uma turma do Ensino Médio, verifica-se que o locutor desacelera o fluxo informacional repetindo segmentos, de modo a permitir que os alunos acompanhem seu raciocínio e tenham tempo de assimilar o que está sendo dito. Já em (5), a repetição tem função essencialmente retórica e argumentativa:

> (5) A voz do povo. Que povo é este? O povo é povo ou elite? O povo é a fonte do poder ou é vítima do poder? Há um modo de pensar que é o modo do povo, e há um modo de pensar que é contrário ao modo do povo. O povo quer pensar e resolver seus problemas com o seu próprio modo de pensar. Resolvê-los com qualquer outro modo de pensar é violência contra o povo (Goffredo da Silva Telles Jr. *Folha de São Paulo*, Painel do Leitor, 78/2000, p. A2).

> (6) Já sabe que foi em 1860. No ano anterior, ali pelo mês de agosto, tendo eu quarenta na e dois anos, fiz-me teólogo – *quero dizer*, copiava os estudos de teologia de um padre de Niterói (...) (Assis, 1970).

Cabe lembrar, ainda, as estratégias argumentativas, que desempenham papel vital na construção do sentido. Podem-se destacar aqui, apenas a título de exemplo, a estratégia da referenciação por expressões nominais definidas, o uso de operadores ou conectores argumentativos, o emprego de modalizadores, de índices de pressuposição ou de avaliação, o uso argumentativo dos tempos verbais, a seleção lexical e o inter-relacionamento de campos lexicais; a argumentação por autoridade polifônica, entre muitas outras (Koch, 1984).

O emprego, por exemplo, de uma expressão nominal introduzida por artigo definido ou por pronome demonstrativo (descrição definida) implica uma pressuposição de conhecimento partilhado e obriga o interlocutor a uma busca no contexto, cognitivo ou situacional. Por outro lado, visto que a descrição definida normalmente opera uma seleção – entre as possíveis propriedades, qualidades e defeitos do referente, daquela ou daquelas que, em determinado contexto, interessa ressaltar (ou mesmo anunciar), isto é, seleciona as mais adequadas ao projeto de dizer do produtor do texto –, seu emprego vai exigir do interlocutor a percepção do porquê da escolha de uma e não de outra, no contexto dado. Tais expressões podem ter, ainda, a importante função de sumarizar, recategorizando-os, segmentos anteriores do texto (Koch, 1997, 2002; Koch & Marcuschi, 1998), muitas vezes encerrando opiniões ou críticas dos produtos do texto.

Atentemos para o texto a seguir:

> (7) Com a perigosa progressão *do demência bélica de Bush* 2º cabe uma indagação: para que serve a ONU? Criada logo após a 2ª Guerra Mundial, como substituta da Liga das Nações, representou uma grande esperança de paz e conseguiu cumprir seu papel durante algum tempo, amparando deslocados de guerra, mediando conflitos, agindo pela independência das colônias... É. Sem guerra não dá. Num mundo de paz, como iriam ganhar seu honrado dinheirinho os industriais de armas que pagaram *a duvidosa eleição de Bush 2º, o Aloprado?* Sem guerra, coitadinhas da Lookheed, da Raytheon (escândalo da Sivam, lembram?). Com guerra à vista, estão faturando firme. A ONU ainda não

abençoou *essa nova edição de guerra santa, do terrorismo do bem contra o terrorismo do mal.* (...) O *Caubói Aloprado* já nem disfarça mais. (...) (Andrade, 2003).

(8) Está nas mãos do Superior Tribunal de Justiça (STJ), José Arnaldo da Fonseca, o destino de um poderoso ministro, de governadores, parlamentares e desembargadores das esferas federal e estadual do Rio de Janeiro. *O resultado da investigação a respeito da maior fraude fiscal da história brasileira*, batizada de Operação Ouro Negro, vai levar o judiciário a cortar mais uma vez a própria carne, coisa que não intimida o ministro Fonseca. (Diniz, W. "Operação Ouro Negro", *IstoÉ*, 7 de julho 2004, grifos da autora).

2. RECURSO AO CONTEXTO

Foi salientado que o recurso ao contexto é indispensável para a compreensão e, desse modo, para a construção da coerência textual. O contexto, da forma como é aqui entendido, engloba não só o cotexto, como também a situação de interação imediata, a situação mediata (entorno sociopolítico-cultural) e o contexto cognitivo de interlocutores. Este último, na verdade, subsume os demais. Ele reúne todos os tipos de conhecimentos arquivados na memória dos actantes sociais, que necessitam ser mobilizados por ocasião do intercâmbio verbal: o conhecimento linguístico propriamente dito, o conhecimento enciclopédico, quer declarativo (conhecimento que recebemos pronto – que é introjetado em nossa memória "por ouvir falar"), quer episódico (*frames, sripts* – conhecimento adquirido através da convivência social e armazenado em "bloco", sobre as diversas situações e eventos da vida quotidiana) (Koch, 1997), o conhecimento da situação comunicativa e de suas "regras" (situacionalidade), o conhecimento superestrutural ou tipológico (gêneros e tipos textuais), o conhecimento estilístico (registros, variedades de língua e sua adequação às situações comunicativas), bem como o conhecimento de outros textos que permeiam nossa cultura (intertextualidade).

Nessa acepção, portanto, vê-se o contexto como constitutivo da própria ocorrência linguística. É neste sentido que se pode dizer que certos enunciados são gramaticalmente ambíguos, mas o discurso se encarrega de fornecer condições para sua interpretação unívoca. As línguas são, em si, indeterminadas, não fornecem todas as condições para sua interpretação. Isto é, admite-se que: 1) o contexto permite preencher as lacunas do texto ("o contexto completa" – Dascal & Weizman, 1987; Clark, 1977, que fala em estabelecer os "elos faltantes" – "*missing links*" –, por meio de inferências-ponte); 2) os fatores contextuais podem alterar o que se diz ("o contexto modifica" – ironia, etc.); 3) que tais fatores se incluem entre aqueles que explicam por que se disse isso e não aquilo ("o contexto justifica"). De qualquer maneira, sob essa perspectiva, falar de discurso implica considerar fatores externos à língua, alguma coisa do seu exterior, para entender o que nela é dito, que por si só seria insuficiente.

Assim, as abordagens sociocognitivas do processamento textual vêm postulando que o contexto físico não afeta a linguagem diretamente, mas sempre por intermédio dos conhecimentos (memória discursiva) do falante e do ouvinte, de modo que a maior parte das assunções contextuais é recuperada da memória, isto é, do contexto cognitivo dos interlocutores. O contexto é um conjunto de suposições trazidas para a interpretação de um enunciado.

As relações entre informação explícita e conhecimentos pressupostos compartilhados podem ser estabelecidas por meio de estratégias de "sinalização textual", por intermédio das quais o locutor, por ocasião do processamento textual, procura levar o interlocutor a recorrer ao contexto sociocognitivo.

De qualquer forma, o sentido de um texto, qualquer que seja a situação comunicativa, não depende tão somente da estrutura textual em si mesma (daí a metáfora do texto como um *iceberg*). Os objetos de discurso a que o texto faz referência são apresentados em grande parte de forma lacunar, permanecendo muita coisa implícita. O produtor do texto pressupõe, da parte do leitor/ouvinte, conhecimentos textuais, situacionais e enciclopédicos e, orientando-se pelo *Princípio da Economia*, não explicita as informações consideradas redundantes. Ou seja, visto que não existem textos totalmente explícitos, o produtor de um texto necessita proceder ao "balanceamento" do que necessita ser explicitado textualmente e do que pode permanecer implícito, por ser recuperável via inferenciação (Nystrand & Wiemelt, 1991; Marcuschi, 1994). Na verdade, é esse o grande segredo do locutor competente.

O leitor/ouvinte, por sua vez, espera sempre um texto dotado de sentido e procura, a partir da informação contextualmente dada, construir uma representação coerente, por meio da ativação de seu conhecimento de mundo e/ou de deduções que o levam a estabelecer relações de causalidade, etc. Levado pelo *Princípio da Continuidade de Sentido* (Hörmann, 1976), ele põe em funcionamento todos os componentes e estratégias cognitivas que tem à disposição para dar ao texto uma interpretação dotada de sentido. Esse princípio se manifesta como uma atitude de expectativa do interlocutor de que uma sequência linguística produzida pelo falante/escritor seja coerente.

Portanto, o tratamento da linguagem, quer em termos de produção, quer de recepção, repousa visceralmente na interação *produtor-ouvinte/leitor*, que se manifesta por uma antecipação e coordenação recíprocas, em dado contexto, de conhecimentos e estratégias cognitivas.

Tanto em textos escritos com em textos orais, o produtor, visando à produção de sentidos, faz uso de uma multiplicidade de recursos além das simples palavras que compõem as estruturas. Em obediência à *Máxima da Relevância* (Grice, 1975) e com base em seu modelo de interlocutor, o falante/escritor verbaliza somente as unidades referenciais e as representações necessárias à compreensão e que não possam ser deduzidas sem esforço pelo leitor/ouvinte por meio de informações contextuais e/ou conceituais (*Princípio da Seletividade*).

Por exemplo, conforme vimos, o emprego de uma expressão nominal introduzida por artigo definido ou pronome demonstrativo (descrição definida) implica uma pressuposição de conhecimento partilhado e obriga o interlocutor a uma busca no contexto, cognitivo ou situacional. Visto que o produtor do texto procede à seleção daquelas que se mostram mais adequadas ao seu projeto de dizer, seu emprego vai exigir do interlocutor a percepção do porquê da escolha de uma e não de outra, no contexto dado.

3. CONSIDERAÇÕES FINAIS

O conceito-chave, em termos de compreensão/produção textual, é, sem dúvida, o de adequação em todos os níveis: à prática social e aos gêneros por ela determinados; ao estilo próprio do gênero; ao contexto sociocognitivo dos interlocutores; aos outros textos com os quais dialoga; à situação comunicativa e seus condicionamentos, entre os quais a variedade de língua a ser utilizada.

Parece ficar patente que o aprofundamento das investigações sobre as questões aqui sumariamente levantadas virá trazer contribuições vitais para o aprimoramento das habilidades necessárias para a produção e a compreensão de textos. Esse aprofundamento é uma das principais tarefas que compõem a agenda da Linguística Textual para as décadas iniciais do atual milênio.

BIBLIOGRAFIA

ANDRADE, J. "Delinquência internacional". In: *Jornal Correio do Commércio*, Recife, 8 fev. 2003.

ASSIS, M. de. "O enfermeiro". In: *Contos*. 3ª ed. Rio de Janeiro: Agir, 1970.

BAKHTIN, M. *Estética da criação verbal.* São Paulo: Martins Fontes, 1992[1953].

BRASIL. Ministério da Educação. Secretaria do Ensino Fundamental. *Parâmetros Curriculares de língua portuguesa.* Brasília,1998.

CLARK, H. "Bridging". In: WASON. P. & JOHNSON-LAIRD. P. (eds.). *Thinking: Readings in Cognitive Sciences.* Cambridge: Cambridge University Press, 1977, p. 407-420.

DASCAL, M. "Models of interpretation". In: STAMENOV, M. (org.). *Current Advances in Semantic Theory.* Amsterdam: Benjamins, 1992.

______ & WEIZMAN, E. "Contextual exploitation of interpretation clues in text unclerstancling: an integrated model". In: VERSCHUEREN, J. & BERTUCELLI, M. (eds.). *The Pragmatic Perspective.* Amsterdam: Benjamins, 1987, p. 31-46. Selected papers from the 1985 International Pragmatics Conference.

GERALDI, J.W. *Portos de passagem.* São Paulo: Martins Fontes, 1991.

GRICE, H.P. "Logic and conversation". In: COLE. P. & MORGAN, J.L. (orgs.). *Syntax and Semantics 3: speech acts.* New York: Academic Press, 1975.

HÖRMANN, H. *Meinen und Vesrtehen. Grundlage einer psychologischen Semanlik.* Frankfurt: Sulu'kamp, 1976.

KLEIBER, G. *L'Anaphore associative.* Paris: PUF, 2001.

______. "Le contexte peut-il remettre d'applomb une anaphore associative?" In: SCHNEDECKER, C.; CHAROLLES, M.; KLEIBER, G. & DAVID, L. (eds.). *L' Anaphore associative: aspets linguistiques, psycholinguistiques et automatiques.* Paris: Klincksieck, 1994, p. 93-116.

KOCH, Ingedore G. Villaça. *Argumentação e linguagem.* São Paulo: Cortez, 1984.

______. *A coesão textual.* São Paulo: Contexto, 1989.

______. *Texto e coerência.* São Paulo: Cortez, 1989.
______. *A inter-ação pela linguagem.* São Paulo: Contexto, 1992.
______. *O texto e a construção dos sentidos.* São Paulo: Contexto, 1997.
______. *Desvendando os segredos do texto.* São Paulo: Cortez, 2002.
______ & MARCUSCHI, L.A. "Processos de referenciação na produção discursiva". In: D.E.L.T.A, 14 (número especial), São Paulo: 1998, p. 169-190.
______ & TRAVAGLIA, L.C. *A coerência textual.* São Paulo: Contexto, 1990.
MARCUSCHI, L.A. "Contextualização e explicitude na relação entre fala e escrita". In: *Encontro nacional sobre língua falada e escrita*, I, 1994, *Conferência.* Maceió: UFAL, 1994 (mimeo).
NURC/SP, EF 405. In: CASTILHO, A.T. & PRETI, D. (orgs.). *A linguagem falada culta na cidade de São Paulo: elocuções formais.* São Paulo: T.A. Queiroz, v. 1, 1986, p. 48-57.
NYSTRAND, M. & WIEMELT, T.J. "When is a text explicit? Formalist and dialogical conceptions". In: *Text: An Interdisciplinary Journal for The Study of Discourse.* Berlin, v. 11, 1991, p. 25-41.

(1ª versão em "Produção e compreensão de textos: a perspectiva da Linguística Textual". In: TRAVAGLIA, L.C. (org.). *Encontro na linguagem: estudos linguísticos e literários.* Uberlândia: EDUFU, 2006, p. 11-24.)

13.
LEITURA E REDAÇÃO

1. INTRODUÇÃO

Tomo como pressuposto básico a concepção de que o texto é lugar de interação de sujeitos sociais, os quais, dialogicamente, nele se constituem e são constituídos; e que, por meio de ações linguísticas e sociocognitivas, constroem objetos de discurso e propostas de sentido, ao operarem escolhas significativas entre as múltiplas formas de organização textual e as diversas possibilidades de seleção lexical que a língua lhes oferece. A esta concepção subjaz, necessariamente, a ideia de que há, em todo e qualquer texto, uma gama de implícitos, dos mais variados tipos, somente detectáveis pela mobilização do contexto sociocognitivo no interior do qual se movem os atores sociais.

Em decorrência, fica patente que a leitura de um texto exige muito mais que o simples conhecimento linguístico compartilhado pelos interlocutores: o leitor é, necessariamente, levado a mobilizar uma série de estratégias tanto de ordem linguística, como de ordem cognitivo-discursiva, com o fim de levantar hipóteses, validar ou não as hipóteses formuladas, preencher as lacunas que o texto apresenta, enfim, participar, de forma ativa, da construção do sentido. Assim, autor e leitor devem ser vistos como "estrategistas" na interação pela linguagem.

2. CONCEPÇÃO DE LEITURA

Fala-se constantemente sobre a importância da leitura na nossa vida, sobre a necessidade de cultivar o hábito de leitura entre crianças e jovens, sobre o papel da escola na formação de leitores competentes.

Mas, no bojo dessa discussão, cabe levantar uma série de questões, como: *O que é ler? Para que ler? Como ler?* Evidentemente, as perguntas poderão ser respondidas de diferentes modos, cada um deles revelando uma concepção de *leitura*, dependendo da concepção de *sujeito*, de *língua*, de *texto* e de *sentido* que se adote.

2.1. Leitura: foco no autor

Sobre essa questão, afirmei em Koch (2002) que, à concepção de *língua como representação do pensamento*, corresponde a de *sujeito psicológico, individual, dono de sua vontade e de suas ações*. Trata-se de um sujeito visto como um *ego* que constrói uma representação mental e deseja que esta seja "captada" pelo interlocutor exatamente da maneira como foi mentalizada.

Nessa concepção de língua como representação do pensamento e de sujeito como senhor absoluto de suas ações e de seu dizer, *o texto* é visto como um produto – lógico – do pensamento (representação mental) do autor, nada mais cabendo ao leitor senão "captar" essa representação mental, juntamente com as intenções (psicológicas) do produtor, exercendo, assim, um papel totalmente passivo.

A leitura, então, é entendida como a atividade de captação das ideias do autor, sem que se leve em conta as experiências e os conhecimentos do leitor, a interação autor-texto-leitor com propósitos constituídos sociocognitivo-interacionalmente. O foco de atenção é, somente, o autor e suas intenções. Daí as perguntas que frequentemente se fazem: Foi isso mesmo que o autor quis dizer? Será que o autor realmente pensou nisso?

2.2. Leitura: foco no texto

Por sua vez, à concepção de *língua como estrutura* corresponde à de *sujeito determinado, "assujeitado" pelo sistema, caracterizado por um espécie de "não consciência"*. O princípio explicativo de todo e qualquer fenômeno e de todo e qualquer comportamento individual repousa sobre a consideração do sistema, quer linguístico, quer social.

Nessa concepção de *língua como código* – portanto, como mero instrumento de comunicação – e de *sujeito como (pre)determinado pelo sistema*, o *texto* é visto como simples produto da codificação de um emissor a ser descodificado pelo leitor/ouvinte, bastando a este, para tanto, o conhecimento do código utilizado.

Consequentemente, *a leitura* é vista como uma atividade que exige do leitor o foco no texto, em sua linearidade, uma vez que tudo está dito no texto. Se, na concepção anterior, ao leitor cabia o reconhecimento das intenções do autor, nesta concepção, cabe-lhe somente o reconhecimento do sentido das palavras e estruturas do texto: basta-lhe conhecer o código (a língua), que terá a chave para a interpretação. Em ambas, porém, o leitor é caracterizado como passivo, por realizar uma atividade de reconhecimento, de reprodução.

2.3. Leitura: foco na interação autor-texto-leitor

Em contraposição às concepções anteriores, na concepção interacional (dialógica) da língua, os sujeitos são vistos como atores/construtores sociais, sujeitos ativos que – dialogicamente – se constroem e são construídos no texto, considerado o próprio lugar da interação e da constituição dos sujeitos da linguagem. Desse modo, há lugar, em todo e qualquer texto, para toda uma gama de implícitos, dos mais variados tipos, somente detectáveis quando se tem, como pano de fundo, o contexto sociocognitivo dos participantes da interação.

Nessa perspectiva, *o sentido* de um texto é *construído na interação texto-sujeito* e não algo que preexista a essa interação. *A leitura* é, pois, uma *atividade interativa altamente complexa de produção de sentidos*, que se realiza, evidentemente, com base nos elementos linguísticos presentes na superfície textual e na sua forma de organização, mas que requer a mobilização de um vasto conjunto de saberes no interior do evento comunicativo. Isto é:

a) a leitura é uma atividade na qual se levam em conta as experiências e os conhecimentos do leitor;
b) a leitura exige do leitor bem mais do que o conhecimento do código linguístico, uma vez que o *texto* não é apenas o produto da codificação de um emissor a ser decodificado por um receptor passivo.

É essa a concepção *sociocognitivo-interacional de língua* que privilegia os *sujeitos e seus conhecimentos em processos de interação*. O lugar mesmo de interação é o texto, cujo sentido "não está lá", mas é construído, considerando-se, para tanto, as "sinalizações" ou pistas textuais fornecidas pelo autor e os conhecimentos do leitor que, durante todo o processo de leitura, deve assumir uma atitude "responsiva ativa" (Cf. Bakhtin, 1992: 290). Em outras palavras, espera-se que o leitor concorde ou não com as ideias do autor, complete-as, adapte-as, etc., uma vez que "toda compreensão é prenhe de resposta e, de uma forma ou de outra, forçosamente, a produz" (Bakhtin, 1992: 290).

3. A INTERAÇÃO: AUTOR-TEXTO-LEITOR

Pela consonância com essa posição, destacamos aqui um trecho dos Parâmetros Curriculares Nacionais de Língua Portuguesa (1998):

> A leitura é um processo no qual o leitor realiza um trabalho ativo de construção do significado do texto, a partir dos seus objetivos, do conhecimento sobre o assunto, sobre o autor, de tudo o que sabe sobre a língua: características do gênero, do portador, do sistema de escrita, etc. Não se trata simplesmente de "extrair informação da escrita" decodificando-a letra por letra, palavra por palavra. Trata-se de uma atividade que implica, necessariamente, *compreensão*. Qualquer leitor experiente que conseguir analisar sua própria leitura, constatará que a decodificação é apenas um dos procedimentos que utiliza quando lê: a leitura fluente envolve uma série de outras estratégias como seleção, antecipação, inferência e verificação, sem as quais não é possível rapidez e proficiência. É o uso de procedimentos desse tipo que permite controlar o que vai sendo lido, tomar decisões diante de dificuldades de compreensão, arriscar-se diante do desconhecido, buscar no texto a comprovação das suposições feitas, etc.

Nesse trecho, encontra-se reforçado, na atividade de leitura, o papel do *leitor enquanto um construtor de sentido*, utilizando-se, para tanto, de uma série de estratégias, entre as quais a *seleção, antecipação, inferência* e *verificação*.

3.1. Estratégias de leitura

Assim, espera-se que o leitor processe, critique, contradiga ou avalie a informação que tem diante de si, que a aceite ou a conteste, que dê sentido e significado ao que lê (cf. Solé, 2003: 21).

Essa concepção de leitura, que põe em foco o leitor e seus conhecimentos, em interação com o autor e o texto, para a construção de sentido, vem já há algum tempo merecendo a atenção de estudiosos do texto e alimentando muitas pesquisas sobre o tema.

> Na qualidade de leitores ativos, estabelecemos relações entre nossos conhecimentos anteriormente constituídos e as novas informações contidas no texto, fazemos inferências, comparações, formulamos perguntas relacionadas com o seu conteúdo.

Mais ainda: processamos, criticamos, contrastamos e avaliamos as informações que nos são apresentadas, produzindo sentido para o que lemos. Em outras palavras, agimos estrategicamente, o que nos permite dirigir e autorregular nosso próprio processo de leitura.

3.2. Objetivos de leitura

É claro que não devemos nos esquecer de que a constante interação entre o conteúdo do texto e o leitor é regulada também pelo propósito com que lemos o texto, pelos *objetivos da leitura*.

De modo geral, podemos dizer que há textos que lemos para nos manter informados (jornais, revistas); há outros que lemos para realizar trabalhos acadêmicos (dissertações, teses, livros, periódicos científicos); há, ainda, aqueles cuja leitura é realizada por prazer, por puro deleite (poemas, contos, romances); os que lemos para consulta (dicionários, catálogos), os que somos "obrigados" a ler de vez em quando (manuais, bulas), os que nos caem em mãos (panfletos) ou os que nos são constantemente apresentados aos olhos (*outdoors*, cartazes, faixas).

São, pois, os objetivos do leitor que nortearão o modo de leitura, em mais tempo ou em menos tempo; com mais atenção ou com menos atenção; com maior engajamento ou com menor engajamento.

4. LEITURA E PRODUÇÃO DE SENTIDO

Se, portanto, a leitura é uma atividade baseada na interação autor-texto-leitor, nesse processo faz-se necessário considerar a materialidade Linguística do Texto, elemento sobre o qual e a partir do qual se constitui a interação; e, por outro lado, é preciso também levar em conta o autor e o leitor, com seus conhecimentos e vivências, condição fundamental para o estabelecimento de uma interação com maior ou menor intensidade, durabilidade, qualidade.

4.1. Leitura e ativação de conhecimento

É por essa razão que falamos de *um* sentido para o texto, não *do* sentido do texto, e justificamos essa posição, visto que, na atividade de leitura, é preciso ativar lugar social, vivências, relações com o outro, valores da comunidade, conhecimentos textuais (cf. Paulino *et al.*, 2001).

4.2. Pluralidade de leituras e sentidos

A pluralidade de leituras e de sentidos pode ser maior ou menor dependendo, por um lado, do texto, do modo como foi constituído, do que foi explicitamente revelado, e do que foi implicitamente sugerido; por outro lado, da ativação, por parte do leitor, de conhecimentos de natureza vária, bem como de seus objetivos e de sua atitude perante o texto.

Assim, considerar o leitor e seus conhecimentos e que esses conhecimentos são diferentes de um leitor para outro implica, necessariamente, aceitar uma pluralidade de leituras e de sentidos em relação a um mesmo texto.

É claro que, com isso, não preconizamos que o leitor possa ler qualquer coisa com base em um texto, pois, como já afirmamos, o sentido não está apenas no leitor, nem no texto, mas na interação autor-texto-leitor. Por isso, é de fundamental importância que o leitor considere na e para a produção de sentido as "sinalizações" do texto, além dos conhecimentos que possui.

5. FATORES DE COMPREENSÃO DA LEITURA

A compreensão de um texto varia, portanto, segundo as circunstâncias de leitura e vai depender de vários fatores complexos e inter-relacionados (Alliende & Condemarín, 2005).

Embora tais fatores estejam intimamente relacionados na compreensão da leitura, cabe chamar a atenção para os casos em que fatores relativos ao autor/leitor, por um lado, ou ao texto, por outro lado, podem interferir no processo, de modo a dificultá-lo ou facilitá-lo.

5.1. Fatores relativos ao autor/leitor

> Esses fatores referem-se ao conhecimento dos elementos linguísticos (uso de determinadas expressões, léxico antigo, etc.), esquemas cognitivos, bagagem sociocultural, circunstâncias em que o texto foi produzido.

Em outras palavras, podemos dizer que os conhecimentos selecionados pelo autor na e para a constituição do texto "criam" um leitor-modelo. Desse modo, o texto, pela forma como é constituído, pode exigir mais ou menos conhecimento prévio de seus leitores. Isto é, um texto não se destina a todo e a qualquer leitor, mas pressupõe um determinado tipo de leitor e exclui outros.

Em nosso dia a dia, deparamo-nos com inúmeros textos veiculados em meios diversos (jornais, revistas, rádio, tevê, internet, cinema, teatro) cuja produção é "orientada" para um determinado tipo de leitor (um público específico), o que, aliás, vem evidenciar o princípio interacional constitutivo não apenas do texto, como do próprio uso da língua.

5.2. Fatores relativos ao texto

Além dos fatores da compreensão de leitura ligados ao autor e ao leitor, há os relacionados ao texto, que dizem respeito à sua legibilidade, podendo ser materiais, linguísticos ou de conteúdo (cf. Alliende & Condemarín, 2005).

Dentre os *aspectos materiais* que podem comprometer a legibilidade, os autores citam: o tamanho e a clareza das letras, a cor e a textura do papel, o comprimento das linhas, a fonte empregada, a variedade tipográfica, a constituição de parágrafos muito longos; e, em se tratando da escrita digital, a qualidade da tela e o uso apenas de maiúsculas ou de minúsculas, bem como o excesso de abreviações.

Além dos fatores materiais, há *fatores linguísticos* que podem dificultar a compreensão, tais como: a seleção lexical; estruturas sintáticas muito complexas, caracterizadas pela abundância de elementos subordinados; orações supersimplificadas, marcadas pela total ausência de nexos para indicar relações de causa/efeito, espaciais, temporais; ausência de sinais de pontuação, etc.

Uma bula, por exemplo, é conhecida como um texto de difícil leitura por seus aspectos materiais, linguísticos e de conteúdo, a tal ponto que já existe em andamento uma proposta oficial para resolver o problema.

6. ESCRITA E LEITURA: CONTEXTO DE PRODUÇÃO E CONTEXTO DE USO

Depois de escrito, o texto tem uma existência independente do autor. Entre a produção do texto escrito e a sua leitura, pode passar-se muito tempo, de modo que as *circunstâncias da escrita* (*contexto de produção*) podem ser absolutamente diferentes das *circunstâncias da leitura* (*contexto de uso*), fato esse que interfere na produção de sentido. O mesmo acontece também quando o texto vem a ser lido num lugar muito distante daquele em que foi escrito ou quando foi reescrito de muitas formas, mudando consideravelmente o modo de constituição da escrita com o objetivo de atingir diferentes tipos de leitor.

7. TEXTO E LEITURA

Cabe, assim, reiterar que a leitura é uma atividade que solicita intensa participação do leitor, pois, se o autor apresenta um texto lacunoso ou incompleto, por pressupor a inserção do que foi dito em esquemas cognitivos compartilhados, é preciso que o leitor o complete, produzindo uma série de inferências.

Assim, no processo de leitura, o leitor aplica ao texto um modelo cognitivo (*frame* ou esquema) baseado em conhecimentos que tem representados na memória social. A hipótese inicial pode, no decorrer da leitura, confirmar-se e se fazer mais precisa; ou pode exigir alterações, maiores ou menores. Em certos casos, torna-se necessária, até mesmo, a reformulação total dessa hipótese, que terá de ser descartada.

Assim, o texto é um exemplo de que o autor pressupõe a participação do leitor na construção do sentido, considerando a (re)orientação que lhe é dada. Nesse processo, ressalta-se que *a compreensão não requer que os conhecimentos do texto e os do leitor coincidam, mas que possam interagir dinamicamente* (Alliende & Condemarín, 2005: 126-7).

E a produção de textos?

Relativamente à prática de produção de textos, podem-se destacar as seguintes afirmações dos PCNs:

> Um escritor competente é alguém que sabe reconhecer diferentes tipos de texto e escolher o apropriado a seus objetivos num determinado momento (...).
>
> Um escritor competente é, também, capaz de olhar para o próprio texto como um objeto e verificar se está confuso, ambíguo, redundante, obscuro ou incompleto. Ou seja: é capaz de revisá-lo e reescrevê-lo até considerá-lo satisfatório para o momento. É, ainda, um *leitor* competente, capaz de recorrer, com sucesso, a outros textos quando precisa utilizar fontes escritas para a sua própria produção.

Assim, no que diz respeito à produção do sentido, defendem os PCNs que o trabalho de análise epilinguística em sala de aula é importante por possibilitar a discussão sobre os diferentes sentidos atribuídos aos textos e *sobre os elementos discursivos que validam ou não essas atribuições*, propiciando, inclusive, *a construção de um repertório de recursos linguísticos* a ser utilizado quando da produção textual.

A Linguística Textual vem trazendo ao professor subsídios indispensáveis para a realização das atividades acima sugeridas, visto que ela tem por objeto o estudo dos recursos linguísticos e condições discursivas que presidem à construção da textualidade e, em decorrência, à produção textual dos sentidos, o que vai significar, inclusive, uma revitalização do estudo da gramática: não mais, é claro, como um fim em si mesma, mas com o objetivo de evidenciar de que modo o trabalho de seleção e combinação dos elementos linguísticos nos textos que lemos ou produzimos, dentro das variadas possibilidades que a gramática da língua nos põe à disposição, constitui um conjunto de decisões que vão servir de orientação na nossa busca pelo sentido.

Assim sendo, é preciso que os produtores de textos dominem uma série de estratégias de organização da informação e de estruturação textual. A continuidade de um texto resulta de um equilíbrio variável entre dois movimentos fundamentais: retroação e progressão. Desta forma, a informação semântica contida no texto vai distribuir-se em (pelo menos) dois grandes blocos: o *dado* e o *novo*, cuja disposição e dosagem interferem na construção do sentido. A informação dada (ou melhor, aquela que o produtor do texto apresenta como dada) tem por função estabelecer os pontos de ancoragem para o aporte da informação nova. A retomada dessa informação opera-se por meio de remissão ou referência textual, que leva à formação, no texto, de *cadeias referenciais anafóricas*. Essas cadeias têm papel importante na organização textual, contribuindo para a produção do sentido.

A informação nova introduz-se por meio das diversas estratégias de progressão textual, entre as quais as de contiguidade semântica (emprego de termos pertencentes a um mesmo campo de sentido), progressão temática, progressão tópica e articulação textual.

8. A IMPORTÂNCIA DO CONTEXTO

Já foi salientado que o recurso ao contexto é indispensável para a produção e compreensão e, desse modo, para a construção do sentido. O contexto engloba não só o cotexto, como a situação de interação imediata, a situação mediata (entorno sociopolítico-cultural), o contexto acional e, portanto, o contexto sociocognitivo dos interlocutores. Este último, na verdade, subsume os demais. Ele reúne todos os tipos de conhecimentos arquivados na memória dos actantes sociais, que necessitam ser mobilizados por ocasião do intercâmbio verbal: o conhecimento linguístico propriamente dito, o conhecimento enciclopédico, o conhecimento da situação comunicativa e de suas "regras" (situacionalidade), o conhecimento superestrutural ou tipológico (gêneros e tipos textuais), o conhecimento estilístico (registros, variedades de língua e sua adequação às situações comunicativas), bem como o conhecimento de outros textos que permeiam nossa cultura (intertextualidade).

Nessa acepção, portanto, vê-se o contexto como constitutivo da própria interação pela linguagem. É nesse sentido que se pode dizer que certos enunciados são gramaticalmente ambíguos, mas o contexto se encarrega de fornecer condições para uma interpretação unívoca. Admite-se, pois, que:

1) o contexto desambiguiza;
2) o contexto permite preencher as lacunas do texto ("o contexto completa" – cf. Dascal & Weizman, 1987; Clark, 1977, que fala em estabelecer os "elos faltantes" (*missing links*) por meio de inferências-ponte);
3) os fatores contextuais podem alterar o que se diz ("o contexto modifica" – ironia, etc.);
4) tais fatores se incluem entre aqueles que explicam por que se disse isso e não aquilo ("o contexto justifica"). De qualquer maneira, sob essa perspectiva, falar de discurso implica considerar fatores externos à língua, alguma coisa do seu exterior, para entender o que nela é dito, que por si só seria insuficiente.

As relações entre informação explícita e conhecimentos pressupostos como partilhados estabelecem-se, como dissemos, por meio das estratégias de "sinalização textual", por intermédio das quais o locutor, por ocasião do processamento textual, procura orientar o interlocutor no recurso ao contexto.

É por isso que o sentido de um texto, qualquer que seja a situação comunicativa, não depende tão somente da estrutura textual em si mesma (daí a metáfora do texto como um *iceberg*). Os objetos de discurso a que o texto faz referência são apresentados em grande parte de forma lacunar, permanecendo muita coisa implícita. O produtor do texto pressupõe, da parte do leitor/ouvinte, conhecimentos textuais, situacionais, culturais e enciclopédicos e, orientando-se pelo *Princípio da Economia*, não explicita as informações consideradas redundantes. Ou seja, visto que não existem textos totalmente explícitos, o produtor de um texto necessita proceder ao "balanceamento" do que necessita ser explicitado textualmente e do que pode permanecer implícito, por ser recuperável via inferenciação (cf. Nystrand

& Wiemelt, 1991; Marcuschi, 1994). Na verdade, é esse o grande segredo do locutor competente.

O leitor/ouvinte, por sua vez, espera sempre um texto dotado de sentido e procura, a partir da informação contextualmente dada, construir uma representação coerente, por meio da ativação de seu conhecimento de mundo e/ou de deduções que o levam a estabelecer relações de causalidade, temporalidade, etc. Levado pelo *Princípio da Continuidade de Sentido* (Hörmann, 1976), ele põe em funcionamento todos os componentes e estratégias cognitivas que tem à disposição para dar ao texto uma interpretação adequada. Esse princípio se manifesta, pois, como uma atitude de expectativa do interlocutor de que uma sequência linguística produzida pelo falante/escritor possa ser considerada coerente (cf. Grice (1975), *Princípio da Cooperação*).

Verifica-se, assim, que o uso da linguagem, quer em termos de produção, quer de recepção, repousa visceralmente na *interação produtor-texto-ouvinte/leitor*, que se manifesta por uma antecipação e coordenação recíprocas, em dado contexto, de conhecimentos e estratégias sociocognitivas e interacionais. Tanto em textos escritos como em textos orais, o produtor, visando à produção de sentidos, faz uso de uma multiplicidade de recursos que vão muito além das simples palavras que compõem as estruturas. Em obediência à *Máxima da Relevância* (Grice, 1975) e com base em seu modelo do interlocutor, o falante/escritor verbaliza somente as unidades referenciais e as representações necessárias à compreensão, e que não possam ser deduzidas sem esforço pelo leitor/ouvinte por meio de informações contextuais e/ou conceituais (*Princípio da Seletividade*).

Mencione-se, a título de exemplo, o emprego de uma expressão referencial anafórica, que implica uma pressuposição de conhecimento partilhado e obriga o interlocutor a uma busca no contexto, cognitivo ou situacional. Visto que o produtor do texto procede à seleção daquelas que se mostram mais adequadas ao seu projeto de dizer, seu emprego vai exigir do interlocutor a percepção do porquê da escolha feita, no contexto dado, com vistas à construção do sentido.

Verifica-se, dessa forma, a justeza da definição de van Dijk (1994 e 1997): "contexto é o conjunto de todas as propriedades da situação social que são sistematicamente relevantes para a produção, compreensão e funcionamento do discurso e de suas estruturas".

Todos os fatores aqui mencionados, que intervêm nos processos de leitura e produção de textos, são responsáveis pela produção de sentidos.

BIBLIOGRAFIA

ALLIENDE, Felipe & CONDEMARÍN, Mabel. *A leitura: teoria, avaliação e desenvolvimento.* Porto Alegre: Artmed, 2005.

BAKHTIN, M. *Estética da criação verbal.* São Paulo: Martins Fontes, 1992 [1953].

CLARK, H. "Bridging". In: WASON, P. & JOHNSON-LAIRD, P. (eds). *Thinking: Readings in Cognitive Sciences.* Cambridge: Cambridge University Press, 1977, p. 407-420.

DASCAL, Marcelo & WEIZMAN, E. "Contextual exploitation of interpretation clues in text understanding: An integrated approach". In: VERSCHUEREN, J. & BERTUCCELI-PAPI, M. (eds.). The Pragmatic Perspective. *Selected papers from the 1985 International Pragmatics Conference.* Amsterdam: John Benjamins, 1987, p. 31-46.

GRICE, H.P. "Logic and conversation". In: COLE, P. & MORGAN, J. (eds.). *Syntax and Semantics*, v. 3, Speech Acts. New York: Academic Press 1975.

HÖRMANN, H. *Meinen und Verstehen. Grundzüge einer psychologischen Semantik.* Frankfurt (M.): Suhrkamp, 1976.

KOCH, Ingedore G. Villaça. *Desvendando os segredos do texto.* São Paulo: Cortez, 2002.

MARCUSCHI, L.A. "Contextualização e explicitude na relação entre fala e escrita". Conferência apresentada no I Encontro Nacional sobre Língua Falada e Escrita, UFAL, Maceió, 14-18 de março de 1994 (mimeo).

NYSTRAND, M., & WIEMELT, J. *When is a Text Explicit? Formalist and Dialogical Conceptions.* Text 11(1), 1991, p. 25-41.

PAULINO, Graça *et al. Tipos de textos, modos de leitura.* Belo Horizonte: Formato, 2001.

SECRETARIA DO ENSINO FUNDAMENTAL. *Parâmetros Curriculares de Língua Portuguesa* (PCNs). Brasília: MEC, 1998.

SOLÉ, Isabel. "Ler, leitura, compreensão: 'sempre falamos da mesma coisa?'" In: TEBEROSKY, Ana *et al. Compreensão de leitura: a língua como procedimento.* Porto Alegre: Artmed, 2003.

VAN DIJK, T.A. *Cognitive Context Models and Discourse.* 1994 (mimeo).

______. "Towards a Theory of Context and Experience Models in Discourse Processing". In: van OOSTERDORP, H. & GOLDMAN, S. (eds.). *The Construction of Mental Models during Reading.* Hillsdale, NJ: Erlbaum, 1997.

(1ª versão em "Leitura e redação". In: *Revista Língua Portuguesa*, ano II, nº 23, Ed. Segmento, set. de 2007, p. 52-56.)

14. A REPETIÇÃO E SUAS PECULIARIDADES NO PORTUGUÊS FALADO NO BRASIL

1. INTRODUÇÃO

A repetição constitui, sem dúvida, uma das estratégias básicas de construção do discurso.

Tannen (1987: 216) defende a posição de que há uma tendência humana universal para imitar e repetir. Ressalta que, ao contrário do senso comum que sugere ser maçante tudo o que é pré-estruturado, fixo, repetido, a emoção está intimamente associada ao familiar, ao que retorna, ao que se repete. A seu favor, invoca as palavras de Freud: "A repetição, a reexperienciação de algo idêntico, é claramente em si mesma uma fonte de prazer". Que o digam os *slogans* políticos ou publicitários, os bordões dos humoristas, os estribilhos de poemas e canções.

Além disso, a repetição é fundamental tanto em situações rituais, como na interação cotidiana, como, por exemplo, no caso de pares adjacentes como cumprimentos e despedidas. Trata-se, também, de um dos traços básicos da comunicação diplomática, na qual, segundo Marcus (1985), um grande número de expressões estereotípicas são sempre de novo repetidas, com o intuito de assegurar que determinados princípios, postulações, exigências não sofreram qualquer alteração. Assim sendo, sua presença no texto pode até não ser percebida, mas sua ausência seria altamente significativa. O objetivo deste capítulo é examinar peculiaridades da repetição no português falado no Brasil, tanto nos níveis lexical e sintático, como, particularmente, no nível discursivo. Isto é, a par de aspectos da repetição que se poderiam considerar "universais", na acepção de Koch & Oesterreicher (1990), por caracterizarem esse fenômeno no contexto global da interação linguística, podem-se verificar, com relação ao português brasileiro, certas peculiaridades, talvez comuns a algumas outras línguas, mas, certamente, não à maioria delas.

Sem pretensões de exaustividade, irei proceder ao levantamento de algumas destas particularidades.

2. PECULIARIDADES DE ORDEM LEXICAL

O léxico do português brasileiro – sobretudo o do português coloquial, como também o da gíria – é abundante em palavras formadas pela reduplicação de itens lexicais. Tais itens, quase sempre dissilábicos, são, na maioria dos casos, verbos na forma da 3ª pessoa do singular do presente do indicativo, aparecendo, em segundo lugar, as formas onomatopaicas. Em se tratando de vocábulos onomatopaicos, frequentemente o elemento que se repete é de origem indígena. Passo a apresentar alguns exemplos:

1) Vocábulos formados pela reiteração de uma forma verbal:

    a) na 3ª pessoa do singular do presente do indicativo: corre-corre, bole-bole, lambe-lambe, pisca-pisca, puxa-puxa, pega-pega, luze-luze, pula-pula, rola-rola, treme-treme, troca-troca, mexe-mexe;
    b) em outra pessoa verbal: quero-quero.

2) Vocábulos formados pela repetição de formas onomatopaicas: reco-reco, tico-tico (do tupi *tik tik)*, xiquexique (de origem tapuia), torom-torom, toque- toque, teco-teco, ruge-ruge.

A reduplicação constitui uma das evidências da iconicidade na linguagem, isto é, da existência de uma forte correspondência entre forma e sentido (Sapir, 1921; Moravcsik, 1978; Ishikawa, 1991).

Segundo Ishikawa (1991), os efeitos semânticos da repetição (total ou parcial) de morfemas ou itens lexicais comumente apresentados em manuais de semântica, estilística e retórica (intensidade, ênfase, iteração, frequência, continuação, progressão, habitualidade, entre outros), podem ser reduzidos a três principais: *intensidade, iteração e continuação.* Afirma a autora, com base em Bybee (1985), que se trata de uma iconicidade diagramática, no sentido peirceano, em que a relação entre partes da forma assemelha-se à relação entre partes do sentido que tais formas representam, isto é: 1) a forma reduplicada, ou seja, quantidade aumentada de forma assemelha-se à relação entre o sentido resultante e o sentido original, qual seja, quantidade aumentada de sentido (intensidade); 2) a forma repetida assemelha-se à ação repetida (reiteração); 3) a quantidade aumentada de forma assemelha-se à extensão do tempo aumentado durante a ação designada (continuação). É o que se pode verificar nos exemplos seguintes (os verbetes foram extraídos do *Novo Dicionário Aurélio*):

– *iteração, habitualidade*:

– *luze-luze*: (pop.) pirilampo, vagalume

– *pega-pega*: (bras.) 1. carrapicho; 2. conflito, disputa, briga; 3. V. *pique*: brinquedo infantil em que uma das crianças tem de pegar as outras.

– *pisca-pisca*: 1. (fam.) pessoa que tem o cacoete de piscar seguidamente; 2. nos automóveis, farolete que piscando, indica mudança de direção na marcha do veículo; 3. farol que acende e apaga sem cessar na sinalização do trânsito. V. *pisca-piscar*: piscar repetidas vezes.

– *puxa-puxa*: (bras.) 1. adj. 2. g. diz-se do doce ou da bala de consistência elástica e grudenta; 2. s.m. doce ou bala puxa-puxa.

– *treme-treme*: (bras.) 1. peixe elasmobrânquio, hipotremado, da família dos torpedinídeos [sin.: arraia-elétrica, raia elétrica]; 2. flor-de-caboclo; 3. tremor contínuo.

– *troca-troca*: (bras.) negociação que envolve troca de objetos usados por novos, de atletas, entre clubes, etc.

– *reco-reco*: (bras.) 1. instrumento de percussão que produz um som rascante e intermitente, causado pelo atrito de duas partes

separadas, e que, em seu feitio mais conhecido, consiste num gomo de bambu no qual se abrem regos transversais e que se faz soar passeando por eles uma varinha ou tala; 2. brinquedo infantil.
– *teco-teco*: (bras.) avião pequeno, de um só motor de explosão, de reduzida potência, para trajetos curtos.
– *ruge-ruge*: 1. ruído produzido por saias que roçam o chão, rugido; *frufru*. 2. rumor produzido por qualquer coisa que range ou roça; 3. (bras.) confusão, atropelo, desordem, barulho.
– *bole-bole:* (bras. pop.) requebro, rebolado, remelexo.
– *pula-pula:* (bras.) ave passariforme da família dos compsotlipídeos.
– *quero-quero:* (bras.) ave cadriiforme da família dos cariídeos, com duas espécies brasileiras. Também chamado *tero-tero*, *teréu-teréu*, *téu-téu*, *terém-terém*, gaivota preta. (Note-se que as demais denominações são onomatopaicas. *Quero-quero* parece constituir um "aportuguesamento" dessas formas, o que pode explicar o fato de ser o único vocábulo por mim encontrado formado da reduplicação de uma forma verbal diferente daquela da 3ª pessoa do singular).

– intensificação:
– *corre-corre* (bras.) 1. correria; 2. grande afã, azáfama, *lufa-lufa*.
– *diz-que-diz* (*que*): (bras.) boato, falatório, intriga, mexerico, fofoca.
– *esfrega-esfrega*: (pop., não dicionarizado): ato libidinoso. O dicionário registra, entre os sentidos do verbo esfregar: (bras. chulo) roçar-se com intuito libidinoso.

Em geral, os três matizes são cumulativos; a classificação aqui apresentada é feita em termos de dominância de um ou de outro. Há, também, casos em que se oblitera o sentido do item repetido, surgindo para o composto um sentido aparentemente não motivado. É o que acontece, por exemplo, com:

– *lambe-lambe*: (bras., RJ, pop.) 1. fotógrafo ambulante; 2. primeira fila dos teatros de revistas.
– *xiquexique*: [de or. tapuia] 1. (bras., NE) espécie da família das cactáceas. (Note-se que existe também o vocábulo *xique-xique*, onomatopaico: (bras., MG) ganzá (instrumento musical).

Como se pode observar na exemplificação aqui apresentada, quase todos esses vocábulos formados por reduplicação constituem brasileirismos, alguns deles pertencentes à linguagem popular ou mesmo à gíria, como é o caso de *agarra-agarra, esfrega-esfrega* e *oba-oba*, não dicionarizados, bem como de um dos sentidos em que se usa o vocábulo *treme-treme* (edifício de má reputação); outros, porém, em maior número, encontram-se perfeitamente integrados ao léxico da língua padrão, constituindo, inclusive, denominações de espécies de aves, peixes, plantas, etc.

A língua portuguesa é rica, também, em locuções com elementos repetidos, do tipo: um a um, lado a lado, face a face, frente a frente, passo a passo, dia a dia, mês a mês, ano a ano, tostão por tostão, tintim por tintim, pouco a pouco, de quando em quando, corpo a corpo, etc., bem como em vocábulos (em geral onomatopaicos) e expressões formados por repetições parciais de fonemas ou de palavras, como *zigue-zague, tique-taque, mexe e remexe*, etc.

3. PECULIARIDADES DE ORDEM SINTÁTICA

Os fatos sintáticos aqui descritos situam-se, na verdade, na interface sintaxe/discurso.

a) Um fenômeno característico do português, sobretudo falado, é a dupla negação, enfática, que aparece em covariação com a negação simples, feita com partícula negativa anteposta ao verbo (forma padrão) ou posposta ao verbo (variedade regional), em respostas negativas. Por exemplo:

(1) Quer um pedaço de bolo?
Não./Não quero. (forma padrão) x Não quero não. (centro-sul-sudeste) x Quero não. (nordeste)

A dupla negação é um fenômeno geral em português, ou seja, é comum também na escrita, coocorrendo a partícula de negação com outras formas negativas, como *nada, ninguém*, como acontece também em algumas outras línguas, especialmente românicas:

(2) Não havia nada dentro do armário.

(3) Não entrou ninguém na loja.

Em estilo culto formal, teríamos:

(2') Nada havia dentro do armário.

(3') Ninguém entrou na loja.

b) Em perguntas "abertas", a resposta afirmativa faz-se normalmente, em português, com a repetição do verbo da pergunta, com a flexão de pessoa adequada:

(4) Você gosta de viajar?
Gosto.

c) Respostas afirmativas a perguntas que contêm um quantificador universal, advérbio de frequência ou intensificador, podem ser feitas com a repetição deste elemento ou com a do verbo:

(5) Você viu tudo?
Tudo. (ou Vi.)

(6) Trabalhou muito hoje?
Muito. (ou Trabalhei.)

(7) Seu marido viaja sempre?
Sempre. (ou Viaja.)

(8) Ela vai pouco ao cinema?
Pouco. /Bem pouco. (? Vai.)

Respostas desse tipo são possíveis, também, quando se trata de confirmar uma negação expressa na pergunta (exemplos (9) e (10), ou quando se quer restringir o significado do advérbio (exemplo (11)):

(9) O rapaz não conseguiu nada?
Nada. (ou Não.)

(10) O professor nunca sai aos domingos?
Nunca. (ou Não.)

(11) Sua mãe usa sempre roupa escura?
Nem sempre.

d) Caso interessante é a repetição, em repostas, da forma verbal flexionada na 1ª pessoa do plural, referindo-se ao interlocutor (uso empático):

(12) Vamos (= você vai) comigo ao cinema?
Vamos. (= vou.)

e) Na variante coloquial, não padrão, ocorre, com certa frequência, a repetição pleonástica (enfática) do objeto indireto, quando este representa o destinatário ou o beneficiário da ação verbal:

(13) Me dá esse livro pra mim?

(14) Eu não te falei pra você?

4. PECULIARIDADES DE ORDEM DISCURSIVA

Em interações face a face, o português falado apresenta algumas formas de autorrepetição peculiares, todas elas com a função de exprimir algum tipo de intensificação, como se pode verificar nos exemplos a seguir:

1) repetição do verbo no final de interrogativas, isto é, como *tag*, acompanhado de entonação característica, com funções interacionais que, em várias outras línguas, são expressas por meio de partículas:

(15) Era o carteiro, era? (pedido de confirmação)

(16) Quer um doce, quer? (empatia, sinceridade no oferecimento)

(17) Você me perdoa, perdoa? (insistência)

(18) Você não se ofendeu, ofendeu? (expectativa de resposta negativa)

(19) Você vem me ver, vem? (reforço de pedido)

(20) Você não pretende me desobedecer, pretende? (ameaça)

Com estes dois últimos sentidos, a repetição pode ocorrer, também, em enunciados não interrogativos, com valor de ameaça, intimidação:

(21) Fala assim comigo, fala!

(22) Vai abusando, vai...

Há, ainda, uma forma de repetição do verbo, acompanhado do item *mesmo*. com a função de exprimir dúvida a respeito de algo que o locutor considera difícil de acreditar (exemplo (23)) ou pedido de confirmação de algo que ele deseja intensamente (exemplo (24)):

(23) Você *leu leu* mesmo o livro inteiro para a prova?

(24) Você *gostou gostou* mesmo do presente?

Outro tipo peculiar de repetição consiste em reduplicar um item explícito ou implicitado no contexto imediatamente anterior – muitas vezes, o escopo de uma pergunta do interlocutor –, para recusar-lhe uma adequação semântica total; ou seja, como postula Castro (1994), a segunda ocorrência do item tem por função precisar (ou corrigir) o sentido com que foi empregada a primeira, ocorrendo, na maioria dos casos, em orações com ideia de negação (explícita ou implícita). Nesses casos, poder-se-ia estabelecer uma equivalência do elemento repetido com expressões como: *mesmo, de verdade, propriamente, no sentido próprio do termo, realmente, de fato,* etc. São ilustrativos os exemplos seguintes:

(25) Cedinho cedinho ninguém chega à Universidade.
mesmo
de verdade

(26) Erro erro não tinha nenhum.
mesmo
propriamente

(27) Bom bom só achei o último capítulo.
de verdade
realmente

(28) Almoçar almoçar não almocei ainda, só comi um sanduíche na cantina.
propriamente
de fato

Veja-se o exemplo (29), extraído do corpus do Projeto NURC/BR:

(29) *Doc.* Você costuma dormir bem e acorda com facilidade?
Inf. Dormir bem eu nunca durmo bem... com problemas diários não dá pra dormir bem... (NURC POA DID 09: 435-436).

Em formulações como esta, tematiza-se um elemento remático, que é repetido imediatamente na sequência. Embora uma de suas principais funções seja, como afirmei, a de enfatizar o significado essencial do termo ou, muitas vezes, questionar a adequação de seu emprego naquela situação, no exemplo (30), também extraído do *corpus* do Projeto NURC, parece-me não ser essa a função (talvez justamente, por não se tratar de enunciado explícita ou implicitamente negativo), mas de algo como "você me pergunta se evoluiu, e eu me apresso a responder" ou, então, "é preciso reconhecer que evoluiu":

(30) *Doc.* você acha que o teatro evolui::u? como é que está?
Inf. Evoluir evoluiu... evoluiu muito o teatro principalmente no Brasil... (NURC SP DID 161: 625-627).

Finalmente, existe ainda um uso bastante próximo da repetição – geralmente de substantivos – em que a segunda ocorrência implica uma saliência semântica que a distingue da primeira, já que expressa o significado por excelência do termo que repete, isto é, seu significado tomado no mais alto grau de exatidão. Também aqui verifica-se a iconicidade diagramática já mencionada no item 1:

(31) Desta vez, vou comprar um carro carro. (ou seja, um carro realmente bom, que possua tudo o que se pode esperar de um carro).

(32) Beba Leite Paulista. O leite leite. (anúncio publicitário)

5. CONCLUSÃO

Os aspectos aqui ilustrados permitem verificar a importância da repetição enquanto estratégia de criação linguística e de estruturação textual – e, mais particularmente, do texto falado. Ela constitui uma das provas mais concludentes da iconicidade na linguagem: o aumento da quantidade de formas aumenta a quantidade de sentidos, isto é, os sentidos são diagramaticamente icônicos. A língua portuguesa explora ao máximo esses recursos, talvez em grau maior que algumas outras línguas (disseram-me, certa vez, em um congresso de que participei na Venezuela apresentando um trabalho sobre a repetição, que os brasileiros repetem mais que os hispano-hablantes). Possivelmente seja essa a razão de se poder apresentar um rol tão significativo de peculiaridades da repetição no português falado no Brasil.

BIBLIOGRAFIA

BYBEE, J. *Morphology*. Amsterdam: John Benjamins, 1985.

CASTRO, V.S. "Um caso de repetição no português", 1994 (mimeo).

HOLLANDA, A.B. de. *Novo dicionário da língua portuguesa*. 2ª ed. Rio de Janeiro: Nova Fronteira, 1986.

ISHIKAWA, M. "Iconicity in discourse: The case of repetition". *Text* 11 (4): 553-580, 1991.

KOCH, W. & OESTERREICHER, W. *Gesprochene Sprache in der Romania: Französisch, Italienisch, Spanisch*. Tübingen: Niemeyer, 1990.

MARCUS, S. "Diplomatic Communication". In: VAINA, L. & HINTIKKA, J. (org.). *Cognitive Constraints on Communication*. Dordrecht: Reidel, 1985.

MORAVCSIK, E. "Reduplicative constructions". In: GREENBERG, J. (ed.). *Universals of Human Language*, v. 3, Stanford: Stanford University Press, 1978, p. 297-334.

SAPIR, E. *Language*. New York: Harcourt, Brace and World, 1921.

TANNEN, D. "Repetition in conversation as spontaneous formulaicity". *Text* 7(3), 1987, p. 215-243.

(1ª versão em "A repetição e suas peculiaridades no português falado no Brasil". In: URBANO, H; DIAS, A.R.F; LEITE, M.Q.; SILVA, L.A. & GALEMBECK, P. (orgs.). *Dino Preti e seus temas: oralidade, literatura, mídia e ensino*. São Paulo: Cortez, 2001, p. 118-127.)

15. HIPERTEXTO E CONSTRUÇÃO DO SENTIDO

1. CONCEITUAÇÃO

Muitos dos autores que se ocupam do hipertexto têm ressaltado a dificuldade de chegar a uma conceituação adequada, visto que ainda se continua a tomar como parâmetro o texto impresso. No dizer de Beiguelman (2003: 11):

> *Tão estável e paradigmático é o texto impresso que não se conseguiu inventar um vocabulário próprio para as práticas de escrita e leitura* on-line (...). As telas de qualquer site dispõem de páginas, critérios biblioteconômicos de organização de conteúdo regem os diretórios (...) e a armazenagem é feita de acordo com padrões arquivísticos de documentos impressos, seguindo à risca o modelo de "pastas" e "gavetas".

Theodor Nelson, criador do termo nos anos 1960, considera o hipertexto "um conceito unificado de ideias e de dados interconectados, de tal modo que estes dados possam ser editados em computador. Desta forma, tratar-se- ia de uma instância que põe em evidência não só um sistema de organização de dados, como também um *modo de pensar*" (Nelson, 1992). A partir de então, tornou-se comum a conceituação de hipertexto como *metáfora do pensamento.*

No glossário do Hypertext/Hypermedia Handbook, de Berk & Devlin (1991), encontra-se a seguinte explicação do verbete hipertexto:

> Hipertexto: a tecnologia de leitura e escrita não sequenciais. O termo hipertexto refere-se a uma técnica, uma estrutura de dados e uma interface de usuário. (...) Um hipertexto (ou hiperdocumento) é uma coleção de textos, imagens e sons – nós – ligados por atalhos eletrônicos para formar um sistema cuja existência depende do computador. O usuário/leitor caminha de um nó para outro, seguindo atalhos estabelecidos ou criando outros novos. (Berk & Devlin, 1991, p. 543)

Para Bairon (1995: 45), trata-se de "um texto estruturado em rede (...), uma matriz de textos potenciais", de forma que cada texto particular vai consistir em uma leitura realizada a partir dessa matriz.

Lévy (1993: 33) afirma que o hipertexto melhor se define como

> um conjunto de nós ligados por conexões. Os nós podem ser palavras, páginas, imagens, gráficos ou parte de gráficos, sequências sonoras, documentos complexos que podem ser eles mesmos hipertextos. Os itens de informação não são ligados linearmente, como uma corda com nós, mas cada um deles, ou a maioria deles, estende suas conexões em estrela, de modo reticular.

Na opinião de Lévy (1996), o hipertexto, configurado em redes digitais, desterritorializa o texto, deixando-o sem fronteiras nítidas, sem interioridade definível. O texto, assim constituído, é dinâmico, está sempre por fazer. Isso implica, por parte do leitor, um trabalho contínuo de organização, seleção, associação, contextualização de informações e, consequentemente, de expansão de um texto em outros textos ou a partir de outros textos, uma vez que os textos constitutivos dessa grande rede estão contidos em outros e também contêm outros.

Bolter (1991), por sua vez, assevera que o hipertexto constitui um texto aberto ou um texto múltiplo, caracterizado pelos princípios da não linearidade, interatividade, multicentramento e virtualidade.

Nas palavras de Snyder (1997: 126),

> hipertexto é um *medium* de informação que existe apenas *on-line*, num computador. É uma estrutura composta de blocos de texto conectados por nexos (*links*) eletrônicos que oferecem diferentes caminhos para os usuários. O hipertexto providencia um meio de arranjar a informação de maneira não linear, tendo o computador como automatizador das ligações de uma peça de informação com outra.

De forma bem simplificada, poder-se-ia dizer que o termo *hipertexto* designa uma escritura não sequencial e não linear, que se ramifica de modo a permitir ao leitor virtual o acesso praticamente ilimitado a outros textos, na medida em que procede a escolhas locais e sucessivas em tempo real.

2. CARACTERÍSTICAS

A partir das conceituações aqui apresentadas, podemos elencar as principais características que vêm sendo apontadas para o hipertexto:

1) não linearidade ou não sequencialidade (característica central) – o hipertexto estrutura-se reticularmente, não pressupondo uma leitura sequenciada, com começo e fim previamente definidos. Segundo Marcuschi (1999: 33), "o hipertexto rompe a ordem de construção ao propiciar um conjunto de possibilidades de *constituição textual plurilinearizada*, condicionada por interesses e conhecimentos do leitor-coprodutor" (grifos do autor);
2) volatilidade – que é devida à própria natureza do suporte;
3) espacialidade topográfica – por tratar-se de um espaço não hierarquizado de escritura/leitura, de limites indefinidos;
4) fragmentariedade – já que não existe um centro regulador imanente;
5) multissemiose – por viabilizar a absorção de diferentes aportes sígnicos e sensoriais (palavras, ícones, efeitos sonoros, diagramas, tabelas tridimensionais, etc.) numa mesma superfície de leitura;
6) descentração ou multicentramento – a descentração estaria ligada à não linearidade, à possibilidade de um deslocamento indefinido de tópicos; contudo, já que não se trata de um simples agregado aleatório de fragmentos textuais, há autores que contestam essa característica, preferindo falar em multicentramento, como é o caso, por exemplo, Bolter (1991) e Elias (2000, 2005);
7) interatividade – possibilidade de o usuário interagir com a máquina e receber, em troca, a retroação da máquina;
8) intertextualidade – o hipertexto é um "texto múltiplo", que funde e sobrepõe inúmeros textos que se tornam simultaneamente acessíveis a um simples toque de *mouse*. Pode-se afirmar,

portanto, que no hipertexto a intertextualidade atinge o seu grau máximo: o hipertexto é, por natureza, intertextual;

9) conectividade – determinada pela conexão múltipla entre blocos de significado;
10) virtualidade – outra característica essencial do hipertexto, que constitui, conforme foi dito, uma "matriz de textos potenciais" (cf. Bairon, 1995).

3. LINKS E NÓS

Santaella (2001) chama a atenção para o fato de que, enquanto no texto impresso predomina um fluxo linear, no caso do hipertexto essa linearidade se rompe em unidades ou blocos de informação, cujos tijolos básicos são os nós e os nexos associativos, formando um sistema de conexões que permitem interligar um nó a outro, por meio dos hiperlinks. Isto é, uma das principais inovações do texto eletrônico consiste, justamente, nesses dispositivos técnico-informáticos que permitem efetivar ágeis deslocamentos de navegação *on-line*, bem como realizar remissões que possibilitem acessos virtuais do leitor a outros hipertextos de alguma forma correlacionados (Xavier, 2002).

O autor de um hipertexto distribui seus dados entre módulos que se interconectam por meio de referências computadorizadas, os hiperlinks.

Os hiperlinks podem ser fixos – aqueles que ocupam um espaço estável e constante no site; ou móveis –, os que flutuam no espaço hipertextual, variando a sua aparição conforme as conveniências do produtor, desempenhando funções importantes, entre as quais a dêitica, a coesiva e a cognitiva.

Os hiperlinks dêiticos funcionam como focalizadores de atenção: apontam para um lugar "concreto", atualizável no espaço digital; ou seja, o sítio indicado existe virtualmente, podendo ser acessado a qualquer momento. Possuem, portanto, caráter essencialmente catafórico, prospectivo, visto que ejetam o leitor para fora do texto que está na tela, remetendo suas expectativas de completude para outros espaços. Como bem mostra Xavier (2002), esses hiperlinks convidam o leitor a um movimento de projeção, de êxodo não definitivo dos limites do lido, sugerem-lhe insistentemente atalhos que o auxiliem na apreensão do sentido, ou seja, apresentam-lhes rotas alternativas que lhe permitam pormenorizar certos aspectos e preencher *on-line* lacunas de interpretação.

Em outras palavras, os links são dotados de função dêitica pelo fato de monitorarem a atenção do leitor no sentido da seleção de focos de atenção, permitindo-lhe não só produzir uma leitura mais aprofundada e rica em pormenores sobre o tópico em curso, como também cercar determinado problema por vários ângulos, já que remetem sempre a outros textos que tratam de um mesmo tópico, complementando-se, reafirmando-se ou mesmo contradizendo-se uns aos outros.

Salienta Xavier (2002) que os links desempenham função coesiva por amarrarem as informações, "soldando" peças esparsas de maneira coerente. Por essa razão, diz ele, é importante para o produtor atar os hiperlinks de acordo com certa ordem semântico-discursiva, de modo a garantir ao hiperleitor a fluência de leitura e o encaminhamento da compreensão sem excessivas interrupções ou rupturas cognitivas.

Do ponto de vista cognitivo, pode-se dizer que o hiperlink exerce o papel de um "encapsulador" de cargas de sentido. Para tanto, cabe ao produtor proceder a uma construção estratégica dos hiperlinks, de maneira que eles sejam capazes de acionar modelos (*frames*, *scripts*, esquemas, etc.) que o leitor tem representados na memória, levando-o a inferir o que poderá existir por trás de cada um deles, formulando hipóteses sobre o que poderá encontrar ao segui-los.

Os links funcionam, portanto, como portas de entrada para outros espaços, visto que remetem o leitor a outros textos virtuais que vão incrementar a leitura. Cada um desses textos, uma vez atualizado, torna-se, por alguns instantes, centro de atenção do leitor, para, logo em seguida, descentralizar-se no momento da atualização de outro(s) texto(s) da rede. Por esse motivo, cada leitura do hipertexto será uma leitura diferente, já que cada atualização é um evento único, com condições de produção próprias, quer se trate do mesmo leitor ou de outros leitores: como o hipertexto é um texto aberto ou "múltiplo", os textos que constituem a rede, como já mencionado, tratam de temas diversos, embora interligados. Ao acionar a rede textual, em dado momento, o leitor atualiza alguns desses textos, de acordo com seus objetivos de leitura, assinala trechos que considera importantes, associa os conhecimentos novos ao seu conhecimento prévio e vai construir um percurso próprio de leitura dentre os muitos outros possíveis.

Segundo Storrer (2000), a organização não linear favorece a leitura seletiva e facilita a transmissão de conhecimentos para grupos heterogêneos de receptores, abrindo diferentes perspectivas. Cada receptor percorre a rede de módulos e links apenas parcialmente e em trilhas individuais de recepção, ou seja, cada receptor decide, de conformidade com seu conhecimento prévio, seus interesses e preferências, quais os módulos que deseja acessar, e em qual sucessão e combinação: sua liberdade de escolha é delimitada apenas pelos links instalados pelo autor e pela funcionalidade estabelecida do sistema. Em sistemas mais aperfeiçoados, os receptores podem não apenas perseguir os links preestabelecidos pelo autor, mas também, devido às ferramentas de navegação que o sistema lhes oferece, realizar um percurso através de trilhas e redes particulares de atalhos. O fato de os caminhos de recepção não poderem ser previstos ou planejados pelo autor tem consequências decisivas para a produção do texto e, em especial, para o planejamento da coerência (Storrer, 2000: 7).

4. QUESTÕES LINGUÍSTICAS E COGNITIVAS

Xavier (2002: 28-29) concebe o hipertexto como "um espaço virtual inédito e exclusivo no qual tem lugar um modo digital de enunciar e de *construir sentido*". Para Lévy (1993: 40), a memória humana é estruturada de modo que o homem compreende e retém melhor aquilo que está organizado em relação espacial, como é o caso das representações esquemáticas. Ora, o hipertexto propõe vias de acesso e instrumentos de orientação sob forma de diagramas, de redes ou de mapas conceituais manipuláveis e dinâmicos, oportunizando, desta maneira, um domínio mais fácil e mais rápido da matéria do que o audiovisual clássico ou o suporte impresso tradicional.

Por essa razão, o hipertexto não é feito para ser lido do começo ao fim, mas por meio de buscas, descobertas e escolhas, que irão levar à produção de *um* sentido possível, entre muitos outros. Ou seja, no hipertexto a multiplicidade de leituras é condição mesma de sua existência: sua estrutura flexível e não linear favorece buscas divergentes e o trilhar de caminhos diversos. Nele, a conexão múltipla entre blocos de significado constitui o elemento dominante, em virtude do fato de que, como ressalta Elias (2005): "*a tecnologia de programação característica da máquina (html) torna o princípio de conectividade, por assim dizer, natural, desimpedido, imediato e sem problemas de tempo e distância*".

Conforme Bolter (1991), a conectividade é um princípio estruturante do hipertexto, o que permite pensá-lo como qualitativamente diferente do texto impresso, constituindo, assim, um potencial revolucionário para produzir mudanças significativas quer nas formas de acúmulo e circulação da informação, quer nos conceitos de leitura, de autor e de leitor, e nas próprias formas de produção de textos, devido à sua capacidade de justapor documentos alternativos e complementares.

Penso, contudo, que a maior diferença entre texto e hipertexto está na tecnologia, no suporte eletrônico. Isso porque, se o texto, conforme venho defendendo, "constitui uma proposta de sentidos múltiplos e não de um sentido único (...), se todo texto é plurilinear em sua construção, então, pelo menos do ponto de vista da recepção, todo texto é um hipertexto" (Koch, 2002). É esse, também, o pensamento de Marcuschi (1999), quando afirma que "assim como o hipertexto virtualiza o concreto, o texto concretiza a virtualidade".

O hipertexto é, portanto, um texto constituído por traços peculiares, ele é "subversivo em relação ao monologismo, à linearidade, à forma e à postura física do leitor" (Ramal, 2002). É um texto elástico, que se estende reticularmente conforme as escolhas feitas pelo leitor, possibilitando-lhe escolher a sequência do material a ser lido. É ele quem determina os caminhos para a construção de um sentido. Pode-se dizer que o hipertexto "pergunta ao leitor o que deseja ler depois". Assim, diferentes leitores responderão de formas diferentes a essas perguntas sucessivas, de modo a definir percursos próprios, individuais. Isso implica demandas cognitivas, já que o leitor deverá ter sempre em mente o objetivo da leitura, bem como os princípios de topicidade e relevância, essenciais para a construção da coerência.

Do ponto de vista da produção, os links com função dêitica, como disse, monitoram o leitor no sentido da seleção de focos de conteúdo, porções de hipertextos que devem merecer sua consideração caso esteja interessado em obter uma leitura mais aprofundada, mais rica em matizes sobre o tópico em tela. Eles servem, portanto, como pistas dadas ao leitor para que busque no hipertexto as informações necessárias que lhe permitam detectar o que é relevante para solucionar o problema que lhe é posto, ou seja, aquelas que vão produzir, naquele contexto, efeitos contextuais, que são dotadas de saliência relativamente àquele *background* (cf. Sperber & Wilson, 1986). Como operadores de coesão que são, cabe, portanto, ao produtor fazê-los funcionar como orientadores da hiperleitura na direção de sentidos coerentes e compatíveis com a perspectiva postulada no todo do hipertexto.

Cabe ao produtor de quaisquer tipos de textos formulá-los de tal forma que os usuários possam reconhecer a conexão entre os seus constituintes e construir um modelo mental coerente do texto em questão. Convém perguntar, portanto, em que sentido os conhecimentos sobre processos de construção da coerência adquiridos no estudo de textos linearmente organizados podem ser úteis na produção de hipertextos: o que pode ser pressuposto ou adaptado; onde é necessário recorrer a novas explicações e estratégias.

Por exemplo, em termos de sua função cognitiva, é importante que as palavras "linkadas" pelo produtor do texto constituam realmente palavras-chave, selecionadas com cuidado no seu léxico mental e relacionadas de forma a permitir ao leitor estabelecer, ao navegar pelo hipertexto, encadeamentos com informações topicamente relevantes, para que seja capaz de construir uma progressão textual dotada de sentido. Em outras palavras, ao hiperleitor caberá, ao passar, por intermédio de tais links, de um texto a outro, detectar, através da teia formada pelas palavras-chave, quais as informações topicamente relevantes para manter a continuidade temática e, portanto, uma progressão textual coerente.

Marcuschi (1999) mostra que tais ligações seguem normas e princípios variados, de ordem semântica, cognitiva, cultural, social, histórica, pragmática e científica, entre outras. Por essa razão, defende que se trata aqui de um caso de "relevância mostrada" e que tal mostração é a alma mesma da navegação hipertextual. Contudo, tendo em conta que o hipertexto constrói relações de variados tipos e permite caminhos não hierarquicamente condicionados, postula que a noção de relevância que preside à continuidade temática e à progressão referencial no hipertexto não pode ser exatamente a mesma que encontramos nos estudos pragmáticos e discursivos sobre textos falados e escritos.

Do ponto de vista da leitura, perceber o que é relevante vai depender em muito da habilidade do hiperleitor não só de seguir as pistas que lhe são oferecidas, como de saber até onde ir e onde parar. Além disso, cumpre-lhe, como acabamos de dizer, ter sempre em mente o tópico, o objetivo da leitura e o problema a ser resolvido, ou seja, buscar no hipertexto as informações, as opiniões, os argumentos relevantes para a sua mais adequada solução. Caso o leitor se deixe levar desavisadamente de um link a outro e, a partir do novo texto acessado, por meio de novos links, a outros textos, e assim sucessivamente, ele correrá o risco de formar uma conexão em cascata, que, de tão extensa, poderá transformar-se numa cadeia sem fim, quebrando a continuidade temática, como é comum acontecer na conversação espontânea, em que um assunto puxa outro, que puxa outro e mais outro, de tal forma que, ao final da interação, já não é mais possível nomear o tópico da conversa, isto é, dizer sobre o que, afinal, se falou ("falamos de tanta coisa!").

Snyder (1997) afirma que "o hipertexto obscurece os limites entre leitores e escritores", pois é construído parcialmente pelos escritores, que criam as ligações, e parcialmente pelos leitores, que decidem os caminhos a seguir. Visto que o hipertexto oferece uma multiplicidade de caminhos, cabendo ao leitor incorporar ainda outros caminhos e inserir outras informações, este passa a ter um papel ainda mais ativo e oportunidades ainda mais ricas que o leitor do texto impresso. Como dificilmente dois leitores tomarão exatamente as mesmas decisões e seguirão os mesmos caminhos, jamais haverá leituras exatamente iguais (lembre-se, porém, que isso também raríssimas vezes acontece com os textos impressos). Pode-se, portanto, falar, de forma categórica, numa coautoria. A leitura torna-se simultaneamente uma escritura, pois o autor já não controla mais o fluxo da informação. O leitor decide não só a ordem da leitura, como também os caminhos a serem seguidos e os conteúdos a serem incorporados, determinando a sua versão final do texto, que pode diferir significativamente daquela proposta pelo autor.

Assinala Marcuschi (1999) que a leitura do hipertexto é como uma viagem por trilhas. Ela nos obriga a conectar nós para formar redes de sentido. Sydner (1997), por seu turno, afirma que, ao ler um hipertexto, movemo-nos num labirinto que não chega a constituir uma unidade e cuja saída precisamos encontrar, de modo que o hipernavegador é submetido a um certo estresse cognitivo, já que as exigências são muito mais sérias e rigorosas do que no texto impresso.

Sabe-se que o leitor de um texto constrói a sua coerência ao ser capaz de, através das intrincadas teias que nele se tecem durante a progressão textual, estabelecer mentalmente uma continuidade de sentidos. Como o hipertexto, por ligar textos diversos, não apresenta relações semânticas ou cognitivas imanentes (como, aliás, ocorre também em grande parte com o texto impresso ou falado), é sempre possível que se estabeleçam relações incoerentes na sequenciação de unidades textuais, o que pode afetar irremediavelmente a compreensão.

Foltz (1996) considera a coerência um *processo de incorporação de proposições ao texto-base*. Para que isso ocorra de forma adequada, torna-se necessário haver algum tipo de integração conceitual e temática, que deve resultar da proposta de organização do produtor e da proposta de construção do sentido do leitor. Cabe a este, do mesmo modo que no texto falado ou impresso, a produção de inferências não só para o preenchimento de lacunas, como para a resolução de enigmas ou desencontros (*mismatches*), para a reformulação de hipóteses abortadas, tomando como base, para tanto, seus conhecimentos prévios (enciclopédicos ou episódicos), a pressuposição de conhecimentos compartilhados, bem como seu modelo cognitivo de contexto (van Dijk, 1994, 1997), o qual inclui necessariamente o conhecimento de gêneros textuais e de seu modo de constituição em suportes diversos.

Surge, então, o problema de determinar que tipo de suposição cognitiva os produtores de um hipertexto devem fazer para possibilitar a um grande número de leitores, cujos conhecimentos e interesses são diferentes, o acesso rápido e seguro às informações desejadas. Não lhes é possível antecipar todos os caminhos alternativos que o leitor poderá tomar. Para a construção da coerência no hipertexto, não é razoável utilizar a metáfora de que o produtor conduz o leitor do início até o fim. Cabe falar, isto sim, de um diálogo entre o usuário e o sistema hipertextual, cujo percurso não pode ser gerenciado pelo produtor durante o tempo de processamento, mas pode ser influenciado pela forma de estruturação do hipertexto e pelo uso de suportes de navegação e de orientação específicos.

Em seus estudos sobre a coerência, Stutterheim (1997) recorre à categoria da *quaestio* – questão implícita que deve ser respondida no texto – para descrever a conexão entre a representação global do tema do texto e o tipo de construção textual. A *quaestio* fornece diretrizes ou normas para a verbalização da representação mental em que se baseia a produção textual e seus diferentes domínios (pessoas/objetos, acontecimentos a serem predicados, tempo, espaço e modalidade. Em se tratando de hipertextos, a *quaestio* fornece instruções para o preenchimento referencial desses domínios. O autor estabelece distinção entre coerência estática e coerência dinâmica:

> – a *coerência estática* refere-se às entidades pertencentes à estrutura dos fatos que permanecem constantes, vindo a formar o *quadro de vigência* (*Geltungsrahmen*), isto é, o pano de fundo sobre o qual as informações específicas serão dispostas;
> – a *coerência dinâmica* refere-se à disposição e ao entrelaçamento das informações no texto.

Storrer (2003) salienta que a distinção entre os dois tipos de coerência é relevante para a conceituação do hipertexto, já que, numa base hipertextual é sempre possível, através da ativação de atalhos, transitar facilmente entre módulos tematicamente afins de diferentes documentos hipertextuais. Contudo, esse trânsito vai implicar uma alteração do quadro de vigência, que fornece o pano de fundo para os processos de coerência local. Se essa mudança passar despercebida, podem ocorrer rupturas de coerência ou ter lugar suposições errôneas sobre a correferencialidade.

Assim sendo, segundo a autora, o planejamento e a construção da coerência em contextos hipertextuais distingue-se em três aspectos dos modelos desenvolvidos para textos fechados e linearmente organizados:

1) a impossibilidade da antecipação de uma ordem de leitura, visto que cada módulo dispõe, por princípio, de vários outros precedentes e de vários sucessores possíveis, de maneira que, na textualização do mó-

dulo, são muito limitadas as possibilidades de o produtor antecipar quais informações o usuário já processou, quais referentes potenciais já foram introduzidos e quais estarão disponíveis no domínio atual de atenção. Tais restrições dificultam o planejamento da coerência dinâmica para além de cada módulo textual;

2) a recepção descontínua do texto, já que nos ambientes hipertextuais o processamento contínuo da informação pode ocorrer, na melhor das hipóteses, dentro de um mesmo módulo. Assim, torna-se preciso decidir, em cada caso particular, qual dos módulos disponíveis (acessáveis a partir do módulo ativado) será escolhido para o processamento adequado;
3) em decorrência do exposto no item 2, a obrigação do usuário de reconstituir ele mesmo a conexão temática entre dois módulos sucessivamente escolhidos. Isto é, em comparação com textos linearmente organizados, o autor pode garantir a continuidade temática apenas parcialmente;
4) a falta de limites do suporte midiático, o que pode levar a uma recepção na qual os limites entre os documentos hipertextuais e as hiper-redes são, sem que se perceba, rapidamente ultrapassados. Dessa forma, a construção da coerência poderá não ocorrer sobre o pano de fundo de um quadro de vigência global uniforme.

Por essa razão, salienta a autora, para a construção da coerência no hipertexto, é mais adequado falar de um diálogo entre o usuário e o sistema hipertextual, cujo percurso não pode ser gerenciado pelo produtor no decorrer do processo, mas pode ser influenciado pela estruturação do hipertexto e pelo uso de suportes de navegação e de orientação específicos, dos quais trataremos a seguir.

5. SUPORTES PARA A CONSTRUÇÃO DA COERÊNCIA NO HIPERTEXTO

Para compensar os problemas ocasionados pela recepção descontínua, a falta de limites do suporte midiático e a falta de uma ordem previsível de leitura, a tecnologia do hipertexto disponibiliza suportes especiais para a construção da coerência (cf. Storrer, 2003).

Tais recursos, quando bem aplicados na organização de um hipertexto, permitem mesmo facilitar a construção da coerência na recepção seletiva do hipertexto, até mais do que na leitura parcial e seletiva de textos impressos. Entre eles, podem-se mencionar os seguintes:

a) suportes de orientação: que apoiam o usuário na construção de um modelo mental da estrutura do documento hipertextual;
b) suportes de contextualização global: que esclarecem o valor funcional e temático de um módulo, facilitando, assim, a construção da coerência global;
c) suportes de contextualização local: que explicitam quais módulos-alvo são acessíveis a partir do módulo atual e quais as relações entre eles, auxiliando, dessa forma, no planejamento do caminho futuro de recepção e a construção da coerência local na troca entre dois módulos.

De qualquer forma, o usuário tem à sua disposição uma gama enorme de possibilidades continuativas, a partir dos links e dos nós (blocos textuais) por eles indiciados, que o poderão levar ou não a manter-se fiel àquilo que é relevante para o tópico em tela. O problema é, portanto, como diz Marcuschi (2000a e b), de macrocoerência, e as ligações previstas são instrumentos vitais para possibilitar essa construção.

Assim, para garantir ou, pelo menos, facilitar a construção da coerência no hipertexto, é importante que o produtor considere quais os conhecimentos necessários para a compreensão dos outros tópicos, isto é, aqueles módulos de que o usuário necessita para compreender o módulo em tela. Estes podem ser automaticamente oferecidos ao leitor por meio de atalhos (links).

6. CONSIDERAÇÕES FINAIS

Braga (2004) assevera que, segundo Lemke (2002), o hipertexto é hipermodal (texto verbal, som, imagem) e que, nesse tipo de texto, o conjunto de recursos, já utilizados também em textos impressos, é ampliado e ressignificado, visto que as redes hipertextuais permitem uma conexão mais livre entre as informações veiculadas pelas unidades textuais construídas a partir de diferentes modalidades. Afirma a autora que isso favorece, inclusive, a construção de textos e materiais didáticos, na medida em que uma mesma informação pode ser complementada, reiterada e sistematizada ao ser apresentada na forma de um complexo multimodal.

Em virtude da possibilidade de conexões imediatas entre blocos de significados interligados como num vasto banco de dados, o hipertexto altera o significado do ato de ler e dos conceitos de autor e leitor (Elias, 2005). Segundo Bellei (2002: 70-71), o autor é *construtor de dispersões de sentido* e o leitor *autor de configurações de sentido em um sistema previamente programado.*

Por essa razão, autor e leitor do hipertexto são colaboradores ativos (o que, evidentemente, não é privilégio do hipertexto), de modo que há autores que propõem redefinir o leitor do hipertexto como *lautor* (*wreader*) ou *leitor liberto da tirania da linha*, já que ele mesmo, em certa medida, produz e consome o sentido do texto. Um leitor de banco de dados deve organizar informações dispersas em termos de um certo padrão estrutural e em um espaço virtual, isto é, justapor blocos de sentido em uma atividade de "bricolagem" (Bellei, 2002: 71-73). Isto é, todo leitor é também autor, já que toda leitura torna-se um ato de escrita.

Dessa forma, para Lévy (1996: 46),

> A escrita e a leitura trocam seus papéis. Todo aquele que participa da estruturação do hipertexto, do traçado pontilhado das possíveis dobras do sentido, já é um leitor. Simetricamente, quem atualiza um percurso ou manifesta este ou aquele aspecto da reserva documental contribui para a redação, conclui momentaneamente uma escrita interminável. As costuras e remissões, os caminhos de sentido originais, que o leitor reinventa, podem ser incorporados à estrutura mesma do corpus. A partir do hipertexto, toda leitura tornou-se um ato de escrita.

Hiperlinks e nós tematicamente interconectados serão, portanto, os grandes operadores da continuidade de sentidos e da progressão referencial no hipertexto, desde que o hipernauta seja capaz de seguir, de forma coerente com o projeto e os objetivos da leitura, o percurso assim indiciado. É ele próprio o responsável pela "edificação" de seu texto. E, para tanto, deverá não apenas mobilizar seus conhecimentos linguísticos, textuais, enciclopédicos, interacionais, como também utilizar recursos próprios para a leitura, tendo em vista que o hipertexto é um labirinto formado de uma infinidade de textos – como já disse, por essência intertextual –, versando sobre infinitos temas, em uma extensa rede que possibilita múltiplos caminhos de leitura, e que lhe exige, portanto, o estabelecimento de conexões coerentes entre os segmentos do texto linguisticamente materializados.

Assim sendo, ao navegar por toda uma rede de textos, o hiperleitor faz de seus interesses e objetivos o fio organizador das escolhas e ligações, procedendo por associações de ideias que o impelem a realizar sucessivas opções e produzindo, assim, uma textualidade cuja coerência acaba sendo uma construção pessoal, visto que, como já dissemos, não haverá, efetivamente, dois textos exatamente iguais na escritura hipertextual. Persiste, no entanto, pelo menos até os nosso dias, uma restrição: o hiperleitor somente poderá partir para novas ligações que tenham sido previstas pelo autor, indiciadas pelos links por ele criados para acessar os nós assim interconectados, do que se depreende que ele não é tão todo-poderoso como alguns pretendem que seja. O hipertexto, como também o texto tradicional, constitui um evento textual-interativo, embora com características próprias. Uma delas é não haver limitação do interlocutor, que pode ser qualquer pessoa desde que conectada à rede, já que o hipertexto não constitui um texto realizado concretamente, mas apenas uma virtualidade.

No hipertexto – como, aliás, em todos os demais usos da linguagem – há sempre a consideração do outro; mas nele a linguagem é levada às últimas consequências. Ainda que a única tarefa do autor fosse a marcação dos links, ele teria sempre em seu horizonte a projeção da imagem do leitor. E este será sempre coautor, já que o acabamento do (hiper)texto não pode prescindir de sua participação. Trata-se, no caso, de uma alteridade multilinearizada, fragmentada, descorporalizada, volatilizada, mas fundada em nossos saberes, nossas relações com o mundo e nossa inserção em dada cultura.

BIBLIOGRAFIA

BAIRON, S. *Multimídia.* São Paulo: Global, 1995.

BEIGUELMAN, G. *O livro depois do livro.* São Paulo: Petrópolis, 2003.

BELLEI, S.L.P. *O livro, a literatura e o computador.* São Paulo: EDUC; Florianópolis, SC: UFSC, 2002.

BERK, E. & DEVLIN, J. (orgs.). *Hypertext/Hypermedia Handbook.* New York: Intertext publications, 1991.

BOLTER, J.D. *Writing Space. The Computer, Hypertext and the History of Writing.* Hillsdale N.J., Lawrence Erlbaum Associates, 1991.

BRAGA, Denise B. "A comunicação interativa em ambiente hipermídia: as vantagens da hipermodalidade para o aprendizado no meio digital". In: MARCUSCHI, L.A. & XAVIER, A.C. (orgs.). *Hipertexto e gêneros digitais.* 2ª ed. Rio de Janeiro: Lucerna, 2005 [2004], p. 144-162.

ELIAS, V.M.S. *Do hipertexto ao texto: uma metodologia para o ensino de língua portuguesa a distância.* Tese de Doutorado. PUC-SP, 2000.

______. "Hipertexto, leitura e sentido". *Caleidoscópio,* v. 3, nº 01, jan./abr., 2005, p.13-20.

FOLTZ, Peter W. "Comprehension, coherence, and strategies". In: ROUET *et al.* (eds.). *Hypertext and Linear Text,* 1996, p. 109-136.

KOCH, Ingedore G. Villaça. *Introdução à Linguística Textual.* São Paulo: Martins Fontes, 2004.

______. *Desvendando os segredos do texto.* São Paulo: Cortez, 2002.

LEMKE, J.L. *Travels in Hypermodality Visual Communication,* v. 1, nº 3, London: Sage Publication, 2002, p. 299-325.

LÉVY, P. *As tecnologias da inteligência.* Rio de Janeiro: Editora 34, 1993.

______. *O que é virtual.* Rio de Janeiro: Editora 34, 1996.

MARCUSCHI, L.A. "Linearização, cognição e referência: o desafio do hipertexto". In: Línguas e instrumentos linguísticos, nº 3, Campinas: Pontes, 1999.

______. *A coerência no hipertexto.* Palestra proferida no I Seminário sobre o Hipertexto: demandas teóricas e práticas. Recife, UFPE, outubro de 2000a.

______. *Hipertexto: Definições e visões.* Recife, UFPE, 2000b (mimeo).

NELSON, Theodor H. "Opening hypertext; a memoir". In: TUMAN, M.C. (ed.). *Literacy Online.* Pittsburg: University of Pittsburg Press, 1992, p. 43-57.

PERFETTI, Charles A. "Text and Hypertext". In: ROUET, J-F; LEVONEN, J.L.; DILLON, A. & SPIRO, R.J. (eds.). *Hypertext and Cognition.* Mahwah: Lawrence Erlbaum, 1966, p. 157-161.

RAMAL, J. *Educação na cibercultura: hipertextualidade, leitura, escrita e aprendizagem.* Porto Alegre: Artes Médicas, 2002.

SANTAELLA, L. *Matrizes da linguagem e do pensamento: sonora, visual, verbal.* São Paulo: Iluminuras/FAPESP, 2001.

SHUTZ, Adolph. *Reflections on the Problem of Relevance.* New Haven: Yale University Press, 1970.

SNYDER, Ilana. *Hypertext. The Electronic Labyrinth.* Washington: New York University Press, 1997.

______. "Beyond the Hype: Reassessing Hypertext". In: SNYDER, I. (org.). *Page to Screen: Talking Literacy into the Electronic Era.* London: Routledge, 1998.

SPERBER, Dan & WILSON, Deidre. *Relevance. Communication and Cognition.* Oxford: Blackwell, 1986.

STORRER, Angelika. "Kohärenz". In: *Hypertexten. Zeitschrift für germanistische Linguistik,* ZGL, 31/2, 2003, p. 274-292.

______. "Was ist 'hyper' am Hypertext?" In: KALLMEYER, Werner. (org.). *Sprache und neue Medien*. Institut für deutsche Sprache (IdS) Jahrbuch 1999. Berlin: Walter de Gruyter, 2000.

STUTTERHEIM, C. von. "Quaestio und Textaufban". In: KORNADT, H.J.; GRABOWSKI, J. *et al.* (orgs.). *Sprache und Kognition. Perspektiven moderner Sprachpsychologie*. Heidelburg: Spectrum Akad, 1994, p. 251-272.

VAN DIJK, Teun A. "Structures of News in the Press". In: VAN DIJK (ed.). *Discourse and Communication*. Berlin: De Gruyter, 1985.

______. *Cognitive Context Models and Discourse*, 1994 (mimeo).

______. "Towards a theory of context and experience models in discourse processing". In: VAN OOSTEDORP, H. & GOLDMAN, S. (eds.). *The Construction of Mental Models during Reading*. Hillsdale, N.J.: Erlbaum, 1997.

XAVIER, Antônio C. *O hipertexto na sociedade de informação: a constituição do modo de enunciação digital*. Tese de Doutorado, IEL/UNICAMP, 2002.

______. "Leitura, texto e hipertexto". In: MARCUSCHI, L.A. & XAVIER, A.C. *Hipertexto e gêneros digitais*. 2ª ed. Rio de Janeiro: Lucerna, 2005 [2004], p. 170-180.

(1ª versão em "A manifestação da intertextualidade no hipertexto" (título original). In: *ALFA*, Revista de Linguística, v. 51, nº 1, 2007, p. 23-38. Versão eletrônica: ISSN 1981-5794.)